« RÉPONSES »
Collection dirigée par Sylvie Angel
et Abel Gerschenfeld

ROBERT HOPCKE

IL N'Y A PAS DE HASARDS

La place des coïncidences dans le roman de notre vie

Traduit de l'américain par Hélène Collon

ROBERT LAFFONT

Titre original : THERE ARE NO ACCIDENTS

ISBN 2-221-08271-0
(édition originale : ISBN 1-57322-053-1 Riverhead Books/Penguin Putnam Inc., New York)

Pour Lena Drusback et Emma Hopcke,
mes grand-mères,
pour avoir eu foi en moi et en mes dons.

Ruht in frieden

Introduction

La vie : une histoire riche en relations

> *Ainsi l'on aurait tort d'en vouloir au roman d'être fasciné par les coïncidences mystérieuses... En revanche, on a raison d'en vouloir à l'homme de ne pas voir ces mêmes coïncidences dans sa vie de tous les jours. Car cette vie, il la prive par là d'une de ses dimensions : celle de la beauté.*
>
> MILAN KUNDERA,
> *L'Insoutenable Légèreté de l'être.*

À l'origine de cet ouvrage se trouve une question, simple et unique, que je me suis posée après un de ces rêves bien particuliers qui ne se produisent que de loin en loin. Dans ce rêve, prisonnier d'une histoire dont j'étais moi-même l'auteur, je n'arrivais pas à convaincre mes propres personnages que je les avais créés, que je n'avais donc pas ma place dans l'intrigue. Sur ce, à la fois exaspéré et amusé par cette situation, je me suis réveillé. Or il se trouve que je suis écrivain, thérapeute et grand lecteur : mon existence est emplie d'histoires, justement. Les histoires, j'en raconte et j'en lis. D'autres personnes me racontent les leurs. C'est ainsi que, ce jour-là, encore tout pénétré de mon rêve réaliste, je me suis mis à réfléchir aux histoires en général et au rôle qu'elles jouent dans notre vie.

La vie de tout un chacun est basée sur la narration. Quand on rentre du travail, la première chose qu'on s'entend demander c'est : « Qu'est-ce que tu as fait aujourd'hui ? » En d'autres termes : « S'il te plaît, raconte-moi ta journée. » Qu'on déjeune avec une amie et on n'a pas eu le temps de déplier sa serviette de table qu'elle s'enquiert déjà : « Alors, quoi de neuf ? » C'est-à-dire : « Raconte-moi une histoire. » Quand on a des enfants, il est rare qu'on ait besoin de les solliciter dans ce domaine. Les enfants vivent au pays des histoires et, bon gré mal gré, les parents y auront droit, généralement agrémentées d'un luxe de détails assommants.

Une fois cette évidence posée, la question suivante m'est venue à l'esprit : « Et si mon rêve disait vrai ? Si j'étais *réellement* un personnage à l'intérieur d'une histoire ? » En un sens, d'ailleurs, j'en suis d'ores et déjà convaincu. Il vous suffirait d'interroger mes parents : ils vous le confirmeront, je figure effectivement à titre de personnage dans bon nombre d'histoires, sauf que, en l'occurrence, ce sont les leurs. De la même manière, interrogez donc mes amis, mes patients, mes collègues : tous vous raconteront des histoires à mon sujet.

Toutefois, ce que j'entendais par cette question c'est plutôt : Et si j'étais – si *vous* étiez – un personnage de récit ? Si notre vécu était en fait une œuvre de fiction ? Comment s'en rendrait-on compte ? Comment *pourrait*-on en rendre compte ? Pour peu que le récit se tienne, que les personnages et leur vécu aient une certaine cohérence, comment un personnage de récit pourrait-il savoir qu'il *est*, précisément, un personnage de récit ? C'est évident, seul un élément extérieur au récit, une intervention extrinsèque, serait susceptible d'attirer son attention sur la nature de l'histoire qu'il est en train de vivre. Pourtant, quel qu'il soit, cet événement extraordinaire ferait forcément partie du récit, lui aussi : il faudrait qu'il en respecte l'harmonie, qu'il y revête un sens par rapport aux personnages, à l'intrigue, au début, au milieu et à la conclusion de l'histoire, non ?

Quasi quotidiennement, on vit un certain type d'événements qu'on appelle « coïncidences ». Deux faits surviennent, et, pour une raison ou pour une autre, la relation qui les unit retient notre attention. Certaines de ces coïncidences ne nous affectent guère, que ce soit affectivement ou intellectuellement : elles ne semblent pas avoir beaucoup d'impact sur notre vie. Comme on dit couramment, ce ne sont que de « simples coïncidences ».

Cependant, pourvu qu'on accorde suffisamment d'attention aux conséquences, on a tous fait l'expérience d'un *autre* genre de coïncidence : le concours de circonstances qui nous ébranle au passage. Au moment où il se manifeste, on sent bien qu'une chose très importante, significative, est en train d'arriver. On pressent le significatif dans l'aléatoire. Aux yeux d'autrui, ce second type de coïncidence ne relève que du hasard : ce n'est en effet qu'une « simple coïncidence ». Mais nous, nous savons que cela entre dans une autre catégorie. Et ces coïncidences-là, le psychologue suisse C.G. Jung les nomme « synchronicités. »

L'idée sur laquelle je me fonde, et qui fonde l'ouvrage que vous vous apprêtez à lire, est que la vie est bel et bien un récit et que les événements d'ordre « synchronistique » nous en font prendre conscience. Pour clarifier mon propos, je vais vous raconter... une histoire.

À un moment de sa vie, mon amie Ann a eu tendance à ne sortir qu'avec des hommes mariés. Divorcée depuis quelque temps et peu désireuse de s'investir sérieusement, elle a entretenu un certain nombre de liaisons purement physiques, assez durables, avec des hommes qui s'étaient affectivement éloignés de leur épouse. Elle s'accommodait fort bien du statut de « maîtresse ». L'une de ces liaisons s'était amorcée lors de vacances au Mexique avec un dénommé Dan qui, venant de se séparer de sa femme, avait pris son bateau pour descendre vers le sud. (J'étais son confident, ce qui explique que je connaisse tous les détails.) Leur histoire d'amour fut intense, comme souvent quand on est en vacances et, bien qu'habitant à cent quarante kilomètres l'un de l'autre, ils ont continué à se voir par la suite. Dan était bel homme et vivait dans l'aisance. Ils s'entendaient admirablement bien au lit. Ann est tombée amoureuse. Cela a duré près d'un an ; il prenait sa voiture à toute heure du jour ou de la nuit pour venir la retrouver et repartir le lendemain matin. Puis, peu à peu, ses sentiments ont changé. La séparation d'avec sa femme lui pesait de plus en plus et, malgré ses sentiments pour Ann, il sentait que sa place était au côté de celle avec qui il avait vécu pendant tant d'années. C'est ainsi qu'a pris lentement et douloureusement fin leur relation passionnée.

Une année a passé. Pour Ann, qui fait toujours preuve d'une grande maturité dans les histoires de cœur, la vie a continué ; le temps a guéri ses blessures. De temps à autre elle se demandait ce qu'était devenu Dan, mais chaque fois elle se disait qu'il valait mieux ne pas l'appeler, que cela ne ferait que compliquer inutilement les choses. Sur ce, une de ses amies lui a proposé d'aller passer la journée sur la côte, justement à l'endroit où habitait Dan. Ann a hésité en se demandant quel effet cela lui ferait d'arpenter les rues de la ville où il vivait en compagnie de sa femme, où il amarrait son bateau, où il travaillait ; mais elle a tout de même fini par dire oui.

C'était par une belle journée de printemps, une de ces journées où on a l'impression d'être amoureux même quand ce n'est pas le cas. Et comme il fallait s'y attendre, partout Ann a senti la présence de son ancien amant, tout en résistant à chaque instant à la tentation de lui téléphoner, de passer devant chez lui ou d'aller voir le port de plaisance où son yatch était à l'attache. De toute manière, c'était sa première visite et pour les localiser, lui et son bateau, il aurait fallu qu'elle joue les détectives. Son amie et elle ont donc fait un peu de tourisme et de shopping, elles ont déjeuné face à la baie et admiré un magnifique coucher de soleil sur la plage avant de prendre le chemin du retour. La tête pleine des événements de la journée et de souvenirs d'un passé révolu, en rentrant chez elle elle a entendu sonner le téléphone. À sa très grande surprise, c'est une voix bien connue qui s'est annoncée lorsqu'elle a décroché : « Salut, Ann ! C'est Dan. Je ne sais pas pourquoi mais j'ai pensé à toi toute la journée ; je me suis dit que j'allais t'appeler, histoire de voir ce que tu devenais. »

Je sais, cette anecdote a l'air inventée de toutes pièces ; on croit que ce genre de chose n'arrive qu'au cinéma. Pour commencer, il tombe un peu trop bien, ce coup de fil de l'ex-amant juste au moment où l'on rentre chez soi après une journée passée dans sa ville. Mais tel est justement mon propos. L'espèce bien précise de coïncidence qui fait l'objet de ce livre, ces coïncidences productrices de sens que nous nommerons donc « synchronicités », comportent invariablement – je l'ai remarqué – un élément spectaculaire qui aurait sa place dans un roman, par exemple. Cela en raison d'un état d'esprit, d'une humeur (ici, les sentiments d'Ann à l'égard de Dan) qui trouvent un écho dans un événement *extérieur* imprévu (le coup de téléphone de Dan). Je le reconnais, ces interventions extrinsèques reflétant, confirmant ou transformant aussi parfaitement la vie intérieure sont rares ; pourtant, elles se produisent bel et bien. La réalité peut s'avérer aussi étrange que la fiction.

Par ailleurs, en raison même de son impact émotionnel, on a du mal à mettre ce coup de téléphone sur le compte du hasard. Comme tout le monde, en ce moment même vous devez chercher à expliquer rationnellement l'incident : Dan a vu Ann, ce jour-là, dans sa ville côtière, mais l'a oublié par la suite, à moins qu'il n'en ait eu qu'une vision subliminale et qu'il l'ait appelée quelques heures plus tard. Ou alors, il a eu conscience de sa présence par le biais d'un processus paranormal quelconque. Peut-être a-t-elle émis des « vibrations » qui l'ont « incité » à lui téléphoner ? Reste que cet appel, survenu à ce moment bien précis, relevait de la coïncidence, mais que cette coïncidence était, en l'occurrence, dotée d'un caractère bien spécifique : elle revêtait un *sens* pour Ann qui, s'étant immergée toute la journée dans ses souvenirs, a vu le contact avec Dan se rétablir sans aucune intervention de sa part.

C'est le caractère *significatif* de ces concours de circonstances qui crée la différence entre les coïncidences synchronistiques et les autres. Il est évident que si, en rentrant chez elle, Ann avait reçu un coup de fil de sa mère, on aurait pu, là aussi, parler de coïncidence. « Salut, m'man ! C'est drôle, j'arrive à la minute même ! » Mais c'est le contexte passé sous-tendant l'appel de Dan, l'histoire de leurs relations à tous les deux, plus la journée vécue par Ann qui confèrent à cette coïncidence-ci son aspect si caractéristique.

Quand on y pense, ces occurrences ont tout pour servir de point de départ à un récit captivant, non ? En en prenant connaissance, on s'attend à un scénario intéressant et bien construit dont les rebondissements répondent à une structure préalablement établie ; on n'est peut-être pas en mesure de la percevoir *a priori*, mais au fil du récit elle apparaît de plus en plus clairement, de sorte que des éléments apparemment aléatoires et dénués de signification se révèlent en fin de compte fondamentaux. Et le poids du scénario est essentiellement lié à l'empire affectif qu'exercent ces incidents sur la vie des personnages – aux modifications parfois profondes qu'ils y apportent, pour le meilleur ou pour le pire, mais toujours de manière significative.

Les phénomènes synchronistiques tels que le coup de téléphone de Dan attirent donc notre attention sur le fait que la vie est bel et bien une histoire, avec une structure, un scénario qui nous échappent sur le moment mais dont nous prenons conscience à la faveur d'une conjonction entre événement extérieur et disposition intérieure, conjonction telle qu'on n'en trouve, croit-on – à tort, à mon avis –, que dans les romans. Or, comme dans les œuvres de fiction, les événements synchronistiques ont un impact significatif. Ils nous amènent à nous percevoir différemment, à élargir la vision que nous avons de notre propre existence ou à mieux nous comprendre nous-même, ainsi que les autres et le monde dans son ensemble.

Je vais vous raconter une autre histoire illustrant et expliquant la nature synchronistique de certaines coïncidences. Là encore, j'aurai l'air de l'avoir piquée dans une nouvelle d'O. Henry[1] ; pourtant, comme toutes celles de ce livre, elle est vraie.

Une de mes patientes, que je nommerai Bobbie, s'est mise un jour à faire des rêves à base d'images que j'ai identifiées comme provenant du tarot, alors qu'elle avait reçu une éducation strictement chrétienne. Bobbie ignorait tout du tarot et désapprouvait formellement ce que l'Église de son enfance aurait qualifié d'occultisme, mais elle s'en représentait tout de même les figures : il y avait là l'Impératrice sur son trône, l'Empereur et son sceptre, le Mat enjambant la falaise... Comme toujours lorsqu'on refuse de déchiffrer leur message, les rêves sont devenus de plus en plus explicites, jusqu'à ce que Bobbie visualise, la veille de son anniversaire, treize lames disposées en diamant devant elle. Elle eut beau faire preuve de scepticisme à l'égard des éventuelles révélations promises par le tarot, le rêve persista. Pourtant, l'idée même d'entrer dans une boutique spécialisée afin d'examiner les jeux de tarot et de dépenser de l'argent pour s'en procurer un lui paraissait extravagante. Cela ne lui ressemblait pas du tout. Ayant accompagné, au cours de ma carrière, plus d'un patient traversant une période de résistance à certains « éléments du récit personnel » (éléments dont ils ne veulent pas admettre l'importance dans leur scénario), je savais qu'il était préférable de ne pas insister.

Là-dessus, à ma grande surprise, elle s'est présentée à sa séance habituelle – qui tombait juste après son anniversaire – munie d'un jeu de tarots.

« Ce n'est pas moi qui l'ai acheté, m'a-t-elle déclaré sans ambages, alors que je ne lui avais rien demandé.

– Ah bon ? Mais alors... »

Moqueuse, elle souriait, autant d'elle-même, me semble-t-il, que de la situation. « C'est mon mari qui me l'a offert pour mon anniversaire. Et je vous le précise tout de suite : je ne lui avais pas parlé de mes rêves. Vous connaissez ma position vis-à-vis de ces trucs-là ; jamais je n'irais en parler autour de moi, surtout à mon mari. » À l'image de Bobbie elle-même, le mari en question était du genre conservateur ; de l'aveu de ma patiente, il trouvait même irrationnel qu'elle fasse une psychothérapie. « En ouvrant mon cadeau, j'en

1. Pseudonyme de William Sydney Porter, écrivain et aventurier américain du siècle dernier, dont les histoires sont bien connues pour leurs rebondissements de dernière minute. *(N.d.T.)*

reste bouche bée. *Aurait-il lu mon journal intime ? écouté clandestinement nos séances ?* ai-je songé. Mais non, rien de tout cela. Je lui ai demandé quelle idée il avait eue, et j'ai eu droit à une réponse parfaitement inattendue de sa part : “J'ai vu ces cartes dans la vitrine d'une librairie. Quelque chose me disait que je devais te les offrir, qu'elles te seraient utiles. Alors bon anniversaire, ma chérie !” »

Comme dans l'histoire d'Ann, Bobbie et son jeu de tarots narrent le récit d'une coïncidence entre une disposition intérieure et un événement extérieur, qui, à l'instar de toutes les synchronicités, tombe trop bien et a trop de sens pour n'être qu'une « simple » coïncidence. Ici, la disposition intérieure était représentée par sa longue série de rêves fondés sur l'imagerie du tarot, dont, pour toutes sortes de raisons, elle ne voulait pas reconnaître l'existence. Quant à l'événement extérieur, il s'agit bien sûr de ce geste pour le moins improbable de la part de son époux, l'élément synchronistique de la coïncidence étant l'effet du cadeau sur la résistance de Bobbie. Car elle a fini par travailler sur le tarot, mais il a fallu qu'il lui tombe littéralement entre les mains ; elle est alors entrée dans une longue phase d'évolution spirituelle et psychologique, pour devenir quelqu'un de bien plus créatif et bien plus tolérant.

Les rêves de Bobbie indiquaient clairement, et depuis plusieurs mois, la direction que prenait son « scénario personnel » : celui-ci ne se fondait plus exclusivement sur l'imagerie religieuse de son enfance pour donner un sens à sa vie ; Bobbie devenait capable de prendre en compte d'autres formes de sagesse, de spiritualité et de religion. Mais pour en arriver là, pour que sa résistance cède, il avait fallu une initiative arbitraire de son mari, un cadeau qu'elle n'aurait jamais imaginé recevoir de lui. Comme dans le cas du coup de fil de Dan, elle ne pouvait elle-même être à l'origine de l'événement extérieur ; ce dernier était le fait du hasard mais, producteur de sens, il a eu un impact susceptible de chambouler sa vie. C'est le poids du sens qui donne à ce cadeau d'anniversaire son caractère synchronistique – que n'aurait pas eu un diamant ou un recueil de poésie, par exemple. On ne s'étonne pas de trouver ce type de coïncidences dans les romans parce que, dans les romans, on *s'attend* que le scénario, les événements et leur opportunité entraînent l'évolution des personnages. Eh bien, ce que je veux démontrer, une fois de plus, c'est que la vie possède une structure narrative comparable et que, dans les circonstances dites « synchronistiques », on en prend conscience ; elle exerce alors sur nous une influence considérable.

Voyez comme Bobbie s'est mise d'elle-même en quête d'explications lorsqu'elle s'est trouvée confrontée à cette rencontre entre « dedans » et « dehors. » Si son mari avait lu son journal intime, ou s'il avait eu accès d'une manière ou d'une autre au contenu de nos séances, son cadeau aurait « eu un sens » ainsi que nous l'entendons généralement. Il me semble qu'en ceci Bobbie a réagi tout à fait normalement : son besoin de maîtriser le cours de son destin, son attitude « sans détours », comme elle disait, par rapport à la vie est, selon moi, universellement répandu. Le cadeau d'anniversaire qu'elle avait reçu de son mari lui a posé un défi ; avant qu'il n'entre en sa possession, elle croyait connaître le scénario de son existence. En réalité, la civilisation dans laquelle nous vivons nous incite à croire que je suis – ou que je devrais être – l'auteur de ma propre histoire. Mais quand un événement extérieur reflète ma condition intérieure avec une exactitude telle que je ne peux plus fermer les yeux sur l'impact et la portée de la coïncidence – alors même que, de toute évidence, je ne maîtrise plus les événements – je suis bien obligé de me poser la même question que Bobbie : si je ne suis pas, moi, l'auteur de mon histoire, alors qui est-ce ?

Nous explorerons ensemble, dans les chapitres qui suivent, la réponse à cette question, mais, pour l'instant, je tiens à préciser la raison pour laquelle chez le lecteur, et parfois même chez celui qui la vit, la synchronicité s'accompagne généralement d'une tendance à nier, évacuer ou dévaluer. Les phénomènes synchronistiques nous confrontent au fait que, de temps en temps, les histoires qu'on se raconte sur soi-même, celles qu'on aimerait bien vivre, ne sont pas forcément celles qu'on vit effectivement ou – pour pousser un peu plus loin – celles qu'on est censé vivre. Ma conscience de moi-même, mon *ego*, a même tendance à s'offusquer devant l'irrationnel, le caractère aléatoire des événements synchronistiques. Toutefois, à mesure que vous lirez les histoires que j'ai à rapporter sur ce thème, je ne saurais trop vous recommander de prêter attention à votre propre résistance, ce qui vous pousse à croire que ces choses-là ne *peuvent pas* arriver.

Naturellement, en tant qu'écrivain je suis plus susceptible qu'un autre de me croire l'auteur de ma propre histoire. Aussi, pour bien montrer à quel point on doit multiplier les tours et détours pour proscrire cette illusion, vais-je vous raconter comment j'ai fait la connaissance de Phil, un de mes meilleurs amis.

Je suis depuis longtemps membre de la YMCA de ma ville, où

je vais faire du sport et dont je vois le personnel changer assez régulièrement. Un jour, il y a cinq ans, j'ai noté dans ses rangs la présence d'un inconnu au profil d'habitué des gymnases : l'allure italienne, entre trente-cinq et quarante ans, légèrement renfermé et très musclé. Or ma YMCA n'est absolument pas le genre d'endroit où l'on vient soulever de la fonte à la tonne. Ses clients y font plutôt de l'aérobic ou de la musculation légère, et le personnel d'encadrement n'a généralement pas grand-chose à faire. Les plus ouverts sympathisent avec les membres, histoire de passer le temps, les autres restent assis à la réception sans parler à personne. C'était le cas de mon inconnu, qui avait l'air de s'ennuyer ferme ; pendant des mois je suis passé devant lui en allant m'entraîner, le prenant pour un des nombreux gymnastes qui circulaient en ces lieux.

Là-dessus un de mes proches est décédé. Cela n'est pas survenu à l'improviste, mais je n'en ai pas été moins ébranlé, car nombre de mes amis avaient déjà été emportés par la maladie ou à l'occasion d'accidents. J'éprouvais un sentiment croissant de solitude à mesure que mon cercle de familiers se rétrécissait et, depuis quelques années, cela m'inquiétait, d'autant plus que mes tentatives pour me faire d'autres amis étaient restées quasi vaines – je m'étais bien lié à court terme, superficiellement, avec quelques personnes, mais rien de bien solide. Je n'avais guère d'autre compagnie que moi-même ; que ce soit pour aller au gymnase ou à l'opéra, ou encore pour faire du vélo, j'étais toujours seul. Quand cet ami est mort, en ce mois d'avril, j'étais quelque peu accoutumé à ma situation, qui m'avait plus ou moins appris à me prendre seul en charge. Aussi, au matin du service funèbre – pendant lequel j'avais accepté de chanter –, ai-je décidé de requérir les services de mon masseur habituel à la YMCA.

J'étais tendu par la perspective du service funèbre, inquiet à l'idée de chanter, je sentais mes muscles contractés. Mais, dans l'histoire que je croyais vivre ce matin-là, je me voyais bientôt étendu sur la table de massage, complètement détendu et débarrassé de mes angoisses. Malheureusement, le scénario devait s'avérer tout autre. J'avais rendez-vous à neuf heures. J'ai attendu dans le hall – en vain. Pas de masseur. Neuf heures quinze : toujours pas de masseur. Or cela ne lui ressemblait pas du tout. Au contraire, c'était un des membres les plus stables de l'établissement. Pourtant, on n'arrivait pas à lui mettre la main dessus. À neuf heures trente, toujours rien. Je ressentais un mélange de colère, de contrariété et de déception accompagné d'une crispation musculaire accrue, et cela n'a pas échappé à l'employé de la réception. Multipliant les excuses, il m'a donné rendez-vous pour le lendemain, aux frais de la maison. J'en suis tout de même resté blême : ce n'était pas comme cela que les choses étaient censées se dérouler.

Le service funèbre s'est mal passé (l'incident du gymnase n'avait rien arrangé) et, outre ma colère, je me sentais encore plus seul et abandonné. Le lendemain, je me suis présenté pour bénéficier de mon massage gratuit... et voilà que le même phénomène se reproduit ! J'avais rendez-vous avec un autre masseur qui, au bout d'une demi-heure de retard, a appelé pour annoncer que sa voiture était en panne et qu'il ne pourrait pas venir. Là, je n'étais pas *du tout* d'accord pour que ce nouvel incident figure dans mon scénario personnel, un peu trop en contradiction avec la tournure que prenaient les événements. Pour tout dire, j'étais fou de rage. J'ai tout de même pris un troisième rendez-vous pour le lendemain soir, avec l'unique masseur disponible. Or il se trouve que c'était l'Italien maussade que je voyais toujours se morfondre à la réception et qui, à mes yeux, n'avait pas plus l'air d'un masseur que Rocky lui-même. Malgré ma réticence, je me suis décidé.

Comme dans les contes de fées où il faut toujours trois tentatives pour obtenir le résultat recherché, le lendemain soir je suis venu à ma séance de massage et j'ai fait connaissance non pas avec le sportif borné que je redoutais, mais avec un homme intelligent et instruit avec qui je me suis trouvé beaucoup d'intérêts communs. C'était lui qui, la semaine précédente, avait affiché une liste d'événements organisés par le Club masculin, parmi lesquels figurait une conférence assurée par moi-même. Au fil de la conversation, j'ai appris qu'il aspirait à devenir thérapeute et que par-dessus le marché il aimait beaucoup le cyclisme. Je n'ai pas tardé à en faire mon compagnon de randonnées à vélo, dans un premier temps, puis de musculation. Les années ont passé et Phil est maintenant mon meilleur ami.

La série de phénomènes aléatoires (les défections répétées d'un masseur ordinairement plus que consciencieux) qui nous a permis de devenir amis représente ici la composante *extérieure* de la synchronicité ; mais elle a débouché sur une amitié à un moment de ma vie où, *intérieurement*, ma solitude, mon chagrin et ma colère appelaient d'urgence un changement dans ma vie. Ainsi que nous le constaterons dans grand nombre d'histoires à suivre, les événements synchronistiques les plus mémorables sont souvent liés à la rencontre de la bonne personne au moment propice, et ce par le plus grand des hasards, qu'on soit désespérément en demande ou particulièrement disponible.

Il y a dans cette anecdote un élément synchronistique en rapport non pas avec le scénario que je vivais en réalité, mais avec celui que je *croyais* vivre. Sans cette cascade de défections, il est probable que je n'aurais jamais fait la connaissance de Phil car, en me fiant aux apparences, j'avais d'ores et déjà rédigé et mon scénario et le sien : c'était un culturiste obtus avec qui je ne pouvais pas avoir d'affinités. L'impact de notre amitié, née par pur « accident » après des mois passés à nous croiser au gymnase, s'expliquait autant par nos intérêts communs que par la morale qu'elle m'a enseignée : j'entretenais l'illusion d'être maître de ma vie, mais, en fait, je n'en savais pas autant que je le croyais sur la vraie nature d'autrui et sur ce qui était bon pour moi. C'est là une leçon qu'on apprend souvent grâce au seul hasard.

Que l'on me pardonne le jeu de mots, mais le présent ouvrage représente une approche « nouvelle » de la synchronicité dans la mesure où il se fonde sur le principe que la vie est une histoire, une mini-œuvre de fiction – une *nouvelle*, en un sens –, et que les événements synchronistiques attirent notre attention sur la structure de cette nouvelle. Et si cet angle d'approche « fictionnel » de la synchronicité constitue une innovation, c'est que, jusqu'à présent, on l'a surtout abordée d'un point de vue purement psychologique, ou dans une perspective scientifique.

La démarche psychologique, principalement adoptée par les disciples de Jung, voit dans ce phénomène un argument en faveur de la primauté de la subjectivité, tandis que l'angle scientifique, lui, pose la synchronicité comme élément fondateur de la nouvelle physique. Or la méthode que j'ai choisie ici, à double titre novatrice, ne consiste pas à discuter un concept mais plutôt, après une courte présentation des aspects de la synchronicité, à raconter des histoires, tout simplement, et à en analyser la signification. Il y aura des histoires d'amour : des liens *a priori* impossibles se créeront, des amours perdues seront retrouvées et de belles amitiés verront le jour. D'autres seront plus en rapport avec la profession qu'on exerce, la vocation qu'on se sent : les occasions manquées, ou au contraire saisies au vol, grâce à des rencontres de hasard que nul n'aurait pu ni provoquer ni prédire. Dans ce même ordre d'idées, on lira l'histoire d'individus qui se sont transformés intérieurement, qui ont évolué positivement : les rêves, on l'a vu, sont souvent des événements synchronistiques, ainsi que les procédés de divination reposant sur le hasard – tarot, yi-king, etc., ces derniers utilisant la synchronicité pour nous amener à distinguer plus clairement l'histoire que nous sommes en train de vivre, ou, peut-être, que nous *devrions* vivre. Par ailleurs, toute histoire ayant un début et une fin, on trouvera ici des histoires mettant en scène la synchronicité à ces deux points de transition que nous devons tous affronter : la naissance et la mort.

Tout au long de cet ouvrage, donc, je narrerai l'histoire de ce que nous – qui nous croyons auteurs de notre vie – appelons « accidents », ces événements malheureux que nous évitons de notre mieux mais qui parfois, synchronistiquement, ont des conséquences heureuses, et en tout cas significatives, sur l'histoire de notre vie.

Dans chacun de ces récits (certains proviennent de mon expérience personnelle, d'autres m'ont été rapportés par ceux qui les ont vécus, ou sont puisés dans diverses études portant sur la synchronicité), on constate que la frontière est bien floue entre ce qui prend des allures de fiction et les événements véridiques. Le lecteur mettra peut-être en doute l'authenticité de certaines histoires, ou aura du mal à prendre toute la mesure de leur impact sur les individus concernés. Je l'ai dit : rien n'est plus aisé que de rejeter en bloc les expériences synchronistiques d'autrui. Personnellement, tout au long de ce livre je vous encourage à vous reporter le plus souvent possible à votre expérience propre, surtout quand vous vous surprendrez à penser : « Ça, ce n'est pas possible, il l'a inventé ! », ou quand vous ne verrez pas bien où je veux en venir. Dans ces cas-là, dites-vous que les événements réels survenus dans votre vie à vous, ces coïncidences qui ont peu à peu donné forme à votre récit personnel, vous ont, sur le moment, paru dignes de figurer dans une œuvre de fiction. Pour reprendre les termes de Milan Kundera dans *L'Insoutenable Légèreté de l'être,* on a raison d'en vouloir à ceux qui ne savent pas voir les coïncidences car, ce livre le démontrera, ces coïncidences bien particulières qu'on appelle synchronicités nous font inlassablement prendre conscience de la beauté et de l'organisation propres des récits que nous vivons, avec leurs infinies corrélations.

1

Quand les coïncidences ne sont plus de simples coïncidences

Définition de la synchronicité

C'est C. G. Jung, dont le texte intitulé « La synchronicité, principe de relations acausales[1] » est originellement paru en 1952, qui a inventé le terme de synchronicité avant de l'introduire dans le vocabulaire psychologique, sur quoi il est promptement passé dans le langage courant, au moins dans les pays anglo-saxons. Comme souvent lorsqu'un concept séduit l'imagination du grand public, la notion jungienne de « coïncidence productrice de sens » n'était ni nouvelle ni unique en son genre. Toutefois, pour rendre justice au psychologue suisse, il faut reconnaître que son approche des événements synchronistiques nous en offre un tableau clair et fécond.

Fils d'un ministre du culte évangélique et d'une femme présentant des tendances métapsychiques, voire psychotiques, certaines, Jung a suivi un parcours qui jadis n'était pas rare chez les fils de pasteur. Il était profondément croyant, ce qui ne l'a pas empêché de rejeter sans relâche et sans ambiguïté la religion, son dogmatisme théologique et sa spiritualité institutionnalisée. Ainsi qu'il le rapporte dans *Souvenirs, Rêves, Pensées*, s'il a choisi la carrière de psychiatre, c'est en grande partie à cause de son père qui, à un moment donné, perdit la foi. Et c'est en raison de ce contexte fami-

1. En français, in *Synchronicité et Paracelsica,* Paris, Albin Michel, 1988.

lial qu'il a consacré l'intégralité de sa longue carrière à l'exploration de ce qu'Héraclite appelait « les frontières de l'âme », aidé en cela par les outils de la psychologie moderne. Il n'a jamais cessé d'appliquer la méthode scientifique à l'étude des phénomènes dits « irrationnels » dans l'espoir de percer à jour la signification et la fonction psychologiques du vécu humain dans cette sphère : expériences paranormales, perception extrasensorielle, ovnis, psychokinèse, et ainsi de suite. Sa thèse de doctorat, par exemple (« De la psychologie des phénomènes dits occultes »), tente de fournir une explication rationnelle, psychologique, aux pouvoirs médiumniques d'une femme présentant des états de transe, des comportements automatiques et des pouvoirs psychokinétiques remarquables.

Dans la démarche de Jung, qui consiste à appliquer la méthode scientifique à l'élucidation de phénomènes rejetés par beaucoup comme fantasmatiques, vides de sens ou, pis encore, situés aux limites de la santé mentale, la bonne société psychologique de l'époque voyait un signe d'irrationalité, d'absurdité, la recherche en psychologie officielle étant structurée autour de stricts principes comportementalistes ou cognitifs (ce qui est encore le cas de nos jours). Puis les théories psychanalytiques de Freud sont venues remettre en question cette vision mécaniste en posant l'existence de processus et de conflits inconscients, et Jung s'est rapproché de ce nouveau mode de pensée. Toutefois, un désaccord devait plus tard opposer les deux hommes quant au rôle de la sexualité et à la nature de l'inconscient, et Jung s'est une fois de plus retrouvé exclu, isolé, tandis que la psychanalyse freudienne gagnait du terrain aussi bien en Europe qu'aux États-Unis.

On continue, de nos jours encore, à se méprendre sur l'intérêt porté par Jung aux phénomènes tels que la synchronicité, et cela conduit à une perception négative de son œuvre, où l'on n'est alors tenté de voir que du mysticisme travesti en propos psychologiques, ou encore l'expression d'un subjectivisme complaisant. Ce qui est fréquemment mal compris, c'est que Jung abordait le sujet des fantômes, de l'astrologie et de la synchronicité sans simplisme ni crédulité aucuns, mais bien plutôt d'un point de vue aussi objectif, aussi rationnel que possible. Dans l'étude de ces phénomènes, il gardait constamment à l'esprit la question suivante : « Quelles sont les circonstances psychologiques, conscientes autant qu'inconscientes, qui font que le vécu extérieur est affecté de manière aussi inoubliable, aussi génératrice de transformations ? » À la différence de beaucoup, dans un camp comme dans l'autre, Jung s'est efforcé de ne pas qualifier *a priori* tel ou tel fait de ridicule, de ne pas partir du principe que la vérité gisait dans l'interprétation littérale.

Au cours des recherches entreprises dans l'optique de ce livre, je me suis rendu compte que beaucoup de gens n'avaient pas les idées très claires sur le concept de synchronicité Aussi vaut-il peut-être mieux commencer par donner la définition la plus simple possible de ce concept élaboré par Jung : une « coïncidence productrice de sens ». Le problème, quand on veut être simple en la matière, c'est que si l'on cherche le mot « coïncidence » dans le dictionnaire on trouve une définition du style : « Série d'événements fortuits qui se produisent simultanément ou dans un même laps de temps. » Malheureusement, cette définition ne tient pas compte du sens le plus courant du terme, ce qui fait toute la différence.

Si, pendant que je dactylographie cette phrase, un oiseau entre par la fenêtre, selon la définition du dictionnaire, il s'agit d'une coïncidence : deux événements survenant en succession rapide. Cependant, la plupart des gens ne verront là-dedans nulle « coïncidence ». En revanche, si, toujours pendant que je dactylographie cette même phrase, une amie m'appelle pour m'annoncer qu'elle aussi, de son côté, s'efforce de parvenir à une définition de la synchronicité afin d'écrire un article, on peut parler de coïncidence amusante. Pourtant, si l'on savait que, la veille, cette amie et moi-même nous étions mis d'accord pour consacrer une heure, cet après-midi, à la recherche d'une définition de la synchronicité, le fait que nous soyons tous les deux en train de faire la même chose en même temps ne tient plus guère de la coïncidence ! Pour dire les choses autrement, la survenue simultanée de deux événements au moins n'amène pas forcément à parler de « coïncidence », nonobstant le dictionnaire. Si l'on prend le terme dans son acception la plus banale, une coïncidence est plutôt une succession d'événements très rapprochés dans le temps et qui, *par hasard, sont liés l'un à l'autre* par quelque espèce de similitude évidente.

Néanmoins, ce qui précède ne rend pas encore tout à fait compte du sens généralement attribué au mot « coïncidence » ; car si mon amie m'appelle à sept heures du soir pour me dire qu'elle prépare à dîner et s'entend répliquer que je suis en train de faire exactement la même chose de mon côté, il n'y a pas matière à parler de coïncidence, vu qu'à cette heure-là la plupart des gens se livrent sans doute à cette même activité. Donc, la définition du dictionnaire oublie également de tenir compte du fait que la coïncid
ensemble *inaccoutumé* d'événements simultanés com

relation quelconque. Par « coïncidence », on entend généralement « événement extraordinaire ».

Mais en définissant le concept de synchronicité, Jung a franchi un nouveau pas. Il se produit des coïncidences – c'est-à-dire des groupes aléatoires mais reliés d'incidents inhabituels – à tout moment, mais elles ne sont pas nécessairement productrices de sens. Si l'amie qui rédige un article sur la synchronicité a des centres d'intérêts proches de miens, et si c'est en partie pour cela que nous sommes amis, il peut s'avérer amusant qu'elle soit *justement* en train d'écrire sur le même sujet que moi ; mais cette coïncidence n'a pas d'autre signification que sa manifestation en soi. En revanche, si au moment où j'écris je me sens très isolé, si je songe que personne ne sait ce que c'est que la synchronicité et que personne ne s'en soucie, et qu'à ce moment-là mon amie m'appelle pour dire qu'elle-même travaille sur ce concept, la coïncidence sera beaucoup plus chargée de sens à mes yeux et pourra influencer de manière significative ma vision de moi-même et de mon travail. Il s'agit bien cette fois de ce que Jung a nommé « synchronicité » ou, plus simplement, coïncidence productrice de sens.

Les anecdotes citées en introduction sont de bons exemples d'événements synchronistiques – d'ensembles de phénomènes inaccoutumés, accidentels mais *significatifs.* Malgré la durée de sa liaison avec Dan, Ann n'était jamais allée dans la ville où il habitait. Par conséquent, la journée qu'elle y a passée en compagnie d'une amie représente un événement inhabituel. De la même façon, depuis qu'il avait mis fin à leur histoire, elle n'avait plus eu de nouvelles de lui. Donc, l'appel de ce jour-là n'était pas seulement de l'ordre de la coïncidence : il était aussi producteur de sens pour elle qui, toute la journée, avait intérieurement cherché à assumer ses sentiments et ce qu'ils avaient vécu ensemble. Je l'ai dit : si c'était la mère d'Ann qui lui avait téléphoné à ce moment précis, et ce même si les deux femmes ne s'étaient pas parlé depuis longtemps, on aurait pu parler de coïncidence (elle venait à peine de rentrer), mais sans l'importance affective du coup de fil de Dan.

Même chose pour Bobbie. Si son mari lui avait offert le diamant qu'elle avait justement vu la veille dans une vitrine de bijoutier, on aurait sans nul doute pu parler de coïncidence ; mais cette dernière aurait été loin de faire autant sens que le jeu de tarots étant donné ses rêves et sa résistance à l'idée de travailler sur l'imagerie du tarot. De la même manière, mon amitié avec Phil, amorcée au terme d'une série d'annulations aussi inhabituelles qu'accidentelles, n'aurait pas eu grand-chose de synchronistique si cela s'était passé à une époque de ma vie où je me sentais moins accablé, moins seul. Mais cela s'est *justement* produit à ce moment-là, et la coïncidence de notre rencontre a revêtu – et revêt encore – beaucoup d'importance à mes yeux.

Ici se pose la question de savoir ce que signifie au juste l'expression « productrice de sens ». N'y voyez pas de vaines ratiocinations : il importe d'y répondre dès à présent, non seulement parce qu'elle occupe une position clé dans la définition du concept de synchronicité selon Jung, mais aussi parce que le lecteur, s'il ne voit pas que la synchronicité est liée à la signification subjective des événements, n'accordera pas de sens réel aux histoires qui vont suivre. J'ai raconté celles-ci à quelques personnes autour de moi et je me suis rendu compte que tel récit suscitant l'enthousiasme, l'intérêt, voire l'émerveillement chez certains n'était salué chez d'autres que par un « Bof ! » ou un « Et alors ? » indifférents. À quoi est due cette disparité ? Pourquoi, par exemple, telle de mes amies sort-elle en larmes de la salle de cinéma alors que moi, j'ai trouvé le film ridicule à force de sensiblerie ? Pourquoi une chose est-elle productrice de sens pour telle personne et pas pour telle autre ?

De deux choses l'une, quand je dis : « Ceci a un sens à mes yeux », c'est soit par rapport à mes valeurs (« Ceci est précieux pour moi »), soit parce que la chose en question m'affecte de manière significative (elle a considérablement influencé le cours de mon existence). Évidemment, ce peut *aussi* être les deux à la fois. Pour reprendre les exemples donnés en introduction, si le coup de fil de Dan a eu de l'importance pour Ann, c'est parce que leur liaison en avait aussi, et le fait qu'il se soucie encore d'elle l'a touchée. Bobbie, elle, a accordé beaucoup de sens au jeu de tarots offert par son mari parce qu'il lui a fait un certain effet, mais aussi parce qu'il est arrivé à un moment de sa vie où ce qu'elle considérait comme précieux, à savoir sa vie spirituelle, était en train de changer. Quant à moi, les rapports d'amitié m'ont toujours grandement influencé – ils signifient beaucoup de choses à mes yeux.

Ainsi un événement synchronistique est une coïncidence revêtant une signification subjective, et comme toujours quand on évolue dans le domaine de la subjectivité, ce qu'une personne jugera significatif – donc précieux et/ou déterminant dans ses effets – restera peut-être lettre morte pour une autre.

On en trouve un parfait exemple dans un incident vécu par mon amie Jill. Allant dîner dans un restaurant bondé, elle s'est retrouvée assise à côté d'un homme qui narrait avec animation à son interlocutrice l'histoire de deux de ses amis qui entretenaient des relations extraconjugales avec, respectivement, le frère et la sœur de l'autre. Il ignorait bien sûr que l'inconnue attablée à ses côtés, à savoir Jill, connaissait aussi les gens dont il parlait. Ayant achevé son histoire sur un coup de théâtre, il s'est laissé aller en arrière contre son dossier, éclatant d'autosatisfaction, et a conclu cette intrusion dans la vie d'autrui par un véritable bouquet final rhétorique : « Et tu ne devineras jamais qui il fréquente maintenant ! » Sur quoi Jill n'a pu s'empêcher de lâcher : « La cousine de Mimi ! »

L'homme en est resté bouche bée. Quel choc cela a dû être, pour lui, d'entendre une parfaite inconnue terminer son récit à sa place, à l'improviste et en plein restaurant ! Mais pour Jill qui, contrairement à lui, ne s'investissait pas affectivement dans cette savoureuse histoire de mariage et de trahison, ce n'était qu'une coïncidence hilarante. Donc, concrètement, tous deux ont vécu la même situation ; mais ce qui n'était aux yeux de Jill qu'une anecdote a très bien pu être vécu comme une incroyable synchronicité par son voisin, car il en a sans doute tiré des leçons : voilà ce qui arrive quand on commet des indiscrétions en public, qui plus est en paradant.

En présence des nombreuses anecdotes relatées ici, et de celles, plus nombreuses encore, que j'ai entendu raconter, je suis souvent tenté de me dire qu'un même incident vécu par deux personnes distinctes peut très bien engendrer deux vécus totalement différents, l'un synchronistique et producteur de sens, et l'autre non. À cause de cette dimension subjective, il n'est que trop aisé de s'esclaffer face au vécu synchronistique d'autrui, de le traiter par le mépris ou de s'en moquer ouvertement. En fait, je prédis que, dans le présent ouvrage, certaines histoires vous marqueront profondément tandis que d'autres vous laisseront froid. Les unes vous rappelleront le jour où il vous est arrivé pratiquement la même chose, les autres vous paraîtront banales, inintéressantes, voire peu crédibles.

De plus, on verra que le terme de « synchronistique » s'applique à tout un éventail de coïncidences significatives. De certaines, comme dans nos précédents exemples, ce qui ressortira surtout, ce sera le caractère extrêmement improbable de l'événement, ou l'équivalence irréelle entre disposition intérieure et occurrence extérieure. Ce genre d'événement synchronistique donne généralement envie de s'exclamer : « Ça alors ! » Dans d'autres cas, l'importance de l'incident peut n'apparaître que bien plus tard, ou se déployer lentement, avec le temps. Après ces synchronicités-là, on a plutôt envie de dire : « Ah ! je comprends maintenant !... » Il arrive que l'événement extérieur se produise d'abord, suivi de la signification intérieure, subjective. Ou alors, la coïncidence significative intervient entre une image intérieure – un rêve, par exemple – et un événement extérieur subséquent. Toutefois, dans tous ces phénomènes synchronistiques, quels qu'ils soient, c'est le principe de corrélation entre dedans et dehors qui fait sens aux yeux des individus concernés.

Certaines personnes, le plus souvent portées sur l'analyse, s'interrogent jusqu'à l'obsession devant un phénomène donné : est-ce ou non une synchronicité ? La définition de celle-ci s'applique-t-elle dans leur cas ? Le phénomène répond-il bien à tous les critères ? Je tiens à préciser dès maintenant qu'il vaut mieux employer le concept de synchronicité comme moyen que comme fin en soi. À l'instar des discussions sur la véritable nature de l'œuvre d'art, on peut facilement s'embarquer dans un questionnement oiseux quand il s'agit de savoir si tel ou tel événement est *réellement* synchronistique, d'autant plus que dans ce domaine comme en art la part de la subjectivité est énorme.

Le concept s'avère bien plus précieux lorsqu'il est employé à des fins exploratoires. L'hypothèse que tel événement *puisse* être de nature synchronistique modifie la vision que vous en aviez ? Elle vous aide à mieux le comprendre ? Elle vous intrigue au point que vous alliez y voir de plus près ? Si tel est le cas, la notion proposée par Jung aura rempli sa plus noble mission, qui est également le but de ce livre : aider chacun à distinguer le sens du récit personnel qu'il vit quotidiennement.

L'idée de synchronicité existe pratiquement depuis l'aube de l'humanité, mais Jung y a grandement contribué en observant que les concours de circonstances particuliers auxquels il a appliqué ce terme possédaient presque toujours trois caractéristiques bien distinctes. Ma propre expérience, ainsi que mes recherches, m'ont conduit à en rajouter une. Les événements qu'on désigne comme synchronistiques répondent donc, en général, à quatre particularités.

Premièrement, ils sont reliés de manière *acausale,* et non par un enchaînement de causes et d'effets où l'individu peut discerner une intention, une volonté de sa part. Deuxièmement, ils s'accompagnent invariablement d'une *perturbation affective*, généralement simultanée – mais pas toujours. Troisièmement, le contenu de l'expérience ique, l'essence même de l'événement, est invariablement *symbolique* et, dans la quasi-totalité des cas, comme j'ai pu le constater, spécifiquement lié à mon quatrième aspect : les coïncidences de ce type surviennent lors d'importantes *périodes de transition*. Les événements synchronistiques deviennent très souvent de véritables tournants dans le scénario de notre existence.

Si je ne suis pas à l'origine du phénomène, comment a-t-il pu se produire ? – Ego et acausalité

Dire que, collectivement, nous avons coutume de raisonner en termes de cause et d'effet serait rester bien en dessous de la vérité. Notre conception même du monde, du moins lorsqu'on a reçu un héritage intellectuel occidental, se fonde sur la certitude que toute action entraîne une réaction, tout stimulus une réponse. Toute la pensée scientifique moderne, et ce n'est guère surprenant, repose sur cette conception, depuis les « Lumières » et, plus tard, cette période d'étourdissante productivité qu'a été la révolution industrielle. On agit, les conséquences se manifestent, et on est considéré comme ayant produit tel effet consécutif à telle cause. Qu'on introduise une substance chimique dans une solution, qu'une réaction s'ensuive et on dit qu'on l'a *causée*. Qu'on enfonce les touches du clavier pour composer un mot, qu'on clique sur le bouton « Imprimer » et apparaît une feuille de papier portant la phrase en question. On a *causé* cette apparition noir sur blanc. Ou alors on omet d'agir – en oubliant de déjeuner, par exemple – et, par voie de conséquence, on a la tête qui tourne. Ce raisonnement est si fondamentalement intégré dans la pensée occidentale qu'on n'en a même plus conscience. Jusqu'au jour où on se trouve confronté à une série d'événements qui, par leur nature même, laissent croire qu'ils sont peut-être reliés d'une tout autre manière.

Dans les soirées, le meilleur moyen d'intéresser tout le monde à la conversation est de demander qui a déjà fait une expérience d'ordre synchronistique. Chacun ou presque a son anecdote préférée, et mon amie Cathy ne fait pas exception à la règle. Son histoire illustre à merveille la remise en question de la pensée causale par la synchronicité.

À une époque de sa vie, Cathy s'est retrouvée, comme on dit « entre deux ». Elle venait d'avoir son diplôme de fin d'études secondaires mais ne savait pas très bien vers quoi se diriger. Comme c'est souvent le cas, elle a eu avec un jeune homme de son âge une liaison qui a duré un an ou deux, puis – là encore, rien d'extraordinaire – ils sont partis chacun de leur côté. Pour Cathy, cela s'est traduit par un départ pour la Californie, où elle s'est mariée et a eu deux filles. Au fil des ans, pendant toute la durée de son mariage, mais aussi lors de son divorce et de son remariage, elle a de temps en temps eu une pensée pour Richard, son premier vrai petit ami ; mais, trente ans après, cela relevait davantage de la curiosité vague que de la nostalgie, un peu comme si elle se remémorait un vieux film. Richard vivait sûrement à mille lieues d'elle et, puisque sa vie lui donnait relativement satisfaction, elle n'avait guère envie de pousser plus loin ces interrogations peu fréquentes. Elle avait atteint la cinquantaine, son destin semblait tout tracé, et les intrigues primaires ou secondaires qu'elle avait pu vivre au sein de son récit personnel ne lui paraissaient pas significatives.

Alors qu'est-ce qui l'a incitée, à un moment donné, à songer de plus en plus souvent à Richard ? Rêvait-elle de lui la nuit sans vraiment s'en souvenir au réveil ? Voyait-elle des gens qui le lui remettaient en mémoire ? Était-elle malheureuse dans la vie ? Son mariage tournait-il à l'aigre ? Je lui ai posé la question, mais elle n'a pas su me répondre ; tout à coup, elle éprouvait seulement un besoin urgent de savoir ce que Richard était devenu. Fallait-il mettre cela sur le compte de l'ennui ? d'un quelconque contact psychique entre eux ? Le hasard a-t-il joué un rôle dans l'affaire ? Nul ne le sait. Toujours est-il qu'elle s'est mise à passer des coups de téléphone en tous sens afin de retrouver sa trace. Elle a commencé par appeler quelques personnes dans leur ville natale à tous les deux, puis, une fois sa curiosité piquée au vif, suivi les pistes qu'on lui indiquait. Elle a ainsi appris que Richard travaillait pour une certaine compagnie d'assurances dans l'est des États-Unis, qui étendait ses tentacules à travers tout le pays, et l'ancien petit ami portait un nom très courant : Richard Johnson. Une année durant, Cathy s'est efforcée de le retrouver ; elle a parlé à des tas de Richard Johnson, et aussi à des gens qui avaient connu un Richard Johnson travaillant dans les assurances, mais ce n'était jamais le bon. Étant donné qu'elle n'avait pas de véritable raison de le localiser et que les difficultés rencontrées finissaient par avoir raison de sa curiosité, elle a cessé de s'en préoccuper activement et mis l'affaire de côté, dans ce tiroir mental où nous rangeons tous les choses que nous n'éluciderons jamais.

Toutefois, lors d'un dîner, elle s'est trouvée attablée face à une dame se prétendant douée de double vue ; ses propres tentatives ayant échoué malgré tous ses efforts, Cathy a alors eu l'idée de lui demander de retrouver Richard Johnson – ce serait l'occasion de mettre à l'épreuve ses prétendus talents parapsychiques. Elle lui a donc narré son histoire en s'enquérant de la marche à suivre. La voyante lui a dit d'écrire le nom en question sur un morceau de papier, de tracer un épais cadre noir autour – destiné à maintenir l'énergie autour de Richard Johnson – et de le regarder quotidiennement. Cathy, qui n'accordait guère de foi à ce genre de pratiques, a éclaté de rire mais décidé d'obtempérer, ne serait-ce que pour prouver à quel point ce conseil était grotesque. Si elle-même n'avait obtenu aucun résultat au bout d'un an de coups de téléphone, de requêtes et d'entretiens, comment imaginer que cette méthode absurde, elle, porte ses fruits ? Elle a néanmoins suivi les indications de la voyante et collé le morceau de papier sur son miroir, où elle est allée le regarder chaque jour.

Nous sommes d'ores et déjà suffisamment familiarisés avec ce genre de récit pour en deviner la conclusion. Une semaine plus tard Cathy a trouvé dans sa boîte aux lettres un mot du même Richard Johnson, qui ignorait tout de ses efforts pour le retrouver mais s'était mis en tête, depuis sa ville du Midwest, de reprendre contact avec ses anciens amis. Il avait joint la sœur de Cathy, restée sur place, obtenu son adresse en un seul et unique coup de fil, et décidé de lui écrire.

L'expérience de Cathy le démontre, les phénomènes synchronistiques impliquent une corrélation *acausale* entre les faits concrets – ici entre les initiatives de Cathy et la lettre de Richard –, ceux-ci ne pouvant absolument pas être unis par un lien de cause à effet, mais seulement par leur signification subjective. Si l'importance de la connexion entre Cathy et Richard est mise en évidence par ses actes (elle a entrepris des recherches, consulté une voyante, mis noir sur blanc le nom de son ancien petit ami aux fins de méditation), on ne saurait contester que ces actes n'ont *en aucune manière* causé l'arrivée de la lettre. On pourrait arguer que sont intervenus des facteurs immatériels tels qu'une forme de communication secrète, silencieuse, magique entre eux deux, et que c'est là ce qui a provoqué la prise de contact, mais la croyance en certaines causes immatérielles dont le fondement ne peut être ni prouvé ni infirmé n'est qu'une... croyance, justement – une question de conviction personnelle, et non un phénomène relevant de la causalité observable. Dans le cadre de la causalité, cette reprise de contact est pure coïncidence ; c'est un événement extraordinaire mais producteur de sens qui s'est produit par accident dans la vie de Cathy.

À mon sens, si la synchronicité comme production de deux phénomènes significatifs simultanés mais non rattachés par un lien de cause à effet, pour paraphraser la définition de Jung lui-même, demeure un sujet difficile à accepter et qui donne matière à controverse depuis sa formulation originelle, c'est parce qu'elle nous force à rejeter la tyrannie inconsciente de la causalité. Mais pourquoi tenons-nous tant à cette loi ? Quel bénéfice tirons-nous de la croyance en un type de corrélation unique, celui de la cause et de l'effet ?

Il me semble personnellement que la pensée causale séduit parce qu'elle nous donne l'illusion de maîtriser parfaitement notre environnement et qu'elle renforce l'impression de présider à notre propre destinée, ce qui flatte l'ego. Elle nous permet de nous différencier du monde du « dehors » et d'agir sur lui. Nous ne sommes alors limités que par les conséquences de nos actes, mais du moment que nous les acceptons, nous sommes libres d'entreprendre.

Voir les choses autrement, notamment par l'entremise de la synchronicité, c'est se colleter avec l'idée que les événements aléatoires ont peut-être une signification, contrairement à ce qu'on voudrait croire. Cela peut porter un grand choc à l'ego et remettre en question l'illusion auto-induite de pouvoir et de maîtrise absolus. La perspective de *subir* des événements arbitraires, incontrôlables, mais susceptibles de nous influencer profondément, est pour le moins génératrice d'angoisse. Selon Marie-Louise von Franz, l'assistante de Jung, « Le hasard, c'est l'ennemi – le facteur à éliminer[1]... », ce qui résume bien l'attitude quasi générale face à l'importance des événements aléatoires.

Toutefois, quand on s'entretient avec des êtres issus de civilisations non européennes, on s'aperçoit qu'il existe d'autres façons de penser, d'être au monde. Parce qu'ils considèrent l'humanité comme simple élément d'un grand tout au sein duquel les formes de vie

1. In *On Divination and Synchronicity : The Psychology of Meaningful Chance*, Toronto, Inner City Books, 1980.

sont interconnectées, les Amérindiens ou certaines sociétés traditionnelles orientales telles que la Chine ou le Tibet perçoivent très différemment l'action, c'est-à-dire non pas comme une cause produisant un certain effet, ni comme le fait d'un individu agissant sur le monde (celui-ci ayant une existence séparée, objective), mais plutôt comme une partie d'un réseau d'interconnexions subjectives.

Dans ces sociétés, par conséquent, pour agir de manière efficace il faut préalablement définir le moment adéquat, quêter et utiliser le soutien de la communauté dans son ensemble, puis tenter de discerner la volonté de la Divinité. Il est courant, encore aujourd'hui, qu'on interroge les astres ou qu'on consulte une vieille femme du village, réputée dispensatrice de sagesse, avant d'entreprendre une démarche déterminante. Dans cette vision du monde, l'action est alors un processus empreint d'humilité et de circonspection. L'expérience subjective de l'interconnexion avec le monde compte davantage que la maîtrise individuelle de l'environnement à travers la causalité, et ce mode de pensée est aussi un mode de vie qui tient naturellement compte de la réalité du hasard significatif. Mais on n'est pas obligé de s'éloigner de ses racines culturelles occidentales pour découvrir des précédents au concept de synchronicité. J'y reviendrai au chapitre 5, mais c'est sur eux que reposent, par exemple, l'astrologie, le tarot et autres méthodes de divination.

Outre qu'elle remet en question l'impression d'avoir prise sur le monde, l'acceptation d'éventuelles corrélations acausales entre les événements revient aussi à admettre que le monde matériel n'est pas distinct de la réalité psychique. Or la division entre « intérieur » et « extérieur » imprègne profondément notre pensée. Si profondément, en fait, que la plupart du temps on n'en a pas conscience. Les sentiments de Cathy à l'égard de Richard sont un phénomène « intérieur », la lettre de ce dernier un événement « extérieur ». En regardant quotidiennement le nom de Richard écrit sur un morceau de papier, Cathy a eu un comportement « extérieur », tandis que son désir à lui de la retrouver relevait de l'« intérieur ». Dire que la coïncidence de leur redécouverte mutuelle est d'ordre « synchronistique », c'est affirmer d'une autre manière qu'à un certain moment « intérieur » et « extérieur » se sont trouvés reliés.

D'ailleurs, dans un autre passage de ses travaux consacrés à la synchronicité, Jung définit cette dernière comme étant une correspondance entre un événement psychique et un événement physique qui ne sont pas causalement reliés l'un à l'autre. La synchronicité suppose donc, par définition, que la distinction radicale entre « intérieur » et « extérieur » est erronée. Les phénomènes intérieurs – sentiments, valeurs, pensées, rêves, intuitions, aspirations... – peuvent être (et, de manière décisive, *sont* souvent) étroitement liés à des événements « extérieurs » : coups de téléphone, cadeaux, interactions, liaisons amoureuses, etc. Les événements synchronistiques nous imposent une vision du monde comme champ unifié où l'expérience et l'action individuelles sont fondamentalement reliées à celles d'autrui.

En plus de nier l'illusion de toute-puissance et la division bien nette entre réalités subjective et objective, la synchronicité comme principe de relations acausales déstabilise chez nous la conception du temps, et plus précisément la tendance à se fonder sur une notion linéaire du temps pour structurer sa vision du monde. Car la pensée causale sous-entend les concepts d'« avant » et « après », l'un devant nécessairement se produire préalablement à l'autre. Mais si l'on admet l'existence d'une relation acausale entre les événements, le *moment* où survient le phénomène devient moins important que le phénomène lui-même et sa signification. Le « quand » n'est pas totalement dénué d'importance, mais, pour reprendre l'exemple de Cathy et Richard, le moment où est arrivée la lettre a simplement permis de parler de coïncidence. C'est l'aspect *significatif* de cette lettre qui a introduit la synchronicité pour Cathy, après qu'elle eut dépensé tant d'énergie pour retrouver Richard, assumé son dépit et son mécontentement quand elle s'est retrouvée dans l'impasse, et eut pris des initiatives pour concentrer son attention sur lui en mettant son nom noir sur blanc, conformément aux instructions de la voyante. Ses actions à elle et sa lettre à lui ont été corrélées par la charge significative de la coïncidence, et non par leur seule proximité temporelle.

La synchronicité nous invite à voir la vie sous un angle différent selon lequel l'expérience subjective détermine la place que nous occupons dans un univers d'événements aléatoires que nous subissons et auxquels nous sommes reliés par le sens qu'ils prennent à nos yeux. Et ce sont ces relations entre nous-même et le monde qui créent le scénario de notre existence.

Ce qui nous amène à notre deuxième caractéristique de la synchronicité, à savoir l'affectivité.

Réfléchir plutôt que ressentir – Synchronicité et méfiance contemporaine à l'égard de la réalité affective

En poussant plus loin ses travaux sur la nature et le fonctionnement de la synchronicité, Jung a noté que les événements dits synchronistiques revêtaient une indubitable coloration affective, qu'il a appelée « numinosité » en empruntant le terme au théologien Rudolph Otto. La numinosité est la sensation d'être indéniablement, irrésistiblement et définitivement en présence du divin – de vivre un phénomène transcendant les limites de l'humain. Ce sentiment exacerbé, qui accompagne invariablement les phénomènes synchronistiques, est peut-être leur aspect le plus frappant. Si la synchronicité est avant tout un principe de relation, alors la nature du sentiment qu'elle induit, la numinosité et l'énergie psychique qu'elle suscite en sont le vecteur. Pour dire les choses simplement, les phénomènes synchronistiques sont toujours dotés d'un fort contenu affectif.

Quand j'ai commencé à étudier les travaux de Jung en vue de mon doctorat, je me sentais très seul, isolé. Certes, les doctorants sont naturellement enclins à cette impression, certains allant jusqu'à adopter avec délectation une pose d'intellectuel incompris. Mais ce n'était pas du tout mon cas. Je sortais d'un séminaire luthérien dont le cursus ne comprenait guère de psychologie (et encore moins l'étude d'un personnage comme Jung, cet évangéliste égaré aux tendances mystiques), et plus d'un de mes camarades me trouvait un peu fou de le tenir en si haute estime. Afin de maîtriser les rêves échevelés que je faisais depuis que je m'intéressais à Jung, sans parler de mes expériences en état d'éveil, j'ai décidé d'entreprendre une thérapie avec un analyste jungien, songeant que ce serait en même temps le moyen de surmonter mon isolement intellectuel. J'ai tout simplement consulté les pages jaunes, trouvé la liste des psychiatres et appelé le premier qui se prévalait d'une formation jungienne. J'ai pris rendez-vous pour un samedi à trois heures de l'après-midi, et c'est ainsi que tout a commencé.

Entre-temps, sur le lieu de formation où je travaillais depuis plusieurs années (une initiative assez unique en son genre consistant à proposer une psychanalyse freudienne aux étudiants de l'Université de Californie), une nouvelle consultante s'est jointe à notre équipe. Elle était spirituelle et sympathique et nous nous sommes tout de suite entendus, d'autant plus que nous avions maints centres d'intérêts communs, notamment l'art. J'écrivais, elle était conteuse. J'avais fait du théâtre, elle aussi. Elle était de New York, je venais du New Jersey. Or, après plusieurs mois de relations amicales, j'ai découvert que non seulement elle s'intéressait comme moi à Jung, mais qu'elle consultait le même analyste que moi ! Là-dessus, nous nous sommes aperçus que la semaine avant que j'entre en thérapie, elle avait changé l'heure de sa séance hebdomadaire... jusque-là fixée au samedi à trois heures de l'après-midi. En d'autres termes, synchronistiquement, j'étais tombé sur la personne dont j'avais pris la place dans l'emploi du temps de mon thérapeute.

Ce qui rendait la coïncidence significative à mes yeux – donc, ce qui conférait un aspect synchronistique à toute l'affaire – , c'était surtout l'idée d'avoir quelque chose en commun, fût-ce par pure coïncidence, avec cette nouvelle amie ; d'autant plus que cette coïncidence était survenue avant même que je ne fasse sa connaissance. Le scénario que je me croyais en train de vivre, celui du pauvre étudiant en doctorat solitaire intéressé par un hurluberlu dont tout le monde ignorait les recherches, n'était pas le bon, ainsi que je l'ai découvert à terme. Le vrai scénario était qu'une place m'avait été ménagée dans le carnet de rendez-vous de mon analyste par une jeune femme avec qui j'avais beaucoup d'affinités, et l'impact affectif en a été considérable. Je me suis senti beaucoup moins isolé, excentrique. J'ai ressenti la présence autour de moi d'une communauté d'intérêts, et l'importance de mes recherches sur Jung s'en est trouvée confirmée.

Malheureusement, de nos jours, on a autant de mal à admettre l'existence des sentiments qu'à se détourner de la causalité. Comme je l'ai exposé plus haut, on a coutume de distinguer entre « intérieur » et « extérieur », « subjectif » et « objectif », et si cette scission n'est pas en elle-même nécessairement problématique, en tant qu'Occidentaux nous baignons dans une tradition qui fait grand cas de l'« extérieur » et de l'« objectif » en dénigrant l'« intérieur » et le « subjectif ». Or, rien n'est plus « intérieur », plus personnel, plus subjectif que les sentiments.

L'idéal majeur du monde occidental est de parvenir à l'objectivité. Dans le champ de la science, cela signifie qu'on cherche à supprimer la subjectivité de celui qui conduit l'expérience et à annuler, par la reproduction de celle-ci et l'analyse statistique, toute intervention du hasard. Dans le domaine de la pensée, on étaye sans état d'âme toutes ses conclusions à grand renfort de justifications, faits et démonstrations. Et, dans l'industrie, on accorde la priorité à la productivité et au profit, deux phénomènes quantifiables, contrôlables, au détriment d'autres préoccupations telles que les conditions de travail ou la qualité du produit. Selon cette tradition, les sentiments sont un handicap, un polluant, une éventuelle source de distorsion, de falsification, en bref, d'erreur.

La nature essentiellement subjective, affective des phénomènes synchronistiques, l'influence majeure que ce type de coïncidence exerce sur nos sentiments nous posent un défi et nous amènent à remettre en question cet idéal occidental d'objectivité : on devrait peut-être accorder autant de valeur à l'affectivité qu'à la pensée, comme les phénomènes synchronistiques nous y incitent. Dans toutes les synchronicités, y compris les exemples vus jusqu'ici, ce qui importe n'est pas le « contenu factuel objectif » de la coïncidence mais son impact émotionnel, si considérable que des années après les faits, Ann ou Cathy, par exemple, sont encore capables de me rapporter leur expérience avec un luxe de détails. Les phénomènes synchronistiques nous rendent le pouvoir de ressentir en profondeur et de prendre conscience de ce que nous ressentons, puisque ce sont la nature et l'intensité de nos sentiments qui donnent tout leur sens à la coïncidence.

Mais, dans notre civilisation, on redoute les sentiments forts, pour la même raison, me semble-t-il, que la causalité nous pose problème. Se permettre d'éprouver des sentiments, c'est renoncer partiellement à se maîtriser et à s'ouvrir à l'expérience. On doit s'autoriser à être qui l'on est, ce que l'on est, et non plus ce ou celui qu'on attend de nous. Ressentir, c'est donc se rendre vulnérable ; or la vulnérabilité est une expérience humiliante.

Si la vie affective a des côtés menaçants pour l'esprit dans toute sa rationalité, ce n'est pas seulement à cause de la peur de perdre le contrôle. À l'instar de l'acausalité, les sentiments remettent en question l'hypothèse selon laquelle, d'une part, nous sommes distincts les uns des autres, et que, d'autre part, il existe une stricte séparation entre extérieur/objectif et intérieur/subjectif. Quand on s'ouvre aux sentiments, on n'éprouve pas seulement les siens propres mais aussi ceux d'*autrui*. L'essence de l'affect et le pouvoir de l'empathie démontrent que nous sommes tous reliés les uns aux autres, du moins potentiellement, à travers la souffrance, le bonheur, le chagrin, la satisfaction, la fierté ou l'envie ressentis par autrui. Révéler ses sentiments, c'est souvent une expérience profondément gratifiante, salutaire, mais cela implique aussi de transgresser certaines lois sociales majeures telles que l'autonomie, l'individualité, l'indépendance, avec pour conséquence que l'étalage des sentiments n'est considéré comme acceptable que dans un petit nombre de situations, généralement liées à l'intimité.

Les sentiments étant de nature spontanée, naturelle, libre – comme un flot qui s'écoulerait tout autour de nous et dont nous sentirions la présence sans pouvoir agir sur lui –, j'ai pu constater qu'il fallait beaucoup de courage, dans une civilisation comme la nôtre, pour se placer délibérément au sein de ce flot en perpétuel mouvement, surtout lorsque les sentiments sont profonds, puissants et le courant fort et rapide. Or les phénomènes synchronistiques nous expédient tout droit au beau milieu de ce courant. Il n'est guère étonnant, dans ce cas, qu'on batte en retraite en reléguant l'événement et les sentiments qu'il nous a inspirés dans le domaine du fantasme. « Je me fais des idées », se dit-on. La synchronicité contraint à affirmer les sentiments comme mode fondamental d'appréhension de la vie, largement aussi important que la pensée, voire bien plus dans certaines situations. Nos sentiments forment le ressort principal de notre scénario personnel ; ce sont eux le moteur de l'action.

Cela nous amène à la troisième caractéristique de la synchronicité, son aspect symbolique.

Si je n'en ai pas conscience, comment cela se peut-il ? – Synchronicité et symboles archétypiques issus de l'inconscient collectif

On trouve un troisième aspect du phénomène synchronistique dans le contenu de l'événement proprement dit, lequel, on l'a vu, est invariablement symbolique. Malheureusement, si je me fonde sur mes observations personnelles, on le néglige souvent en abordant la question, tout bouleversé qu'on est par le sentiment numineux ou la stupéfaction devant l'improbable. Pourtant, dans chaque cas de coïncidence significative, ai-je constaté, les faits eux-mêmes revêtent un caractère fortement symbolique.

J'ai moi-même vécu un exemple frappant de phénomène synchronistique à fort contenu symbolique : lorsque je faisais mon clinicat, je me suis trouvé un jour dans une impasse avec un de mes patients. Frank, car tel était son nom, avait été toute sa vie dominé par sa mère, jusque dans l'âge adulte. Il avait du mal à imaginer qu'on puisse le traiter autrement que ne le faisait sa mère. C'était pour cela qu'il consultait, et par conséquent sa perception du désir, chez autrui. de mainmise et de domination colorait très nettement la vision qu'il avait de moi.

À l'issue d'une série de séances difficiles, je me suis présenté un samedi matin pour notre rendez-vous hebdomadaire. Il pleuvait à verse, mais je ne m'inquiétais pas de savoir si Frank viendrait car il habitait au bout de la rue. Comme je relisais mes notes, juste avant le début de la séance, d'un seul coup les plombs ont sauté. Mais mon bureau était pourvu d'une petite fenêtre qui me permettait d'y voir suffisamment, aussi, quand Frank est arrivé, avons-nous procédé comme à l'ordinaire. Ce jour-là, notre entretien n'a pas été très différent des précédents. Frank était persuadé que si j'étais devenu thérapeute c'était pour exercer un contrôle sur les gens, que j'aimais sentir les autres dépendants de moi, que je prenais plaisir à leur faire payer leur vulnérabilité, et ainsi de suite. Comme toujours, j'ai réagi en m'efforçant de l'amener à relier cette vision de moi avec ce que lui faisait vivre sa mère, mais en vain.

Voyant que nous n'avancions pas, j'ai décidé de changer d'angle d'attaque, de déstabiliser plus ouvertement mon patient. Je me suis demandé à haute voix comment il expliquait que je me sois présenté malgré les trombes d'eau qui tombaient ce matin-là, et malgré la coupure d'électricité, rien que pour l'entendre me dire à quel point il éprouvait de l'aversion pour moi. N'avait-on pas là la preuve qu'au contraire je me souciais de son sort ? Pourquoi prendrais-je délibérément une initiative aussi malcommode, aussi manifestement déplaisante, si je n'avais pas sincèrement son bien-être à cœur ? Frank n'a rien répondu, et j'ai senti qu'une légère altération se produisait sur le plan affectif. Après quelques instants de réflexion, il a déclaré : « Je comprends votre point de vue. Peut-être êtes-vous sincère, en effet. Peut-être n'est-ce pas seulement une question de pouvoir. » À cet instant précis le courant est revenu et soudainement, synchronistiquement, mon bureau s'est à nouveau retrouvé brillamment éclairé[1].

Le symbolisme perceptible dans cette histoire de « courant qui passe ou qui ne passe pas » est évident, mais il importe de bien le

1. L'américain emploie le même terme (« *power* ») pour désigner le pouvoir, d'une part, et le courant électrique, d'autre part. *(N.d.T.)*

percevoir si l'on veut comprendre ce qui s'est passé dans ma relation thérapeutique avec Frank. L'obscurité dans laquelle nous avions entamé la séance faisait écho au contenu affectif de notre rapport, que ni l'un ni l'autre n'arrivait à dépasser pour se diriger vers cette illumination qu'est la prise de conscience. Il ne me voyait pas, métaphoriquement parlant, comme sincèrement préoccupé par son bien-être, et la coupure de courant avait concrétisé cette incapacité. De mon côté, je ne voyais pas que la solution, pour moi, était de me mettre à exister en tant qu'individu réel, là, dans la pièce, à côté de lui, d'affirmer ma sollicitude à son égard et d'en donner la preuve, au lieu d'interpréter la dynamique maternelle qu'il subissait. Pour lui, il s'était produit une « coupure » à la fois intérieure et extérieure (le courant ne « passait plus »), du moins jusqu'à ce que j'arrive à l'atteindre au niveau de l'affect. Sur quoi la lumière s'était rallumée – littéralement, mais aussi symboliquement – tandis que mon bureau s'emplissait d'électricité – au sens propre et au sens figuré. Le courant repassait entre nous, et Frank se sentait à nouveau « alimenté » en pouvoir.

Cette anecdote illustre bien mon précédent propos, selon lequel une même coïncidence peut être significative pour une personne et totalement insignifiante pour une autre. Pris au piège de sa vision, où seule intervenait la domination, Frank n'avait pas remarqué – pour autant que je sache – qu'il n'y avait pas de lumière. C'est moi qui ai noté la perfection avec laquelle le phénomène extérieur reflétait sa condition intérieure et la mienne, et la puissance du symbolisme dans cette coïncidence particulière. En fait, la place qu'occupe cette synchronicité dans ma vie de thérapeute est étroitement liée aux symboles qu'on retrouve ici et à ce qu'ils représentent, c'est-à-dire le pouvoir. À l'époque j'étais relativement inexpérimenté, je ne savais plus comment lui faire entrer dans le crâne que je n'étais *pas* comme sa mère ; aussi l'irruption de cet événement efficace a constitué, comme l'indique son symbolisme même, une expérience « illuminatrice ». Aux yeux de Frank, toutefois, ce ne fut qu'une expérience de communication pure parmi d'autres, un de ces apports dont il avait besoin de ma part pour oser croire enfin que tout le monde ne cherchait pas systématiquement à le dominer et à le soumettre.

Dans un bref mais passionnant ouvrage consacré à la synchronicité, l'analyste jungienne contemporaine Jean Shinoda Bolen emploie pour décrire l'essence du phénomène synchronistique une expression bien particulière, également reprise par d'autres : pour elle, ces coïncidences significatives sont « comme des rêves éveillés ». Il me semble que cela traduit bien ce qui confère leur caractère unique aux phénomènes synchronistiques dans notre scénario personnel. En effet, à l'image des rêves – dont nous ne provoquons pas l'apparition, et qui sont le plus souvent imprégnés d'affectivité –, ces phénomènes possèdent une qualité symbolique. Si les coïncidences significatives sont mémorables, c'est précisément parce qu'elles présentent le type de cohérence symbolique qu'on ne rencontre généralement que dans l'activité onirique. Ou bien encore dans la fiction, les « histoires ».

Racontez donc l'histoire de la coupure de courant, ou du coup de téléphone de Dan, ou du jeu de tarots de Bobbie, à une personne ignorant tout du concept de synchronicité. La réaction sera probablement : « Tu te moques de moi ? Ce genre de chose, ça n'arrive que dans les *films* ! » ou bien, chez les moins sceptiques : « Quelle belle *histoire* ! » Et, de fait, il est impossible de ne pas établir un parallèle entre la cohérence symbolique exigée des histoires et celle qu'on ressent en cas de coïncidence significative. Comme dans la fiction, à la faveur d'un phénomène synchronistique, la dimension symbolique de l'existence passe au premier plan et l'on est pour ainsi dire forcé d'examiner l'événement sous tous les angles. On se surprend à formuler les mêmes interrogations, à propos de sa vie, que lorsqu'on lit une histoire ou que l'on regarde un film. Quel est le sens de tel ou tel événement ? Où cela va-t-il me mener ? Qu'est-ce que cela m'apprend sur moi, sur ce que j'ai été, ce que je suis en train de devenir ?

À ce stade du raisonnement, il importe de bien distinguer entre signe et symbole. Pour résumer, un signe est un objet renvoyant à une réalité située au-delà de lui mais finie, définie et connaissable, tandis que le symbole est un objet, une situation ou un événement renvoyant à une réalité située *en dehors* du champ de conscience ou de l'aptitude à saisir pleinement la situation. Donc, si l'on prend en compte la dimension symbolique des événements synchronistiques et qu'on se demande : « À quoi renvoie ce phénomène en dehors de moi ? », on parviendra, si l'on reste fidèle à la réalité symbolique de ce qu'on a vécu, à une réponse multiple.

Le symbole est invariablement et essentiellement un mystère ; ce qui n'est pas le cas du signe. L'hexagone rouge qu'on rencontre au carrefour signifie « STOP ». Il ne veut rien dire, ni ne voudra jamais rien dire d'autre : quand on s'en approche à bord d'un véhicule, on doit freiner, point. C'est un signe, non un symbole. En revanche, si l'on se rend au musée d'Art moderne et qu'on contemple au mur l'œuvre d'un sculpteur avant-gardiste et politiquement engagé – présentant par exemple des photographies de camps de concentration, de bombes, d'armes à feu et d'abattoirs disposées autour d'un hexagone rouge orné du mot « STOP », ce n'est plus un signe qu'on a sous les yeux. Le panneau de signalisation jusque-là simple et direct a été transformé en symbole par le contexte artistique. Au mur de ce musée, « STOP » signifie plusieurs choses : tuer c'est mal, il faut prendre des mesures pour empêcher le meurtre d'innocents, la consommation de viande implique la violence, et ainsi de suite.

De la même manière, en tant qu'occurrence symbolique, la synchronicité peut revêtir plusieurs significations ; d'ailleurs, la signification symbolique de tel ou tel événement, comme dans une fiction, peut varier avec le temps. Dans les nombreux événements synchronistiques que nous évoquerons dans les chapitres suivants, la multiplicité des significations symboliques que peut prendre à nos yeux un même événement nous laisse parfois « dépassés » par la situation. Mais, encore une fois comme dans une œuvre de fiction, où les couches de sens se superposent, on peut, avec du temps, de la patience, de la pratique et certaines compétences, les amener au grand jour, pourvu qu'on adopte une attitude ouverte et réfléchie.

Comme tous les symboles, les phénomènes synchronistiques ont donc pour effet de tirer l'inconscient vers le conscient. Jung a apporté une contribution unique à la psychologie en posant que l'inconscient n'est pas exclusivement constitué de « rebuts » – de faits oubliés ou activement refoulés –, mais qu'il est également le « magasin », l'« entrepôt » psychique de l'espèce humaine dans son ensemble. Jung nomme ce magasin « inconscient collectif », et y voit une série de symboles universels dont nous n'avons pas conscience, sauf circonstances ou dispositions d'esprit particulières. Il a baptisé « archétypes » les contenus de ce plan d'existence, ces schémas, situations et symboles qui forment l'inconscient collectif.

J'ai toujours trouvé relativement facile à saisir et accepter l'idée que nous ayons tous en commun certaines façons de penser, de ressentir les choses ou de les imaginer. Comment pourrait-il en être autrement ? N'avons-nous pas tous un père et une mère ? Ne passons-nous pas par les mêmes étapes – à savoir la naissance, l'enfance, la maturation progressive et, finalement, la mort ? Comment contester l'existence de certaines constantes dépassant l'expérience et la culture individuelles, l'espace et le temps, qui font de nous des êtres humains et que nous partageons donc avec les autres ? Ce sont ces structures qui composent les archétypes peuplant l'inconscient collectif, certains se traduisant dans l'expérience sous une forme personnalisée – le vieux sage, l'illusionniste, la vierge, l'éternel enfant, mais aussi dieux et déesses, anges et démons de la mythologie et de la théologie. Toutefois, nombreux sont les archétypes qui ne se manifestent pas sous forme de figures ; on a plutôt affaire alors à des situations, des expériences typiques : le fait d'acquérir de la maturité, l'expérience de la totalité, l'affrontement d'un conflit insoluble, la perte de l'innocence, l'accomplissement de l'union mystique avec Dieu. Et ce sont peut-être ces archétypes « situationnels » que la synchronicité porte également à notre connaissance.

Les scénarios que nous vivons, ceux dont la dimension symbolique des événements synchronistiques nous font prendre conscience, sont donc, en un sens, d'ordre mythique. Pourtant, qui, parmi nous, se perçoit comme personnage de fiction, et à plus forte raison comme figure mythique ? Cet événement sortant de l'ordinaire qu'est la synchronicité sert à exacerber la sensibilité et à nous rendre par là capables de percevoir le côté symbolique de la vie quotidienne. Mais souvent l'on résiste à ce mode de raisonnement. Pourquoi ? Pourquoi s'obstiner à rejeter, ou à refuser de voir, son scénario personnel ?

La réponse est peut-être, à mon sens, que le contact direct avec l'inconscient collectif entraîne un tel choc qu'il nous met en danger de nous perdre, et de perdre notre point de vue individuel. Un archétype est une espèce de force naturelle, un schéma de perception si bien inscrit en nous que rares sont les êtres capables de conserver leur perception propre sous l'emprise d'un archétype. Aussi devons-nous prendre garde à ce que l'ego ne nous empêche pas de vivre un événement archétypique, en nous fermant à lui pour nous rendre le contrôle de notre vie intérieure ; mais, d'un autre côté, c'est peut-être l'ego qui nous permet justement d'endurer les assauts du symbolisme archétypique dans toute sa richesse, toute sa force, et tout ce qu'il peut comporter de merveilleux. Encore une fois, c'est en sachant se pencher sur le côté symbolique de l'expérience qu'on parviendra le mieux à comprendre le fondement archétypique de son scénario personnel. Pourvu que je sache alors distinguer entre ce qui m'est propre et ce que j'ai de commun avec autrui, phénomènes synchronistiques, rêves et fictions peuvent enrichir et approfondir ce qui fait de moi un humain.

Plus simplement, le symbolisme des synchronicités me fait voir, à un certain niveau, la fraction bien précise de mon récit personnel où je trouverai ce qui me lie aux autres. Grâce à la synchronicité qu'elle a vécue – en recevant une série de symboles sous forme de rêves, puis un cadeau reflétant exactement ceux-ci –, Bobbie a pu entamer une relation intéressante avec le système du tarot. Le coup de fil de Dan, la lettre de Richard et les circonstances également synchronistiques dans lesquelles j'ai connu certains de mes amis nous ont aidés, Ann, Cathy et moi, chacun de notre côté, à prendre part à l'expérience universelle qu'on nomme généralement « amour ». Quant à celle qui m'a permis, à moi, jeune thérapeute, de veiller au bien-être d'un patient grâce au mystérieux pouvoir consistant à « faire passer le courant », c'est une expérience que j'ai eue en commun avec une foule de novices, à toutes les époques et dans toutes les civilisations.

Quo vadis ? – Synchronicité et tournants de l'existence

Il y a des périodes où l'on se sent équilibré, où la vie semble douée d'une certaine stabilité. Pas de problèmes relationnels, vie personnelle et activités annexes satisfaisantes... on n'est peut-être pas ivre de bonheur, mais, disons, content ; et si certains soucis, certaines angoisses se profilent à l'horizon de la conscience, ils sont trop loin pour perturber le cours ordinaire des événements.

En revanche, et nous le savons tous, il arrive que cette stabilité ne nous satisfasse plus ; on a envie d'apporter des changements dans une existence devenue ennuyeuse, voire abrutissante. Ou alors, des événements indépendants de notre volonté viennent chambouler une vie dont on se contentait jusqu'alors. Parfois, on entre dans une période de transition pour les deux raisons simultanément : un besoin intérieur d'avancer et une série de phénomènes extérieurs qui nous extraient d'une ornière dont nous n'avions peut-être même pas conscience.

Dans ces cas-là, on recherche fréquemment l'aide des autres. Des professionnels (thérapeutes, hommes d'Église, médecins, etc.) mais parfois aussi des amis ou parents ayant vécu ou non des situations similaires. En puisant de l'aide dans l'expérience d'autrui, on se sent alors entraîné loin d'un mode de vie qui ne nous convient plus, et guidé vers une manière d'être plus gratifiante.

Cependant, dans ces périodes de transition on peut aussi recevoir une aide pas simplement extérieure, relationnelle, mais aussi intérieure, psychologique. Sans la susciter, ni la quêter, on la voit se présenter sous la forme d'une série d'événements aléatoires juste au moment où on en a besoin pour avancer, et bien souvent quand on ne sait plus quoi faire.

Jung s'éloigne de bien des façons des autres théoriciens, mais sa principale originalité réside dans sa vision de la psyché comme phénomène naturel dont toutes ses facettes, même celles qui peuvent paraître pathologiques ou destructrices, servent à nous faire évoluer psychologiquement. Ce raisonnement trouve une illustration dans ce qu'on appelle les « défenses ». Un sujet ayant fait une chute traumatisante ressentira probablement une angoisse grave dans les endroits élevés. En conséquence de quoi il s'efforcera activement, même quand c'est superflu, de les éviter. Selon la gravité de ce comportement d'évitement et le degré de restriction qu'il impose dans sa vie, on y verra une simple marotte ou un dysfonctionnement majeur ; il demeure que cette attitude défensive a pour but de protéger le sujet contre la réitération éventuelle du trauma insurmontable, et qu'elle fonctionne, comme dirait Jung, de manière à préserver son équilibre mental. On peut porter un jugement – ceci est sain ou malsain, bien ou mal, etc. –, mais du point de vue de la psyché et de ses processus naturels, même les réactions de type phobique sont justifiées et servent à augmenter, chez un individu donné, la capacité d'avancer, d'évoluer de manière équilibrée.

Jung attribuait donc une raison d'être aux phénomènes psychologiques, et c'est aussi ce qui sous-tend toute sa conception de la synchronicité. En présence d'un événement aléatoire mais significatif, aussi bien affectivement que symboliquement, l'expérience psychologique de la synchronicité a toujours pour effet de nous faire avancer d'une façon ou d'une autre. Voilà pourquoi elle se produit dans les grandes périodes de transition. Au même titre que l'aide extérieure, sociale, qu'on recherche lors de ces épisodes, il se peut que la psyché apporte, sous forme de coïncidences productrices de sens, un certain type d'aide intérieure, psychologique.

Parfois ce soutien se ramène à un genre de signal d'alarme destiné à nous « réveiller » : une coïncidence nous fait prendre conscience de la transition qu'on s'efforçait justement de ne pas voir mais qui s'installe qu'on le veuille ou non. L'histoire de Bobbie et du tarot s'inscrit dans cette catégorie. À d'autres moments, le caractère significatif de la synchronicité a pour effet de rendre évidente la nécessité de changer d'attitude, de perspective – comme ce fut le cas pour moi et mon patient : grâce à elle j'ai cessé de m'appesantir sur le passé de Frank pour me concentrer sur nos rapports présents. Mais dans tous les cas, quand on vit une synchronicité, c'est qu'un important changement est en train de se produire.

Une jeune femme de ma connaissance, Ellen, était venue faire ses études supérieures en Californie. Malheureusement, il en était résulté un grave conflit avec son père, qui avait accepté de les lui payer, mais se faisait également une idée bien précise de la vie qu'elle devait mener. Il voulait qu'elle réside à la cité universitaire, elle préférait partager un appartement en ville avec des amis. Elle désirait une voiture, il pensait que ce n'était pas souhaitable. Elle considérait ses activités annexes comme faisant partie de ses études, il ne voulait pas qu'elle dépense un sou ailleurs qu'à l'université. La tension est progressivement montée entre eux par le biais d'une série de coups de téléphone longue distance, et le père a fini par déclarer que si Ellen ne se comportait pas selon ses exigences à lui, il lui couperait les vivres. Dans son emportement, la jeune fille a rétorqué : « Eh bien puisque c'est comme ça, vas-y ! » avant de lui raccrocher au nez.

Écumant de rage tant la situation était devenue intenable, le lendemain elle a arpenté le campus, morte de peur, en se demandant ce qu'elle allait devenir. Elle ne possédait pas de compétences particulières et le comportement dominateur de son père l'ayant rendue dépendante de lui presque à cent pour cent, elle ne voyait vraiment pas comment mettre sa menace à exécution. Elle a continué à errer jusqu'à tomber sur un ami ; là, elle s'est assise sous un eucalyptus et elle lui a tout raconté. Ne comprenant pas très bien ce que le pétrin où elle s'était fourrée pouvait avoir de comique, elle a failli s'offusquer en le voyant éclater de rire... mais il lui a bien vite expliqué : il sortait tout juste de son travail (il faisait de la saisie de texte dans un cabinet d'ingénieurs tout proche), et, ce jour-là, son chef lui avait justement demandé s'il connaissait quelqu'un qui cherchait du travail. Le salaire permettrait à Ellen de s'en sortir par elle-même, les horaires étaient très souples, et on était disposé à la rétribuer pendant sa période de formation. C'est ainsi que, synchronistiquement, elle a résolu son inconfortable assujettissement et réussi à se débrouiller toute seule dans des conditions quasi idéales. En outre, les compétences ainsi acquises lui ont permis de se lancer plus tard dans l'édition ce qu'elle n'aurait jamais imaginé en s'inscrivant en faculté de biochimie.

Dès qu'il s'agit d'avancer, d'évoluer dans la vie, on observe trois étapes : tout d'abord, on se rend compte que ça ne va plus, ça ne *fonctionne* plus. Parfois ce sont les événements extérieurs qui nous en font prendre conscience (mon père me menace de me retirer son soutien financier), mais il se peut aussi que nos sentiments eux-mêmes nous le fassent remarquer : je ne supporte plus les contraintes qui m'empêchent de vivre à ma guise. Tout à coup, on ne sait plus très bien où l'on en est, on est « entre deux ». On se met à imaginer la tournure plus favorable que pourraient prendre les événements, on se sentirait capable de tout laisser tomber sans bien savoir ce qu'on va devenir, comment on va s'y prendre. On raccroche le téléphone en criant : « Eh bien puisque c'est comme ça, vas-y ! », pourtant là-dessus on se retrouve dans l'incertitude la plus totale. On ne peut plus revenir en arrière, mais on ne voit pas quelle direction prendre, et cette période de transition peut durer un jour comme un mois, quand ce n'est pas plusieurs années. Et tout à coup il se passe quelque chose, une occasion se présente, on prend telle ou telle initiative... et on adopte un mode de vie différent, autrement plus satisfaisant.

Il est clair qu'Ellen avait besoin de se démarquer de son père *avant* que l'emploi dont elle avait tant besoin lui tombe, synchronistiquement, tout cuit dans le bec, pour ainsi dire. Mais, à l'occasion, un événement synchronistique vient attirer notre attention sur la phase de transition que nous traversons sans même nous en rendre compte. Ce fut le cas d'un de mes amis, Sam, qui, muté à San Francisco par son cabinet d'experts comptables, sis sur la côte est, trouvait son nouveau poste beaucoup plus éreintant et moins gratifiant que ce qu'il espérait.

Sam, qui était par ailleurs un musicien très doué, s'acquittait tant bien que mal de son travail de comptable. Sur ce, un double événement synchronistique est survenu dans sa vie : l'église qu'il fréquentait s'est vu attribuer une donation afin de créer un programme musical... au moment même où il apprenait son licenciement. Naturellement, la perspective de ce chômage aussi imminent qu'imprévu l'a assommé. Mais je l'ai encouragé à distinguer la dimension synchronistique de ces deux événements, à saisir l'occasion qui se présentait ; ce qu'il a fait. Il gagne à présent moins d'argent, mais il est bien plus heureux depuis qu'il exerce une activité qu'il aimait depuis longtemps sans oser se lancer. Les deux phénomènes synchronistiques de cette anecdote – d'un côté, la porte qui se ferme devant lui à cause de son licenciement et, de l'autre, la fenêtre qui s'ouvre sur une nouvelle carrière – l'ont amené à vivre un récit personnel que nous étions nombreux à lui souhaiter, connaissant son talent et son amour de la musique.

Les histoires d'Ellen et de Sam, entre autres, ont renforcé ma conviction, enracinée dans la pensée jungienne : on évolue à son rythme et à sa manière propres vers l'affirmation significative de ce qu'on est en profondeur, même quand les autres, de leur point de vue extérieur, trouvent ce cheminement insensé, destructeur, voire détestable. Si la vie est un récit, alors, comme tous les récits, elle se subdivise en chapitres. Et parfois, seule la rencontre profonde et symbolique de l'intérieur et de l'extérieur sous forme de coïncidence significative fournit l'impulsion psychologique nécessaire pour nous aider à tourner la page et à passer à l'épisode suivant de l'histoire que nous avons l'intention de vivre.

Toutefois, l'idée qu'on avance à sa façon vers la personne que l'on est au plus profond de soi n'implique pas que « tout s'arrange de jour en jour ». Après tout, il y a des histoires qui sont des tragédies. Cependant, dans ce qui va suivre vous ferez la connaissance d'individus pour qui le pire désastre – la perte d'un être aimé, la faillite, un suicide manqué de peu – s'est révélé être un événement synchronistique, un passage crucial et générateur de changement. Ces événements producteurs de sens nous mettent face au fait que notre récit personnel peut être plus riche et varié que nous ne le pensions et que tout s'inscrit dans cette narration, même ce qui nous effraie ou nous paraît négatif – perdre son travail, par exemple, ou le soutien financier de nos parents.

On l'a vu plus haut en évoquant la dimension acausale, affective et symbolique de la synchronicité, celle-ci se produit toujours dans un contexte de transition – à un moment où l'on se tient « sur le seuil » –, et cela argumente encore en faveur de ma thèse : nous faisons partie d'un « grand tout » auquel nous participons activement. Si nous sommes des personnages, l'histoire ne finit pas forcément bien, mais au moins celle que nous vivons est-elle cohérente et achevée.

« Pourquoi maintenant ? » – Comment expliquer l'intérêt porté à la synchronicité ?

Je l'ai dit dans mon introduction, le terme de synchronicité est relativement récent alors qu'il s'agit de définir un concept et une gamme d'expériences aussi anciens que l'espèce humaine elle-même, et communs à toutes ses civilisations. Alors pourquoi assiste-t-on actuellement à un tel regain d'intérêt pour cette notion ? Et pourquoi les travaux de Jung dans ce domaine ont-ils engendré autant de commentaires depuis vingt ans ?

À mon avis, cette prolifération s'explique par les quatre caractéristiques ci-dessus, car toutes elles offrent à l'être humain contemporain une manière plus globalisante de penser, de ressentir et d'être au monde. À nous qui sommes tellement accoutumés à raisonner en termes de cause et d'effet, la synchronicité nous exhorte à admettre que la frontière entre réalité objective et expérience subjective n'est pas aussi nette qu'on veut nous le faire croire. Et si cette prise de conscience est parfois troublante, voire inquiétante, elle enrichit également notre expérience du monde et nous restitue une sensation de complétude et d'appartenance à ce monde. De la même façon, par leur contenu significatif effectif et symbolique, les synchronicités servent à rappeler à l'homme moderne deux qualités fort précieuses et exclusivement humaines : l'aptitude à ressentir et à imaginer, deux dimensions fondamentales que nous avons malencontreusement égarées dans un monde de plus en plus obsédé par la rationalité.

À cause de la dislocation des anciennes communautés homogènes et de l'accroissement de l'individualisme et de l'isolement, les grandes phases de transition deviennent de plus en plus difficiles à assumer et, nos civilisations ayant amoindri le rôle jadis prépondérant du conseiller spirituel, du chaman, de la guérisseuse ou du vieux sage, on ne sait plus où se tourner pour quêter de l'aide, connaître la marche à suivre. Ainsi les coïncidences productrices de sens, qui surviennent toujours au moment du changement, sont-elles le symbole de notre profonde connexion avec les autres, et nous rassurent-elles sur le fait qu'on n'est jamais réellement seul quand on opère ce genre de passage.

Reste que la caractéristique essentielle et déterminante de la synchronicité est l'expérience du *sens* sur lequel elle se fonde. Si l'on se montre capable de dévoiler et d'appliquer dans sa vie la signification individuelle de ce qui nous tombe dessus, on se voit rappeler par le phénomène synchronistique une vérité capitale : la vie s'organise, consciemment et inconsciemment, comme les récits de fiction ; elle possède une cohérence, une direction, une raison d'être, et elle n'est jamais dépourvue de beauté. La synchronicité nous remet en mémoire que le récit personnel peut très bien être une œuvre d'art.

2

Trop semblable à l'éclair...

Synchronicité et histoires d'amour

> *[...] il est trop brusque, trop imprévu, trop soudain, trop semblable à l'éclair qui a cessé d'être avant qu'on ait pu dire : il brille !... Doux amis, bonne nuit ! Ce bouton d'amour, mûri par l'haleine de l'été, pourra devenir une belle fleur, à notre prochaine entrevue...*
>
> WILLIAM SHAKESPEARE,
> *Roméo et Juliette* (acte II, Sc. II)[1].

Sous les diverses formes qu'ils peuvent prendre – tendres ou passionnés, lents à s'épanouir ou bien vifs « comme l'éclair » –, l'amour et l'amitié sont généralement au centre de nos récits personnels. Les gens qu'on rencontre, dont on tombe amoureux ou qui tombent amoureux de nous, les amis qu'on se fait et les circonstances dans lesquelles ces relations se sont nouées, le cours qu'elles suivent, positif ou négatif... tous les tours et détours de ces amours modèlent notre existence. Naturellement, à la base, l'amour qui lie deux individus est une coïncidence, puisque deux vies se sont croisées par hasard ; il est donc normal que ce soient des synchronicités qui posent les fondations de nos histoires d'amour et d'amitié.

1. Traduction de François-Victor Hugo. *(N.d.T.)*

Le signe indubitable qu'on a affaire à une synchronicité est que l'événement est unique, non reproductible – c'est une expérience qu'on ne fait qu'une seule fois dans sa vie. Quand on songe à quel point l'amour est un phénomène rare, qu'on se rend compte à quel point on a peu de chances de trouver, parmi les millions de gens qu'on croise au cours de son existence, les rares individus qui nous correspondent idéalement, on ne peut plus nier l'évidence : le hasard tient une grande place dans le choix de nos partenaires, amants et amis.

Avez-vous remarqué que dans les romans et autres histoires d'amour, le développement de l'intrigue a toujours quelque chose d'inéluctable ? Quand deux êtres sont destinés l'un à l'autre, on le sent. Quand on assiste à la rivalité qui oppose les deux familles dans *Roméo et Juliette,* on sait déjà ce qui va arriver, ce qui *doit* arriver, quand les jeunes amants se retrouveront face à face. Pourtant, simultanément, il émane de la narration une espèce d'émerveillement, l'impression enchantée qu'une chose très précieuse s'est produite et qu'elle était purement le fruit du hasard.

En m'entretenant avec diverses personnes à propos de leurs amours, j'ai été frappé par le parallèle entre réalité et fiction. Le délicat fil de hasard auquel sont très souvent suspendues ces histoires était stupéfiant : il s'en serait fallu de deux minutes, d'un simple accident, pour que ces gens ne rencontrent jamais la personne qui, par la grâce de l'amour, allait bouleverser leur vie de fond en comble, définitivement et irrévocablement. Mais cette dimension inévitable n'est pas simplement due au fait que nous, lecteurs, à l'image du narrateur omniscient, sommes « à distance » du récit. Comme le montrent les histoires vraies que je m'apprête à raconter, elle fait partie intégrante du *sens* de la rencontre fortuite – c'est un « coup de chance » qui ne cesse jamais de nous étonner, tout au long de notre vie.

En amour, en amitié, la synchronicité a fréquemment partie liée avec la rencontre de la bonne personne au bon moment, dans des circonstances appropriées ; mais, au concours de l'improbable, le début de l'histoire vécue par Pete et Mary mérite une mention spéciale. Ils se sont vus pour la première fois dans une grande maison ouverte aux quatre vents, lors d'une *hot tub party*, ces fêtes popularisées par les Californiens de Marin County dans les années soixante-dix et qui consistaient à se plonger tous ensemble dans un grand bain chaud. Malgré une attirance mutuelle certaine, phénomène somme toute banal quand on a vingt ou vingt-cinq ans, ils se sont quittés ce soir-là sans rien échanger de plus que leurs prénoms respectifs, car chacun des deux fréquentait déjà quelqu'un. La semaine suivante, Mary a carrément quitté la Californie pour suivre son petit ami dans un autre État ; toutefois, avant de partir elle a interrogé les hôtes de la soirée à propos de Pete et s'est débrouillée pour obtenir son adresse et son numéro de téléphone. Au départ, elle avait l'intention soit de lui écrire, soit de l'appeler, mais finalement, emportée par le tourbillon du déménagement, puis par le train-train de sa nouvelle vie, elle ne l'a pas fait. Toutefois – elle-même n'aurait su dire pourquoi –, elle recopiait tous les ans les coordonnées de Pete dans son nouveau carnet d'adresses ; pendant presque dix ans elle les a conservées sans jamais s'en servir.

De son côté, Pete pensait à Mary deux ou trois fois l'an, quand il tombait par hasard sur l'ami qui avait organisé la fameuse soirée. Se sachant enclin à sortir avec beaucoup de femmes sans jamais s'engager durablement, il ne manquait jamais de lui demander des nouvelles de « la fille du bain chaud », en le priant facétieusement de l'avertir le jour où elle serait libre. L'ami en question croyait savoir que Mary coulait des jours heureux au Texas avec son petit ami, mais histoire de jouer le rôle qu'on attendait de lui, il promettait chaque fois de tenir Pete au courant.

Un hiver, bien des années plus tard, Pete a appris que sa tante de Las Vegas venait de décéder. Plus par sens du devoir que par véritable affection, il a pris un billet d'avion San Francisco-Las Vegas pour le lendemain en se disant qu'une fois ses obligations familiales remplies, il pourrait profiter quelques jours de la ville. Malheureusement, en arrivant à l'aéroport il a appris que le brouillard empêchait les avions de décoller et qu'on ignorait totalement quand la situation se débloquerait. Mû par une impulsion, il a alors décidé de louer une voiture et de se rendre à Las Vegas par la route ; ce serait long, mais au moins avait-il l'assurance d'y arriver tôt ou tard et, de toute façon, la perspective du trajet lui plaisait. En outre, une fois parti il a décidé de s'arrêter dans la ville de Mojave pour rendre visite à un ami et se reposer un peu avant de repartir le lendemain de bonne heure. Selon ses propres termes, jamais il n'aurait pensé qu'après ce voyage sa vie ne serait plus jamais la même.

Alors qu'il approchait de Mojave en fin de journée, sa voiture de location a commencé à se comporter bizarrement ; il s'est avéré qu'un de ses pneus fuyait légèrement. Pete s'est donc arrêté dans une station-service pour le regonfler ; il en a profité pour appeler son ami, qui malheureusement n'était pas chez lui. Ce voyage se présentait décidément mal ! Pete a songé qu'il l'avait bien mérité : voilà ce qu'on gagnait à faire les choses « à reculons », par devoir, au lieu d'y mettre un peu de cœur. Habitude qui, se dit-il encore, était responsable de tout ce qui n'allait pas dans sa vie.

À la tombée du soir, Pete a pris une chambre dans un motel et, là, il s'est déridé d'un coup : en se retournant pour ramasser ses bagages, voilà qu'il heurte de plein fouet... Mary, qui entrait juste à ce moment-là dans le hall de la réception ! Ils ont été bien étonnés de se rencontrer là, dans ce lieu entre mille, au bout de huit ans. Mais ils n'étaient pas au bout de leurs surprises : Mary rentrait à San Francisco pour chercher à se loger, car elle avait rompu avec son petit ami la semaine précédente, et ce pour les motifs mêmes que Pete se reprochait justement quelques instants plus tôt : après toutes ces années, le petit ami en question était toujours aussi incapable de s'engager vis-à-vis d'elle ; aussi, plutôt que de passer sa vie à l'attendre, avait-elle résolu de se prendre en charge et de retourner là où, jadis, elle s'était davantage sentie elle-même. La suite, vous l'imaginez sans peine.

Mais ce qui, dans le récit de cette rencontre, ressort comme significatif pour Pete et Mary n'est pas seulement cette stupéfiante coïncidence « extérieure ». (Vous vous rendez compte ? Retrouver au beau milieu du désert californien une personne par qui on se sent attiré depuis presque une décennie !) Non, c'est plutôt *l'opportunité* psychologique de ces retrouvailles. Pete était tout fraîchement parvenu à la conclusion que son manque d'enthousiasme était la source de tous ses maux ; or, par la rencontre de Mary, il se voyait offrir l'occasion de changer. De son côté, en reprenant le chemin du seul endroit où elle se sentait réellement à sa place, Mary tombait sur un homme dont elle gardait l'adresse pour des raisons inexplicables, mais qu'elle avait la ferme intention d'appeler le lendemain de son arrivée à San Francisco. La probabilité que cet événement survienne sans intervention ni de l'un ni de l'autre était, on en conviendra, infime. Mais ce qui le rend synchronistique, c'est qu'il se soit produit à un moment aussi significatif pour Pete et Mary, affectivement parlant, c'est-à-dire au cœur d'une transition psychologique et – au moins pour Mary – géographique, entre la vie qu'elle menait jusqu'alors et le nouveau chapitre qui s'ouvrait devant elle.

Cet élément temporel, cette coïncidence entre phénomènes physique et psychique, représente naturellement un des aspects les plus enchanteurs de la synchronicité. Cela nous montre que nous vivons bel et bien un scénario, qu'il existe, comme dans la fiction que nous aimons à lire, un sens et un but à tous les événements en apparence fortuits de l'existence. Pete et Mary ont conclu de leur rencontre *opportune* – synchronistique, donc – qu'ils étaient destinés à se retrouver.

De la même manière, la succession d'événements finement minutée qui ressort de l'anecdote suivante, celle de mes amis Gery et Rosanne, a coloré de synchronicité le début de leur histoire d'amour. C'est Rosanne qui, mariée depuis des années et mère de trois enfants, nous relate leur rencontre :

« Je vivais à Detroit, où je travaillais à temps partiel tout en habitant chez mes parents ; j'économisais pour partir m'installer dans le Colorado après un séjour prolongé en Europe. Il me restait six semaines à passer chez moi. Sur quoi je suis sortie un jour avec un ami, qui m'a dit : "Tiens, il faut que j'aille dire au revoir à un de mes copains, Paulie, qui part bientôt pour la Côte ouest." Je l'ai donc accompagné, et le Paul en question nous a parlé de ce qu'il ferait lorsqu'il arriverait à San Francisco ; il devait notamment retrouver son ami Gery, qu'il connaissait de Detroit et était installé là-bas.

« Là-dessus, un des deux s'est tourné vers moi : "Dans quinze jours a lieu notre fête annuelle. Tu veux venir ?" J'ai dit oui sans vraiment savoir ce qui m'intéressait dans sa proposition, et je me suis effectivement rendue à cette soirée.

« Me voilà donc, le jour venu, faisant la queue devant la porte des toilettes ; tout à coup, une voix – prophétique, non ? – me souffle à l'oreille : "Vous savez où on peut trouver de la bière, ici ?" Question coup de foudre, on est loin des regards énamourés échangés d'un bout à l'autre de la pièce ! Il s'est avéré que la voix appartenait à l'ami de Paul, ce fameux Gery qui venait de Californie. Et nous avons parlé, parlé, parlé... pendant une heure et demie – j'en ai oublié d'aller aux toilettes ; finalement, nous avons décidé de nous arracher l'un à l'autre puisqu'il fallait bien se mélanger un peu aux autres invités. D'autre part, Gery avait soif, et il n'avait *toujours* pas eu sa bière. Nous avons échangé nos noms et nos numéros de téléphone.

« Mes parents avaient quitté la maison de mon enfance ; comme j'habitais encore chez eux, j'ai donné à Gery leur numéro de téléphone – du moins, c'est ce que j'ai cru sur le moment. Puis nous n'avons cessé de nous rencontrer tout au long de la soirée. On a fini par discuter jusqu'à cinq heures du matin ; je savais désormais qu'il m'intéressait vraiment. Au matin, nous sommes partis chacun de notre côté ; je lui laissais quarante-huit heures avant de l'appeler moi-même.

« Trois jours plus tard, je me décide à lui téléphoner et, là, je me rends compte que je ne lui ai pas du tout donné le numéro de mes parents mais celui d'un supermarché où j'avais travaillé. Je me suis demandé pourquoi, et à force de réfléchir j'ai reconstitué ce qui s'était passé.

« Quatre ans plus tôt j'y avais travaillé à la comptabilité et, quand Gery m'avait donné son nom, j'avais fait le rapprochement avec un de mes collègues de l'époque. Et je lui avais donné le numéro de l'endroit où nous avions tous deux travaillé, au lieu de mon numéro personnel.

« Le temps pressait : je partais trois jours plus tard pour le Colorado. En appelant Gery, j'ai appris qu'il avait effectivement tenté de me joindre, mais qu'en obtenant au bout du fil la standardiste du supermarché, il en avait conclu que je m'étais débarrassée de lui – il ne se rappelait pas y avoir travaillé en même temps que moi.

« N'empêche, c'est déjà un miracle que nous nous soyons rencontrés, sans parler de la suite. Vivant en Californie, il n'était venu à Detroit que pour Noël ; le lendemain il partait deux jours dans le Nord retrouver des amis. De mon côté, je serais partie pour le Colorado avant son retour. Nous ne disposions donc que d'un créneau très étroit. Mais c'est la confusion entre les deux numéros de téléphone, étant donné que nous avions jadis travaillé dans le même supermarché, qui a donné à toute l'affaire sa trop forte coloration de coïncidence. »

Ce premier coup de téléphone fut suivi d'autres appels, cette fois-ci à destination de Californie, puis elle est allée lui rendre visite sur place ; enfin, elle a décidé de s'installer avec lui ; sur quoi ils se sont mariés et ont eu des enfants. Le caractère opportun de leur rencontre, alors qu'ils n'avaient qu'une seule journée pour ce faire, voilà ce qui étonne encore Gery et Rosanne, ce créneau étant d'autant plus limité par la confusion de numéros de téléphone qui les a empêchés de se parler mais, d'un autre côté, a souligné aux yeux de chacun des deux le scénario qu'ils avaient en commun. Quand ils narrent leur histoire, plus que l'opportunité de chaque événement, c'est sur la signification affective de ces contacts et ruptures de contact qu'ils mettent l'accent – l'impression que ce qui a pu, sur le moment, représenter une erreur (l'inversion de deux numéros de téléphone) s'est révélée de la plus haute importance pour eux deux.

Quand nous avons évoqué plus haut la nature acausale de la synchronicité, nous avons pris note de notre tendance – bien humaine – à vouloir exercer le plus de contrôle possible sur notre vie, comme si, d'une certaine façon, en décidant consciemment du récit qu'on va vivre et en faisant le nécessaire, quoi qu'il advienne, pour orienter les choses dans ce sens, on empruntait forcément la meilleure voie – voire la seule – vers le bonheur et l'accomplissement personnel. Le déni catégorique de cette attitude est certainement un des côtés fascinants de la synchronicité. Parfois, par le plus grand des hasards, sans qu'on l'ait voulu le moins du monde, il arrive quelque chose ; on se rend compte alors qu'on suit une ligne narrative toute différente, que le scénario qu'on s'est choisi ne convient pas du tout, et que seule l'envie de reformuler l'intrigue peut nous permettre de retourner la coïncidence significative à notre avantage.

C'est pour cette raison, me semble-t-il, que la synchronicité s'épanouit particulièrement quand l'amour rencontre une certaine résistance. Rena, par exemple, raconte comment elle a rencontré son époux Bob, qu'elle évitait délibérément depuis plusieurs mois parce qu'un couple d'amis lui vantaient sans cesse ses mérites dans l'espoir forcené de lui trouver un mari. Bob était parfait : doué de sens artistique, bien de sa personne, attentionné... Mais, pour Rena, il n'avait pas de raison d'être. Elle était justement en train de changer de vie et projetait de partir un an faire le tour du monde. Pas question qu'une liaison sentimentale, fût-ce avec l'homme idéal, l'empêche de réaliser son rêve de toujours.

Les amis en question ont donc compris que s'ils voulaient un jour les mettre en présence il fallait ruser. Aussi, le jour où ils l'ont rencontrée par hasard en faisant du vélo, l'ont-ils invitée à prendre un verre ; le caractère tout à fait fortuit de cette rencontre a incité Rena à baisser sa garde. Mais, en réalité, les deux autres avaient invité Bob au restaurant, et c'est à la faveur de cette petite manipulation pleine de bonnes intentions que Bob et Rena ont enfin fait connaissance.

D'après la jeune femme, le coup de foudre a été instantané et, bien vite, l'idée de faire le tour du monde toute seule lui a paru moins séduisante. Ils ont donc décidé, sur la base d'une attirance mutuelle certes récente, mais très forte, de passer le reste de l'année à voyager ensemble en Europe, au gré de leurs envies, en restant aussi longtemps qu'ils le désiraient dans les lieux qui leur plaisaient.

Le père de Rena était décédé l'année précédente et, juste après, sa mère avait souffert d'une crise cardiaque dont elle semblait toutefois complètement remise ; Rena ne s'inquiétait donc pas outre mesure de ne pouvoir fournir à sa sœur qu'un seul numéro de téléphone où la joindre en cas d'urgence : celui d'un ami de Bob en Allemagne. Étant donné le flou entourant ce voyage (et qui, naturellement, lui conférait tout son romantisme), Rena et Bob ne savaient pas du tout quand ils finiraient par se rendre chez cet ami. Il leur revenait donc de l'appeler régulièrement, ce qu'ils ont fait tout au long de leurs pérégrinations européennes.

Le temps a passé et, peu à peu, l'entreprise a perdu de son romantisme, comme c'est souvent le cas. Bob, qui était architecte, avait une vision très ordonnée du voyage qui a vite exaspéré Rena, laquelle se définit comme « davantage attirée par les gens » et ne trouvait que peu d'intérêt aux bâtiments et monuments célèbres autour desquels Bob organisait tous leurs déplacements. Aujourd'hui, elle en rit en disant : « Il passait son temps le nez en l'air à contempler tours et cathédrales pendant que moi, je restais au niveau du sol pour regarder les gens. » Comme souvent, en voyageant ensemble ils en ont appris plus qu'ils ne le souhaitaient l'un sur l'autre ; Rena, en particulier, se découvrait de sérieux doutes : était-ce vraiment là l'homme qu'il lui fallait ?

Et c'est alors que s'est manifestée la synchronicité. Nos deux voyageurs ont fini par arriver en Allemagne, chez l'ami de Bob, où ils avaient prévu de rester trois jours. Or ils ont aussitôt reçu un coup de téléphone de la sœur de Rena les prévenant que leur mère était gravement malade et n'en avait probablement plus pour très longtemps. Le fait qu'ils se soient justement trouvés au seul et unique endroit d'Europe dont sa sœur ait le numéro de téléphone était déjà assez remarquable en soi, mais c'est surtout le *moment* où s'est produite la crise qui a revêtu le plus de sens aux yeux de Rena.

Car cet homme qui faisait naître des doutes en elle, cet homme rationnel et si bien organisé, voilà qu'il insistait pour rentrer avec elle aux États-Unis. « La semaine de la mort de ma mère, il est resté dans sa chambre avec moi nuit et jour, m'a raconté Rena avec beaucoup d'émotion. Et cela a tout changé. Toutes les questions que je me posais à son sujet ont reçu une réponse par l'intermédiaire du soutien chaleureux qu'il m'a témoigné dans l'épreuve. Si ma sœur n'avait pas réussi à nous joindre, si la mort de ma mère n'était pas survenue à cet instant précis de notre liaison, je ne sais pas si je serais avec lui aujourd'hui. Même avant de le connaître, je résistais déjà, alors... »

L'histoire de Rena illustre bien ce point : dans le scénario que nous avons décidé de rédiger pour notre petite vie, tel ou tel individu peut paraître « tomber au mauvais moment ». Et elle nous aide à comprendre qu'il faut parfois une série d'événements fortuits, d'occurrences sur lesquelles on n'exerce nulle emprise, pour avoir la preuve qu'en fait il arrivait « à point nommé ». Forte et décidée, Rena avait planifié sa vie ; pourtant, quand la nouvelle lui est parvenue, dans le seul lieu au monde où on pouvait la joindre, ce fut sous forme d'une synchronicité révélatrice de la véritable nature d'un homme qu'elle s'apprêtait à éliminer du scénario de sa vie. On se désigne comme unique auteur de son destin, mais il faut bien le chaos inhérent à l'existence même, dans toute son imprévisibilité, pour nous donner à voir l'absurdité de nos illusions de grandeur !

Souvent on me demande : « Comment tirer avantage des synchronicités ? » À quoi je réponds le plus souvent : « En étant ouvert à la signification de ce qu'on ne voulait pas voir arriver. » Seule cette ouverture d'esprit – la faculté de mettre ses plans de côté et d'envisager qu'on vit une histoire imprévue, imprévisible – permet à la signification d'un incident qui, *a priori,* n'était qu'un coup du sort de s'épanouir pour prendre enfin toute sa mesure.

Rena et les autres personnages de mes histoires le font tous remarquer : les situations qui les ont mis en présence sont chaque fois intervenues *à point nommé* ; mais si la coïncidence est devenue significative, c'est parce qu'ils étaient prêts à changer d'approche narrative. Si Pete n'avait pas éprouvé de regrets devant son incapacité à s'engager et les malheurs qui en résultaient, si Rosanne avait donné le bon numéro de téléphone à Gery et si Rena s'en était tenue à sa méfiance envers Bob, ces histoires auraient pris une tournure différente. C'est parce qu'ils étaient tous disposés à assumer et à vivre jusqu'au bout ce qui *n'aurait pas* dû arriver – du moins selon le scénario qu'ils croyaient s'écrire – que les choses se sont passées ainsi.

La rencontre de l'anti-« homme idéal » – Que nous enseigne la synchronicité en amour ?

Évidemment, toutes les rencontres ne débouchent pas sur une romance à la Bob et Rena. Au moins aussi nombreuses sont les histoires d'amour qui finissent mal (après tout, *Roméo et Juliette* reste une tragédie) ; toutefois, même dans les liaisons malheureuses on a l'impression de percevoir un sens. Et en examinant certaines des synchronicités susceptibles de transformer les histoires d'amour, on peut évoluer non pas grâce à la rencontre de « l'homme idéal » mais suite à un coup du sort – c'est-à-dire en tombant au contraire sur son antithèse parfaite.

À preuve le récit de Kathryn, variation sur le thème de l'intervention synchronistique dans la résistance à l'amour. Sur les mille histoires qu'on m'a rapportées, la sienne figure parmi les plus étonnantes, les plus divertissantes quant à « tomber sur la mauvaise personne au mauvais moment ». Selon sa propre expression, tout a même commencé par un « rendez-vous de l'horreur ».

Avocate, Kathryn avait fait ses études à New York ; une fois son diplôme obtenu, elle y était entrée dans un cabinet de juristes. À l'université, elle avait bien fréquenté quelques garçons, mais pour se rendre compte que sa forte personnalité – le genre à ne rien prendre à la légère, à toujours procéder scrupuleusement – ainsi que son ambition n'étaient guère appréciées par ses compagnons. Suite à ces expériences décevantes, elle avait donc résolu que son scénario personnel collerait de près au profil type de la femme carriériste : la priorité des priorités serait la réussite professionnelle, la vie affective passant en second. Divers amis ont tenté de lui faire rencontrer un « homme idéal » après l'autre : elle a poliment mais fermement refusé de coopérer, pour continuer à mener sa barque comme elle l'entendait. Une amie qu'elle qualifie d'« aussi cabocharde » qu'elle s'était mis en tête de lui présenter un de ses amis qui, à son avis, lui ferait le plus grand bien ; au bout d'un an, elle est finalement venue à bout de la résistance de Kathryn et lui a arraché son assentiment : elle dînerait au restaurant avec Charlie, sans l'avoir jamais rencontré, en se fiant aux assurances de son amie, pour qui ils étaient tous deux d'une « intensité » comparable.

Non sans réticence, Kathryn a donc retrouvé Charlie dans un bon restaurant du centre ville. Certes bien de sa personne, il était également – ainsi qu'elle l'a vite constaté, atterrée – « intense » au point de s'accrocher avec le maître d'hôtel avant même qu'ils ne se soient attablés, d'ergoter avec le serveur sur la prononciation correcte d'un plat figurant au menu et, en sortant, pour se disputer avec la dame du vestiaire. Entre-temps, il avait monopolisé la conversation en exposant ses grandioses projets de carrière cinématographique (il travaillait à l'époque comme extra dans les banquets) et en multipliant les anecdotes sur les gens riches et célèbres qu'il comptait parmi ses relations. (Kathryn eut d'ailleurs tôt fait, en se rapportant aux siennes propres, d'en conclure qu'ils étaient souvent imaginaires.) Bref, elle n'en voyait plus le bout, et à la fin de la soirée elle s'est juré de ne jamais plus écouter ses amies, même animées des meilleures intentions. Ce serait la dernière fois qu'elle acceptait un rendez-vous avec un inconnu.

Quelque temps plus tard, comme elle n'était pas satisfaite du cabinet d'avocats qui l'employait, elle s'est mise à tâter le terrain ailleurs ; et elle a trouvé un poste au service juridique d'une maison de production cinématographique, à Los Angeles, qui semblait offrir de tout autres possibilités d'avancement. Elle est donc allée s'établir en Californie, où elle a entrepris de se bâtir une existence plus gratifiante, toujours convaincue que le travail venait avant tout le reste. Mais, de toute évidence, les amis trop bien intentionnés se retrouvent partout : en Californie aussi son refus d'envisager une liaison durable incitait son entourage à la faire changer d'avis grâce aux frères, cousins, collègues et autres amis disponibles avec qui elle était susceptible de s'entendre. Toutefois, en brandissant devant elle tel un bouclier l'anecdote de son « rendez-vous de l'horreur », Kathryn a réussi à repousser toutes leurs tentatives.

Plus d'une année avait passé lorsque, la prenant résolument à rebrousse-poil, un de ses collègues de travail a réussi à entamer quelque peu sa résistance en mentionnant de temps en temps un de ses amis, un original natif de Californie qui « tout comme elle ne recherchait pas de liaisons durables ». Sans jamais faire réellement pression sur Kathryn, ce collègue la taquinait de temps en temps en en profitant pour placer un commentaire amusant ou un détail par-ci, par-là sur l'ami en question. Jusqu'au jour où, lors d'un déjeuner, il s'est demandé de but en blanc, devant elle, si tous deux ne seraient pas aptes à s'entendre. Kathryn a reconnu qu'en effet elle était intriguée malgré elle. « Peut-être était-ce le soleil, ou alors le vin », m'a-t-elle déclaré ; « ou alors, je commençais à prendre un peu de plomb dans la cervelle. » Quoi qu'il en soit, elle a demandé à son collègue si ledit ami accepterait de la rencontrer, pour ce qui serait le second et dernier rendez-vous « à l'aveuglette » de toute sa vie.

Et ils se sont bel et bien retrouvés, dans un restaurant tout à fait sans façons, au bord de la mer, au coucher du soleil. Mais sachant que ceci est un ouvrage consacré à la synchronicité, vous imaginez certainement la suite. Stupéfaite, incrédule, c'est bien sûr Charlie qu'elle a trouvé là à l'attendre. Cependant, avec le temps elle en avait fait une figure quasi mythique, et cela l'avait mise dans de meilleures dispositions à son égard ; de plus, l'incroyable coïncidence (les deux seuls rendez-vous « arrangés » qu'elle eût jamais acceptés s'avéraient être avec le même homme et à des années et des milliers de kilomètres l'un de l'autre !) était trop drôle pour qu'elle se fâche. En fait, c'était même hilarant. Ils ont pris un cocktail dans une ambiance bien plus détendue que la première fois et Kathryn a appris que Charlie était revenu s'installer en Californie depuis déjà pas mal de temps, qu'il avait changé de nom et réussi à travailler assez régulièrement, sans toutefois obtenir le succès escompté.

Kathryn a passé une très agréable soirée, même si la personnalité de Charlie lui paraissait toujours aussi peu séduisante – trop peu, en tout cas, pour l'inciter à réviser ses positions sur l'engagement durable. Néanmoins, un ou deux mois plus tard elle a fait la connaissance d'un homme avec qui elle s'est découvert toutes sortes d'affinités... et avec qui elle coule à présent des jours heureux.

« C'est drôle, n'est-ce pas ? dit-elle en témoignant d'une conscience aiguë de ses propres manquements passés, qu'il ait fallu ces deux rendez-vous "à l'aveuglette" avec le même homme pour que je me décide à m'ouvrir un peu. Ou alors, j'avais peur d'être condamnée à le revoir une *troisième* fois si je ne prenais pas les choses en main ! » L'histoire de Kathryn le montre clairement : synchronicité et rencontre romantique ne conduisent pas immanquablement au *happy end* sans nuages des contes de fées et des films, mais cela nous conduit parfois à saisir que l'ouverture à la coïncidence peut nous faire vivre un scénario personnel enrichi, même si l'issue en est imprévisible.

En décidant d'inventer sa vie sur la base de ce qu'on sait de soi et en procédant comme les auteurs de fiction, à savoir en posant un début, un milieu et une fin, on oublie que ce qu'on sait consciemment de soi ne constitue pas la totalité du scénario. Si le rendez-vous arrangé et synchronistique de Kathryn a eu autant d'importance dans sa vie, c'est qu'elle se trouvait dans une période de transition très progressive dont elle n'avait pas conscience, une transformation involontaire ; de la résistance à l'engagement, elle s'acheminait vers l'acceptation de la possibilité d'aimer et d'être aimée pour ce qu'elle était. Le scénario inconscient – l'intertexte, en quelque sorte – que suivait sa vie à ce moment donné, voilà ce qui a conféré tout son sens à la coïncidence. Seule son ouverture d'esprit (qui lui a permis de voir à quel point Charlie avait changé) a pu l'amener à changer à son tour. Une page était tournée et un nouveau chapitre, davantage empreint de maturité, venait, synchronistiquement et significativement, de commencer.

Alex a lui aussi une histoire à raconter dans le genre « mauvaise personne au mauvais moment ». Pendant son année de maîtrise à l'université, il est tombé fou amoureux de la jeune fille assise à côté de lui en cours. Grande brune au teint sombre, mystérieuse et exotique, Beija avait un ou deux ans de moins que lui et, physiquement, il la trouvait fantastiquement, ineffablement séduisante. Malheureusement, il était bien connu à l'époque, dans la petite université généraliste qu'ils fréquentaient, que la jeune personne s'intéressait davantage aux femmes. Aussi, au lieu de se rendre ridicule, maintenait-il avec elle des rapports de camaraderie tout en laissant ses fantasmes s'épanouir dans l'intimité de sa psyché. Son diplôme obtenu, il est allé faire son doctorat ailleurs et a bientôt rencontré en cours une autre jeune femme ; ils sont tombés amoureux l'un de l'autre et se sont mariés.

Cela ne l'a pas empêché de chérir pendant des années le souvenir de Beija, dont il rêvait fréquemment sur le mode tantôt érotique, tantôt romantique. Puis divers problèmes ont fait leur apparition dans son couple, affectifs ou conjoncturels, et ses rêves se sont faits de plus en plus présents. Son épouse et lui sont allés consulter un conseiller matrimonial, histoire d'aplanir un peu leurs différends, et, lors d'une séance en solo, Alex a révélé au thérapeute qu'il nourrissait depuis fort longtemps une gamme complexe de fantasmes autour de Beija, laquelle, au fil des ans, en était venue à incarner tout ce qu'il désirait dans un couple. Elle était belle, généreuse, intelligente, il serait le seul homme à qui elle ferait confiance, et ainsi de suite. Le conseiller matrimonial a cherché à extraire du fantasme la conception qu'Alex se faisait du rapport amoureux satisfaisant afin d'utiliser ces données dans la thérapie de couple. Mais ce qu'il ignorait, c'était qu'Alex n'avait encore jamais parlé à personne de cette passion secrète remontant à ses années d'étudiant.

Une semaine après cet aveu, Alex s'est rendu dans un bar avec quelques camarades ; et voilà qu'en partant, à la fin de la soirée, il tombe à sa plus grande surprise sur... Beija, la femme de ses rêves ! Non seulement elle se trouvait dans ce lieu hautement improbable, mais, en plus, elle avait suivi la même orientation professionnelle que lui et venait de trouver un appartement tout près de son lieu de travail ! Pour couronner le tout, en s'enquérant poliment mais sans ambiguïté de sa vie amoureuse, il a découvert que son aventure lesbienne n'avait été qu'une aventure, justement – une expérience unique –, et que, depuis, elle s'était finalement décrétée hétérosexuelle, encore que pour le moment elle fût sans attaches. Faisant de son mieux pour garder son sang-froid, Alex a pris congé en toute amabilité, après l'avoir invitée à déjeuner le lendemain ou le surlendemain, afin qu'ils puissent se raconter tout ce qui leur était arrivé depuis l'université.

Pour Alex, cette rencontre fut un véritable cataclysme. L'égérie à qui il ne s'était jamais déclaré n'était plus un fantasme ! Elle habitait au coin de la rue, exerçait la même activité que lui et était à la fois disponible et hétérosexuelle ! Malheureux en ménage pour des raisons que sa femme et lui avaient peu d'espoir d'éliminer, Alex a vu dans cet événement imprévu le signe que Beija et lui étaient destinés à être ensemble, interprétation renforcée par le fait qu'il venait juste de formuler devant autrui son fantasme depuis si longtemps entretenu. Le moment auquel était intervenue cette confession, maintenant que Beija était réapparue dans sa vie, lui semblait lourd de signification.

En cachette de sa femme, Alex s'est rendu à son déjeuner avec Beija, et ce rendez-vous est devenu hebdomadaire ; il avait décidé d'attendre qu'elle manifeste un intérêt pour l'approfondissement de leurs relations, puis de quitter son épouse pour elle, la seule femme – il n'en doutait pas – qu'il soit jamais destiné à aimer.

À l'en croire, cet accès d'idéalisme sentimental a duré quelque temps, puis il a fini par s'atténuer et disparaître. Il est progressivement devenu clair que Beija ne s'intéressait pas à lui sentimentalement parlant ; elle voyait plutôt en lui un confident avec qui elle se sentait suffisamment en sécurité pour parler de ses aventures sexuelles ; en effet, elle enchaînait les liaisons avec une insouciance qu'Alex a fini par trouver déplaisante. Il ouvrait enfin les yeux sur la véritable personnalité de Beija et, simultanément, il en venait à apprécier de plus en plus ce qui existait entre sa femme et lui.

La conclusion de l'histoire est donc que, paradoxalement, en n'ayant pas de liaison extraconjugale avec son « égérie d'antan », Alex a retrouvé goût à son couple. En dépit de tensions occasionnelles, il dit que, dans l'ensemble, ses relations avec son épouse sont actuellement satisfaisantes. L'épilogue est que Beija a brusquement levé le camp six mois après son arrivée dans la région, comme si elle était restée juste assez longtemps pour aider Alex à se libérer une fois pour toutes de ses fantasmes.

Et la morale de cette fable bien réelle ? Difficile de ne pas tirer des enseignements personnels de la synchronicité, ce qui, bien sûr, est une autre façon d'en assimiler le sens. Alex vous dirait certainement que la morale de son histoire a été la suivante (d'ailleurs, je lui ai posé la question) : on a parfois l'impression de tomber au bon moment sur la bonne personne, mais il se peut aussi que ce soit l'inverse. Et à mon avis, dans sa simplicité, cette moralité vaut toutes les fables d'Ésope.

Synchronicité et amours perdues – Quand le destin frappe à la porte

Certaines histoires mettent en scène un amour auquel on résiste, d'autres au contraire, un amour qu'on accueille à bras ouverts. Mais nulle n'exerce autant de fascination que l'histoire d'amour impossible. La littérature regorge de récits où les attaches extérieures – famille, milieu socioculturel, religion – érigent entre les individus une barrière *a priori* infranchissable qui ne fait qu'exacerber l'attirance mutuelle. Ces récits mettent généralement en scène « la bonne personne » tombant au mauvais moment ou au mauvais endroit – Tony et Maria dans *West Side Story,* et Roméo et Juliette avant eux – ou, inversement, la « mauvaise personne » apparaissant dans un contexte funestement favorable – l'infidèle comte Vronski et Anna Karénine dans le roman de Tolstoï, ou, dans un autre registre, Emma Bovary et son amant –, les deux personnes se détruisant mutuellement. Dans un cas comme dans l'autre, la nature archétypique de l'amour impossible garantit que l'histoire finira tragiquement. Heureusement pour nous, les synchronicités de la vie réelle – quand nos passions se heurtent aux contingences de la vie en société – mènent plus souvent à la transformation qu'au drame.

J'aime tout particulièrement l'histoire suivante, qui m'a été rapportée en toute confidence par une ancienne collègue que je nommerai Camilla. Cette jeune femme et un homme dont elle avait fait la connaissance par Internet ont poursuivi pendant un an des relations sexuelles « virtuelles » consistant essentiellement à évoquer tel fantasme qu'ils avaient en commun. Le détail de ce dernier importe moins que leur sentiment de vivre une extraordinaire coïncidence en étant tombés « pile » sur un interlocuteur adepte du même moteur d'excitation. L'un et l'autre ayant déjà quelqu'un dans sa vie, et Camilla répugnant à révéler ses propres penchants sexuels, il leur avait fallu plusieurs conversations par écran interposé pour découvrir leur centre d'intérêt mutuel, relativement inhabituel et qu'ils ne pouvaient pratiquer avec leur partenaire.

On l'imagine aisément, ils ne s'étaient pas présentés sous leur vrai nom (d'ailleurs, une autre coïncidence intéressante a été mise au jour plus tard, quand ils se sont aperçus qu'ils avaient tous deux utilisé le prénom d'un de leurs parents), et comme le plaisir de l'amour interdit réside toujours dans la transgression, après quelques mois de propos torrides au fil desquels ils se sentaient de plus en plus à l'aise l'un avec l'autre, Camilla et son partenaire sexuel virtuel ont trouvé le courage de franchir le pas et de se donner rendez-vous. Ils ont résolu de se rencontrer sans forcément, au départ, penser exclusivement au sexe, mais disons pour prolonger dans la vie réelle leurs relations jusque-là strictement verbales et voir ce qui allait se passer.

Et ce qui s'est passé, c'est une synchronicité dénuée du charme ou du côté positif des phénomènes répertoriés jusqu'ici, mais qui n'en est pas moins productrice de sens. En effet, le jour où ils se sont tous les deux présentés au café où ils avaient rendez-vous, habillés de manière à se reconnaître comme ils en étaient convenus par écrit, ils ont découvert qu'ils se connaissaient déjà ; et non seulement cela, mais ils avaient eu un accrochage professionnel assez grave quelques années plus tôt. En fait, en arrivant devant le café, c'est l'incarnation de sa hantise passée que Camilla a vu arriver dans l'autre sens sur le trottoir. Et elle a tout de suite su que c'était avec cet homme – qui, dans son esprit, représentait tout ce qu'elle détestait depuis longtemps dans sa profession – qu'elle avait rendez-vous.

J'ai demandé à Camilla quel était à son avis le sens de cette coïncidence (la découverte du partenaire sexuel idéal chez un homme qu'elle en était venu à abhorrer dans un autre domaine), elle a eu un petit rire gêné et elle-même a formulé ce qui ressemble fort à la « morale de l'histoire » :

« Tout d'abord, a-t-elle déclaré – plus pour elle-même que pour moi, je crois –, le fantasme c'est le fantasme, et la réalité c'est la réalité. Les deux ne devraient jamais se mêler. Le fantasme n'a d'intérêt que dans la mesure où il est libre de toute entrave, mais cette étrange coïncidence m'a démontré que sous les déguisements, les efforts d'imagination servant à masquer notre personnalité réelle, il y avait un individu bien réel et concret, lui aussi. C'est une leçon dont je me serais bien passée – en fait, ça a même été assez pénible –, mais honnêtement, depuis cette histoire je me sens bien plus équilibrée. »

En avait-elle tiré d'autres leçons ? me suis-je enquis. Elle a réfléchi un petit moment puis, avec une esquisse de sourire, elle m'a répondu : « Peut-être y a-t-il une contradiction là-dedans, mais il ne faut pas se fier aux apparences. On ne sait jamais quelles relations on est susceptible de nouer avec une personne qu'on déteste ! Je croyais connaître cet homme et éprouver de l'aversion pour lui, et voilà que, par le plus grand des hasards, je découvre ce que je n'aurais jamais pu savoir autrement : que nous avons un point commun plutôt rare. »

Camilla était ouverte à l'idée que son récit personnel puisse être réécrit par autrui ; son histoire d'amour impossible lui a donc appris que la « bonne » ou la « mauvaise » personne n'était pas toujours celle qu'on croit, persuadé qu'on est d'être l'auteur de sa vie... ni celle qu'on voudrait. Pour reprendre l'expression de von Franz : « Le hasard, c'est l'ennemi » ; l'imprévu bouleverse nos plans et contribue parfois spectaculairement à altérer notre vision de ce qui est « bon » ou « mauvais » pour nous, par rapport non pas à la morale consensuelle, mais à notre expérience propre. Le fait de partager un point commun très précis avec un homme qu'elle abhorrait jusque-là s'est avéré très significatif pour elle en ceci que son opinion d'elle-même s'en est trouvée modifiée, et que cette modification ne pouvait être que le fait du hasard. Il faut une certaine dose de courage pour faire retour sur soi et se soumettre à de difficiles interrogations sur ce qu'on considérait jusqu'alors comme allant de soi – ces interrogations très personnelles auxquelles les synchronicités nous confrontent parfois. Mais si la vie est une histoire, celle-ci nous sert à prendre conscience de ce que disait toujours mon professeur d'anglais : écrire, c'est récrire, et toute vision est une révision.

Mon amie Ann, grande spécialiste des amours interdites, m'a rapporté les circonstances de sa rencontre avec un dénommé Richard Rosenstein et sa petite amie lors d'une soirée, à New York. La semaine suivante, pour des raisons presque exclusivement professionnelles, elle s'est mise en devoir de le retrouver. Elle savait dans quel quartier il habitait (l'Upper East Side), et a obtenu son numéro de téléphone par les Renseignements. Mais quand elle a appelé, elle a compris qu'elle ne parlait pas au « bon » Richard Rosenstein. Cela ne l'a pas empêchée d'entamer la conversation avec son interlocuteur imprévu et, pendant toute la semaine, ils se sont téléphoné un soir sur deux. Au bout d'un moment, ils se sont sentis suffisamment en confiance pour se rencontrer. Chacun avait beau être déjà pris (en fait, Ann était mariée mais, à cette époque de sa vie, elle collectionnait les aventures extraconjugales au point que c'en était devenu un véritable passe-temps), ils sont sortis ensemble et cela a duré des années.

Si cette histoire plaît, c'est partiellement en raison d'un élément d'ironie dramatique qui semble tout droit sorti d'une œuvre de fiction : métaphoriquement parlant, en composant un « faux numéro » Ann a finalement « tiré le bon numéro », puisque cela l'a conduite par hasard vers un homme qu'elle a longtemps aimé par la suite. Ce phénomène synchronistique, allié au coup de téléphone également synchronistique de Dan déjà évoqué dans mon introduction, puisqu'il s'agit de la même Ann, dessinent un portrait assez bien défini de mon amie, vous ne trouvez pas ?

Si vous faisiez sa connaissance aujourd'hui, vous vous apercevriez bien vite que, à l'inverse de nombre de mes amis, elle n'est pas très tournée vers la psychologie. Au premier abord, on croit voir une femme fort conventionnelle, voire terre à terre, en tout cas pas le genre à philosopher sur sa vie ni à en tirer de profonds enseignements. Pourtant, ces expériences synchronistiques, au fil de ses multiples « amours interdites », font ressortir une facette tout autre de sa personnalité : son côté non conventionnel, au contraire, et même franchement romantique. Les facteurs extérieurs de sa vie – elle s'est mariée jeune, elle a divorcé rapidement et ne s'est jamais remariée – ne décrivent que superficiellement son histoire personnelle, car ses synchronicités font apparaître une femme sachant au contraire établir des relations approfondies et durables avec les hommes, nonobstant les conventions qui les stigmatisent.

Ann a-t-elle conscience, malgré l'existence rangée qu'elle mène à présent, de sa facette non conventionnelle ? Moi qui la connais depuis des années, je répondrais : dans une certaine mesure. Aussi normale qu'elle paraisse, elle prend un plaisir certain à jouer les rebelles et a tendance à se méfier des engagements fermes ; mais ce retour sur soi n'occupe certainement pas une place prépondérante dans ses pensées. Aurait-elle intérêt à m'imiter, c'est-à-dire à prendre au sérieux l'émergence régulière de coïncidences significatives dans sa vie – coïncidences qui la montrent sous les traits d'une femme douée pour l'amour et les relations interpersonnelles en général ? À mon avis oui ; loyale jusqu'au bout des ongles en amitié, je pressens qu'elle se perçoit comme ambivalente quand il s'agit de l'amour. Mais les anecdotes synchronistiques qu'elle a à raconter me font d'autant plus prendre la mesure de ce qu'elle a de profondément aimant. La synchronicité révèle le caractère intime d'Ann de la même manière que les indices épars des romans policiers nous incitent à ne pas croire tout ce que nous voyons chez cette « spécialiste des amours interdites ».

La synchronicité étant par essence un principe de relations, de connexions, il n'est pas étonnant que téléphones et faux numéros reviennent régulièrement dans les anecdotes qui s'y rapportent. (Je me demande parfois comment ces types de coïncidences réussissaient à se produire à l'époque où on ne confondait pas si facilement deux numéros, provoquant ainsi le destin.) Pour compléter ma trilogie d'amours interdites, voici l'histoire d'Yvonne et Gert.

Dans les derniers temps de son mariage, Yvonne (que j'avais connue à l'université au temps de notre doctorat) a noué des liens d'amitié fortement colorés de romantisme et d'érotisme avec un autre maître-assistant de sa faculté, appelé Gert. Ils ressentaient visiblement une attirance mutuelle, aussi bien physique que sentimentale, mais ni l'un ni l'autre n'était libre. En bon Allemand décidé à respecter la morale et les conventions, Gert s'en tenait avec Yvonne à de strictes relations platoniques, même s'il lui en coûtait. Mais la dimension spectaculaire, théâtrale des histoires d'amour que nous contons ici veut que ce genre de résolution s'atténue peu à peu, malgré les meilleures intentions des protagonistes, et en cela Yvonne et Gert ne furent pas différents des autres – Héloïse et Abélard, par exemple, ou encore Tristan et Iseult. Petit à petit ils se sont mis à passer de plus en plus de temps ensemble, le plus souvent dans le bureau de Gert qui, contrairement à celui d'Yvonne, permettait une certaine intimité et restait donc l'unique endroit où vivre leur « liaison en puissance ».

Du moins jusqu'à l'intervention d'une série de faux numéros décidément synchronistiques, dont la fréquence et la spécificité ne laissaient pas de surprendre : chaque fois que le mari d'Yvonne, James, l'appelait à la faculté, et ce durant plusieurs mois, les standardistes – qui ignoraient pourtant où elle se trouvait – dirigeaient l'appel par hasard sur le bureau de Gert. C'est ainsi que, à travers dix ou douze « faux numéros », les deux hommes – liés de manière différente à la même femme – ont fini par nouer des liens synchronistiques longtemps avant que l'ancienne histoire d'amour ne s'achève et que la nouvelle ne s'instaure.

Ces coups de téléphone de son mari aboutissant quasi invariablement, quoique accidentellement, dans le bureau de celui qui était en passe de devenir son amant ont joué, selon Yvonne, un rôle certain dans sa décision de refaire sa vie aux côtés de Gert, avec lequel elle avait bien plus d'affinités et de passions profondément enracinées. Ces faux numéros ont jeté un pont entre ce qui avait été et ce qui allait être, littéralement mais aussi symboliquement parlant : cet ensemble extérieur de connexions croisées reflète la « croisée des chemins » intérieure à laquelle se trouvait alors Yvonne. L'histoire d'amour interdit à base de « bonne personne » au « mauvais moment » a connu une conclusion également synchronistique, ainsi que je l'ai appris en dînant avec Gert et Yvonne dans le restaurant de San Francisco qui lui avait servi de décor.

Étant passés, malgré toutes leurs bonnes intentions, du désir platonique à la liaison avérée, pour leur plus grand plaisir à tous les deux, ils se sont dit un soir qu'ils pouvaient aller dîner loin de leur lieu de travail, dans un quartier touristique où ils n'avaient que peu de chance de tomber sur une tête connue. Et c'est ainsi que le lendemain, ils ont vécu une de ces coïncidences dont sont faites les comédies à la française : les employés du service où travaillait le mari d'Yvonne avaient décidé « pour rire » d'organiser leur dîner de Noël dans ce même restaurant, pourtant petit et isolé. Il s'en est fallu de très peu – de quelques minutes, en fait – pour qu'Yvonne et Gert ne soient démasqués.

Persuadés que toutes ces synchronicités entre Gert et James étaient le signe qu'ils seraient tôt ou tard découverts, nos deux amants ont pris les mesures qui s'imposaient pour mettre un point final à leurs engagements de manière à vivre ce qu'ils avaient à vivre en toute liberté et sans réticences d'ordre moral. Avec l'aide de synchronicités quasi incessantes, Yvonne et Gert ont réussi la transition et fini par admettre que leur liaison était précieuse et digne d'être rendue publique.

Une histoire banale – Confirmation par la coïncidence

Ces anecdotes le démontrent, lorsqu'un phénomène synchronistique se produit dans la vie sentimentale il peut élever la conscience de deux façons : soit il contredit la direction qu'on a prise en nous révélant un élément nouveau sur nous-même et nos rapports amoureux, soit, à l'inverse, il confirme et consolide des relations qui nous inspiraient des doutes. Quand il existe une connexion profonde et fiable entre deux êtres, les coïncidences parfois multiples qui surviennent entre eux et leur vécu revêtent cette seconde signification, qui a alors valeur de confirmation, en maintenant synchronistiquement à flot la relation et en aidant les individus concernés à prendre conscience de ce qui les relie.

Ce fut le cas de Greg, qui m'a relaté par écrit une extraordinaire succession de coïncidences intervenues entre lui et sa compagne. « Le chiffre 11 a commencé à revenir régulièrement dès que mon ex-petite amie et moi sommes sortis ensemble, fin 1992. C'est à ce moment-là qu'elle m'a dit : "Je regarde tout le temps la pendule quand il est 11 h 11." Je l'ai taquinée, craignant qu'elle ne soit un peu bizarre, mais nous en avons ri sans y accorder plus d'importance. C'est seulement à l'époque de notre rupture que j'en suis venu à percevoir le curieux "lien" que nous entretenions avec ce chiffre. Nous sommes restés ensemble 11 mois. Je lui ai prêté mon maillot de hockey préféré, qui portait le chiffre 11. Mais je me disais que tout ça c'étaient des bêtises, de la sensiblerie.

« Toutefois, je me suis tout de suite aperçu que le chiffre 11 demeurait malgré la rupture. Je retombais sur lui de manière trop fréquente, trop étrange et trop imprévisible pour que je mette cela sur le compte de la simple coïncidence.

« Un jour en rentrant chez moi, je me suis assis devant la télé ; mon magnétoscope était en train d'enregistrer une émission et j'ai lu sur son affichage numérique qu'il était 11 h 11, que l'appareil était calé sur la 11e chaîne et qu'il enregistrait depuis 11 minutes 11 secondes.

« La curiosité l'a emporté et je me suis efforcé – en vain – de trouver le sens caché de ce phénomène. Ces apparitions du chiffre 11 se produisant fréquemment, arbitrairement et à des moments où je n'ai aucun contact, ni physique ni affectif, avec mon ex, je considère à présent son association avec le 11 comme un "facteur déclenchant". Elle, en revanche, prétend n'avoir plus de liens personnels avec lui depuis notre rupture. »

Hanté par le chiffre 11, Greg ne sait plus comment interpréter sa manifestation répétée en relation avec sa liaison amoureuse passée. Il donne de son expérience une description qui laisse supposer l'existence d'une signification cachée, située en dehors, « derrière » le phénomène, en quelque sorte, et non dans son propre vécu, dans les sentiments et associations que le chiffre évoque en lui, et ce n'est pas là une exploitation très fructueuse de la synchronicité.

Étant donné qu'aucune signification objective unique n'est attachée au symbole 11 – qui, comme tous les symboles, renvoie à un phénomène en partie connaissable seulement – , la liste des sens qu'il peut prendre aux yeux d'un individu donné est sans fin. Pour Greg, il pouvait se décomposer en 1 + 1 = 2, allusion au fait que lui + sa compagne formaient une nouvelle unité numérique. Ou alors, la répétition du chiffre 1 renvoyait au célibat répété où l'avait confiné la vie sans elle. Chaque lecteur du présent ouvrage ajoutera sans nul doute ses propres associations et interprétations à partir de ce chiffre, en relation avec le vécu passé de Greg. Stupéfiante en tant que coïncidence, l'inlassable réapparition du 11 dans un contexte qui lui rappelait son ex-compagne est d'essence synchronistique parce qu'elle lui fait ressentir autrement, de l'intérieur, le sens qu'elle revêt *pour lui* : plus précisément, il se rend compte que le lien affectif n'est pas coupé entre lui et son ex-petite amie. Telle une image ésotérique tirée d'une histoire à faire peur, son rapport à la jeune femme en question se manifeste dans le monde extérieur par la réapparition parfaitement aléatoire d'un même chiffre. Comme beaucoup de gens, Greg chevauche constamment la frontière entre sa vision subjective, affective, de la place qu'elle occupe dans sa vie, d'une part, et d'autre part la signification propre du chiffre 11 – ou de tout autre symbole renvoyant à ce qu'ils ont vécu ensemble.

Dans le registre opposé, je me tourne maintenant vers une de mes patientes, qui s'était liée à un homme beaucoup plus âgé qu'elle. En faisant sa connaissance elle s'était dit : « Aïe, drôlement séduisant, mais il pourrait être mon père ! » ; sur quoi elle a découvert, peu de temps après, qu'elle n'aurait pu mieux dire : il était en effet né le même jour, la même année que son père. La coïncidence ne l'a pas hantée autant que Greg avec son chiffre 11, mais renforcée dans sa certitude de vivre quelque chose d'important avec lui. D'autre part, elle lui a fait prendre conscience qu'elle devait être attentive à la différence d'âge. En quelque sorte, son approche de la coïncidence à creuser s'est faite de l'extérieur vers l'intérieur. En soi, objectivement, la date ne représentait rien ; ce n'était pas un *signe*. Plutôt un symbole, important en raison de sa signification à ses yeux *à elle* ; en termes succincts, elle y a vu un avertissement : il ne fallait pas qu'elle transfère sur cet homme des sentiments dont la véritable cible était plutôt son père.

Un de mes collègues de travail, Ralph, a vécu une houleuse liaison de dix ans avec un homme dont il a fait la connaissance dans un bar et de manière synchronistique. Comme le veut le cliché, leurs regards s'étaient croisés alors qu'ils se trouvaient chacun à un bout de la salle, puis celui qui allait devenir son amant lui a signifié son désir par gestes, derrière son dos, pendant que Ralph bavardait avec quelqu'un d'autre. Coup de chance, Ralph connaissait le langage des signes car il avait grandi au côté d'une nièce sourde. La liaison qui a suivi telle qu'il la relate fut à la fois difficile et formidable, seul venant y mettre tragiquement fin le décès de son partenaire, victime du sida.

À la suite de quoi, et là encore à la faveur d'un accident, Ralph s'est remis à fréquenter un homme qu'il avait rencontré des années plus tôt et pour qui il avait toujours eu un faible. Le dénommé Jack, qui lui-même venait de rompre, la semaine précédente, avec un compagnon de longue date, ne prenait jamais le métro pour se rendre au centre de San Francisco ; or, ce jour-là, sur un coup de tête, il a opté pour ce moyen de transport. Ainsi réunis par la grâce de la synchronicité, Jack et Ralph – la bonne personne au bon endroit et au bon moment – se sont découvert toutes sortes de points communs. Leurs tantes vivaient toutes les deux dans une bourgade du nord de l'État de New York, et non seulement elles se connaissaient mais elles étaient les meilleures amies du monde. Mieux encore, Ralph a mentionné le nom de la personne qu'il était chargé d'aller chercher au siège de sa société et il s'est avéré que Jack avait été à l'école primaire avec sa sœur, qui y avait été sa meilleure amie, et ce trente ans auparavant dans une petite ville du Midwest !

Ces synchronicités « de confirmation », comme j'ai fini par les dénommer, ont pour but de nous rassurer : oui, nous sommes *bien* destinés à être avec telle personne. Et elles font souvent partie intégrante de notre histoire d'amour personnelle. Mais, indubitablement, il est souhaitable, voire impératif, qu'on ait beaucoup de choses en commun avec cette personne, puisque l'on est avec elle. La question se pose alors de savoir si l'on investit ces points communs de sens *parce qu'*on aime. Quand on aime, ne se met-on pas en devoir de percevoir des affinités qui nous paraissent *ensuite* significatives ?

Naturellement, la réponse est oui. Mais ce qu'il faut bien comprendre dans le cas des synchronicités exposées ici, c'est tout d'abord que ces affinités se présentent à nous *sans* que nous les ayons causées ou recherchées. Par exemple, si Ralph avait vécu son épisode en langage des signes lors d'un congrès d'homosexuels sourds, et non dans un bar homosexuel des plus ordinaires, on aurait eu du mal à y voir une coïncidence, sans parler de synchronicité. C'est le caractère extraordinaire de l'incident (un inconnu s'adresse à lui, en public, dans un langage que justement il connaît) qui l'a attiré vers son futur amant. Il a effectivement accordé un sens à la coïncidence, sans pour autant avoir suscité le contexte extérieur, qu'il a au contraire *subi.*

Sans doute peut-on également dire, dans ce cas, que nous inventons les synchronicités qui coïncident avec nos visées psychologiques en y trouvant une signification, quelles qu'elles soient. Nous avons tous rencontré de ces naïfs qui voient des signes partout, souvent au sens le plus littéral du terme, et tirent des conclusions franchement ridicules des mauvais présages qu'ils croient distinguer.

C'est dans la manière dont elles sont *vécues* que les synchronicités se distinguent des simples coïncidences, en ceci qu'on y voit des phénomènes *extraordinaires, aléatoires,* dont la signification n'apparaît clairement que *par la suite.* Si vous vous mettez à chercher activement un homme plus âgé que vous et que vous le trouvez, cela n'a rien d'une coïncidence, même si le facteur « âge » est en lui-même producteur de sens. Les hommes âgés ne manquent pas, et le sens précède la quête. En revanche, si vous vous découvrez incidemment attirée par un homme né exactement le même jour que votre père, la coïncidence constitue une circonstance extérieure rare que *par la suite,* à l'image de mon patient, vous investirez peut-être de sens.

Naturellement, la signification de tel ou tel événement varie selon les individus, et c'est peut-être dans ce sens-là qu'on peut dire que nous « inventons » nos synchronicités. Par exemple, une femme ayant toujours été attirée par les hommes du même âge que son père peut très bien ne pas accorder d'importance au fait que l'un d'eux ait *exactement* l'âge de son père, et ne rien y voir d'extraordinaire. Ce qui ne fut pas le cas de ma patiente, pour qui la coïncidence illustrait parfaitement la définition de Jung (correspondance significative entre un événement psychique et un événement physique). Quand on prête attention aux circonstances extérieures comportant un événement extraordinaire et imprévu chargé d'une signification immédiate à nos yeux sur le plan psychologique aussi bien qu'affectif et symbolique, on se comporte comme toujours face aux histoires : on leur permet de prendre un sens à nos yeux, de nous influencer, de nous transformer.

Peut-on, en l'occurrence, parler d'« invention » ? Si l'on se place sous un certain angle, oui, en effet. Mais si l'on accorde à l'expérience subjective la même réalité, la même importance qu'aux phénomènes extérieurs, alors les connotations négatives du terme ne conviennent plus parce que tous nous inventons un sens aux événements de la vie, tous nous avons recours aux symboles pour structurer et approfondir notre existence et nos relations avec autrui. C'est ce qui fait tout l'art de la narration, l'essence même de la créativité.

De plus, ainsi que le montrent les histoires d'Alex et Beija ou de Kathryn et Charlie, non seulement les événements synchronistiques peuvent souligner ce qui n'est *pas* censé exister entre deux personnes, mais ils sont aussi susceptibles d'engendrer l'impression de fatalité que les couples ressentent souvent lorsqu'ils se rencontrent. L'interprétation abusive des signes et des symboles est toujours risquée, et j'en veux pour preuve l'histoire de Sharon.

Sharon était issue d'une longue lignée de fortes femmes douées de talents médiumniques et n'avait jamais oublié ce qui s'était passé avec sa grand-mère à l'époque où elle commençait à s'intéresser aux garçons, c'est-à-dire vers l'âge de douze ans. Toutes deux confectionnaient une tarte aux pommes et, à un moment, sa grand-mère lui a demandé de peler un fruit en ne découpant qu'une seule et longue pelure en spirale. Connaissant les talents de la vieille dame en matière de « voyance », et la sachant par ailleurs dépositaire d'un véritable trésor de culture traditionnelle indienne (elle était d'origine apache), Sharon a obéi. Puis elle a reçu l'ordre de serrer la pelure dans sa main, de penser très fort à celui qui serait le grand amour de sa vie, puis de la jeter par-dessus son épaule gauche. « La lettre que la pelure dessinera par terre sera l'initiale de son prénom. » Elles sont toutes les deux tombées d'accord pour décréter que la lettre en question était indubitablement un « P », mais, en bonne héritière de ces dons typiquement féminins, Sharon a décidé de donner un petit coup de pouce à la tradition et de jeter une seconde fois la pelure de manière à obtenir aussi l'initiale du nom de famille. Là encore elle a obtenu un « P », ce qui les a fait rire sur le moment : elle était manifestement destinée à épouser un dénommé *P*ierrot *P*ipeau, *p*ickpocket aux *p*ieds *p*lats. Toutefois, les rêves prémonitoires n'étant pas rares dans la famille, pour ne rien dire des connexions psychiques entre femmes, considérées comme très courantes chez elle, Sharon a gardé l'incident en mémoire sans en parler à personne ; et secrètement, quand elle a commencé à sortir avec des garçons, elle a attendu le fameux P. P.

Évidemment, aucun de ses petits amis n'a porté ces initiales et, après ses études supérieures, elle a rencontré un David dont elle est tombée follement amoureuse pour la première fois de sa vie, et ce sans tenir compte de la prédiction. Ils se sont fiancés, et en moins d'un an ils étaient mariés. Le temps a passé. Puis, l'année suivant la disparition de sa belle-mère, Sharon est allée passer Noël avec David chez le père de ce dernier. Le vieux monsieur projetant de vendre la maison de famille, ils l'ont aidé à trier le contenu du grenier. David est alors tombé sur des jouets conservés par sa mère pour des raisons sentimentales, et notamment sur une vieille flûte qu'il a exhibée en riant. C'était en fait un de ces pipeaux qu'on donne aux enfants des écoles pour leur apprendre à solfier et à jouer d'un instrument. Son père a secoué la tête d'un air attendri : David se souvenait-il d'en avoir joué sans relâche pendant toute une année, ce qui avait le don d'exaspérer la famille ?

Sans se douter de la portée de ses propos, David s'est alors tourné vers Sharon en ajoutant nonchalamment : « C'est vrai, les parents m'avaient surnommé Pierrot Pipeau, et même mon frère et les copains s'y sont mis. Ça ne m'a pas tellement donné confiance en mes talents d'interprète ! »

Sharon n'a jamais trouvé le courage d'avouer à son mari qu'une pelure de pomme avait « prédit » leur union, mais à condition que je les rebaptise tous les deux, elle m'a autorisé à citer cette anecdote. Qui est vraiment un bon exemple : on a beau être sûr de connaître son histoire personnelle, parfois survient un rebondissement dont seule une synchronicité peut nous faire prendre conscience.

Au premier abord, Sharon semble correspondre parfaitement au profil de ceux et celles qui voient des synchronicités partout ; à cause de sa filiation, de toutes les femmes que, dans sa famille, on disait douées de double vue, elle a cru fermement que la pelure de pomme avait un caractère prémonitoire. Pourtant, on ne peut pas l'accuser d'avoir « inventé » la coïncidence entre le surnom enfantin de son époux et le nom du petit personnage que sa grand-mère et elle avaient inventé pour rire le jour de la tarte. Extérieure, cette coïncidence revêtait un sens à ses yeux, tout simplement ; en l'espèce, elle lui confirmait que son mari était bien l'homme qu'il lui fallait. Avait-elle besoin, quelque part, de cette confirmation ? Manifestement non, puisque, à l'en croire, elle était tout à fait heureuse en ménage bien que son époux n'ait pas les « bonnes » initiales. Mais l'incident lui a donné la sensation que son histoire personnelle était bel et bien cohérente, et que son enfance comme son héritage médiumnique étaient liés à son existence présente et à son avenir aux côtés de l'homme qu'elle avait épousé. Comme dans une œuvre de fiction, le symbole du surnom et des initiales renouait un fil dénoué et révélait à Sharon qu'une boucle était désormais bouclée.

Ainsi, je considère évidemment comme impropre la question qu'on me pose souvent, à savoir : « Que faire pour qu'il m'arrive une synchronicité ? » En effet, les synchronicités sont d'ordre *acausal* ; ce sont des phénomènes psychologiques qui se produisent *naturellement*. Plus simplement, ce sont des choses qui arrivent et, dans ces cas-là, le sens de notre histoire personnelle – et de nos amours – nous apparaît clairement. C'est peut-être pour cela qu'elles sont si banales dans un contexte amoureux : l'expérience de l'amour ne s'inaugure-t-elle pas sur une des coïncidences les plus retentissantes qui soient ?

Pourquoi on rencontre qui l'on rencontre à tel moment – Réflexions sur la synchronicité en amour

Maintenant qu'il a pris connaissance d'un certain nombre d'histoires dans lesquelles des individus se trouvent sans avoir à lever le petit doigt, voire malgré tous leurs efforts, le lecteur est sans doute en mesure de confirmer ce que j'ai moi-même découvert en collationnant les récits recueillis auprès d'amis, de relations ou d'inconnus pour ce livre. Déclarez-vous intéressé par les coïncidences significatives et on vous racontera à coup sûr une histoire d'amour. Si ces dernières perdurent depuis toujours comme forme la plus répandue de divertissement, c'est parce qu'elles illustrent bien notre approche de l'existence.

Comment se fait-il que, chez certains, les histoires d'amour débutent et s'achèvent sous des auspices aussi frappants ? Faut-il simplement en déduire que je mène une vie ennuyeuse et routinière, vous dites-vous peut-être, alors que d'autres, plus en phase psychologiquement parlant, ou plus fortunés que moi connaissent un destin digne de l'ouvrage que je tiens dans mes mains ? La réponse à ces interrogations, me semble-t-il, est à chercher dans l'utilité apparente des liaisons amoureuses en regard de notre personnalité et de notre évolution propres.

Si l'on part du principe que les accidents n'existent pas, au sens où tout ce qui nous arrive est potentiellement producteur de sens, les histoires d'amour synchronistiques semblent souvent sous-entendre deux évidences quant au rôle que jouent les relations interpersonnelles. La première est que la personne la mieux à même de nous faire évoluer n'est pas toujours celle qui nous attire initialement. En me basant à la fois sur ma vie personnelle et sur mon expérience professionnelle, je me rends compte à présent que ce qui nous séduit immédiatement chez l'autre est aussi ce qui finit par nous exaspérer à long terme tandis que, inversement, les différences que nous percevons comme majeures sont de bien meilleurs facteurs d'évolution sur le plan affectif, pourvu qu'on les jauge correctement et qu'on les utilise à bon escient.

En second lieu, si la relation s'avère génératrice de transformation, c'est parfois moins à cause de la *personne* en soi que par le *moment* où elle se manifeste dans notre vie. Je serais surpris d'apprendre que vous, mes lecteurs, ne vous reconnaissiez pas tous dans cette assertion. Lequel d'entre nous ne s'est jamais laissé porter par une invincible attirance, qu'elle soit physique, affective ou spirituelle, à l'égard d'une personne qui, pourtant, nous traitait mal ? Telle est indubitablement la leçon qu'a reçue Alex en retrouvant par hasard Beija, l'objet de ses désirs passés. D'autre part, nous avons tous en tête une personne qui nous ferait certainement du bien mais, malheureusement, ne nous attire guère. C'est bien ce que Rena a fini par comprendre en se débattant dans l'ambivalence face à celui qui est devenu son mari après s'être montré attentionné au moment de la mort de sa mère.

En thérapie conjugale, on évoque souvent l'entente tacite, le marchandage inconscient, qui s'établissent entre deux êtres et constituent la véritable raison de leur alliance, contrairement à ce qu'eux-mêmes peuvent croire. Ces marchandages sont souvent malveillants et peu productifs, comme dans les mariages traditionnels où le message implicite est : « Toi tu pourvois à mon confort matériel et tu m'autorises à rester un enfant, moi, de mon côté, je prends en charge tout ton travail affectif et je te permets ainsi de rester un enfant. » Néanmoins, comme semblent l'indiquer les synchronicités rapportées ici, il se peut que le marchandage inconscient établi en dépit de ce qu'on croit rechercher chez son partenaire permette l'évolution personnelle, et c'est bien ce qui fait le charme de certaines histoires d'amour. Prenez par exemple Rena et Bob : ce dont Rena avait réellement besoin chez son partenaire n'était pas, en fait, ce qu'elle croyait vouloir en s'immergeant, au fil de ses voyages en Europe, dans les pays qu'elle visitait, mais ce qu'elle a reçu *en la personne* de Bob : un homme solide, particulièrement en temps de crise, un homme fiable et attentionné... voilà ce qui lui correspondait vraiment. Quant à la passion qu'Alex vouait à Beija, laquelle l'aurait très probablement rendu dingue si elle était devenue sa partenaire, elle est tout à fait édifiante comme exemple de la situation inverse, celle du marchandage inconscient qui aurait inévitablement mal tourné, pour toutes les personnes concernées. Heureusement pour Alex, un événement synchronistique lui a ouvert les yeux avant que ne puissent survenir des conséquences trop désastreuses.

Cette seconde évidence – la magie des histoires d'amour réside moins dans les caractéristiques invariables de l'autre que dans le mystère de l'opportunité – se manifeste fréquemment par le biais d'événements synchronistiques qui, dans la vie sentimentale, nous aident à voir *qui* est vraiment l'autre, et non seulement les *choses* qu'il peut nous apporter, affectivement ou matériellement. La tendance à considérer les êtres comme des objets et les relations sentimentales comme des biens de consommation courante ne date pas d'aujourd'hui. De nos jours, on peut rechercher quelqu'un en passant une petite annonce dans le journal, comme pour acheter une voiture d'occasion ou louer un appartement, de la même façon qu'autrefois, les parents jaugeaient les prétendants de leur enfant à l'aune de leur aisance et de leur statut social (tradition qui existe encore, d'ailleurs, dans certains pays).

Cette tendance à réifier les êtres et les relations – on croit qu'en dénichant la personne douée de tel ensemble de caractéristiques, on s'assure forcément le bonheur en amour – ne tient pas compte de ce que les synchronicités nous remettent pourtant en mémoire : nulle liste de critères ne saurait garantir l'entente parfaite si la relation ne débute pas au moment *opportun*. Pete et Mary, qui sont heureux ensemble et ont toujours su qu'il en irait ainsi, ont dû attendre des années pour que se présente, synchronistiquement, ce fameux moment opportun. Et c'est l'opportunité de sa seconde rencontre imprévue avec Charlie qui a brisé la résistance de Kathryn envers l'engagement sentimental, puisqu'à ce moment-là de sa vie elle avait « évolué », selon sa propre expression, et que, désormais, elle pouvait tirer un enseignement de la coïncidence au lieu d'y voir une simple malédiction. Même l'histoire de Rena et Bob, en quelque sorte « arrangée » par leurs amis, ne s'est épanouie qu'en présence de circonstances échappant à tout contrôle.

L'amour n'est pas une question de « bonne » ou de « mauvaise » personne, mais plutôt, à en croire toutes ces histoires, d'attitude intérieure et d'aptitude à créer des circonstances favorables à la rencontre d'autrui par l'ouverture d'esprit. C'est cette jonction entre intérieur et extérieur, ce moment synchronistique, qui fonde les romans sentimentaux comme les histoires d'amour réelles.

Quand l'histoire est bien ficelée, les amis précieux et l'enthousiasme présent à l'appel – L'amitié, cette coïncidence productrice de sens

Des histoires d'amour où l'intervention de la synchronicité a pour effet de modifier le cours de notre existence, passons à cet autre domaine de l'affectivité, souvent aussi important – et parfois plus – que la passion : l'amitié. Si les flammes de l'amour romantique et sensuel sont promptes à jaillir et à répandre leur incandescence, selon notre attitude vis-à-vis de l'amour, elles ne sont que trop souvent éphémères ; tandis que le foyer moins vif mais plus résistant de l'amitié durable occupe généralement une place plus gratifiante dans notre vie. En un sens, de par l'absence même de désir brûlant, l'amitié rend possibles des relations plus mystérieuses que les psychologues, les écrivains, les poètes et les philosophes cherchent obstinément à définir et à décrire depuis des siècles.

On peut chercher les origines de la fièvre amoureuse dans la chimie hormonale ou dans cet obscur noyau de besoins et de désirs primaires né de nos tous premiers rapports à autrui, mais la source de l'amitié et son essence originale sont moins faciles à cerner. La chimie intervient aussi dans l'amitié, naturellement, mais sans occasionner de passion pressante, débordante. Entre amis, la communauté d'intérêts existe, bien sûr, mais sans le besoin impérieux de consommer, de fusionner, de se perdre en l'autre. Dans une civilisation comme la nôtre, qui idéalise l'amour entre hommes et femmes, l'amitié est un des rares contextes où l'on puisse connaître la profonde affection d'un être de même sexe, composante indispensable d'une existence bien pleine et bien menée.

Les liens d'amitié offrent la possibilité d'établir des connexions dépourvues de l'intensité propre aux relations amoureuses, et c'est pour cela que bien des gens donneraient cent amants pour un véritable ami ; d'ailleurs, cette préférence est au cœur même de mille histoires vieilles comme l'humanité, dont certaines sont devenues légendaires : on pense à l'amour entre guerriers qui lia Achille et Patrocle, ou la tendre fidélité qui, dans la Bible, unit Ruth et Noémi. Les classiques de la littérature comme le cinéma contemporain content des histoires d'amitié mémorables, depuis les aventures de Huckleberry Finn et Tom Sawyer jusqu'aux tribulations du duo plus récent formé par Thelma et Louise. Et sans forcément être aussi exaltées, aussi audacieuses, nos amitiés à nous ont indubitablement changé notre vie.

À l'époque où, pour diverses raisons, je me suis retrouvé sans amis, j'ai passé beaucoup de temps à réfléchir sur la nature de l'amitié et les raisons de sa si grande importance. Mon analyste, qui est depuis longtemps pour moi un précieux mentor, m'a donné une idée du terreau où naît l'amitié, et cette idée ne m'a plus jamais quitté. D'après lui, elle requiert « la proximité et la communauté d'intérêts » ; autrement dit, le contact physique et un éventail d'activités identiques. Si l'un ou l'autre de ces facteurs vient à manquer, l'amitié bat de l'aile. On ne compte plus les belles amitiés qui se sont effondrées lorsque, pour des raisons soit intérieures, soit extérieures, la distance vient à séparer les êtres ou que les aléas de l'existence déplacent les centres d'intérêt.

Il faut donc s'attendre à ce que des synchronicités se produisent en amitié aussi, puisque celle-ci est en elle-même, à l'instar de l'amour, une coïncidence : deux êtres se rencontrent et leurs vies s'entremêlent. C'est par exemple ce qui s'est passé quand je me suis efforcé d'étendre mon cercle de relations, au point de me retrouver entouré de sept Steve différents, phénomène dont je n'ai pas encore bien saisi le symbolisme, d'ailleurs. Cela compliquait considérablement la communication, et, pour les distinguer, j'étais obligé d'employer un code complexe, à base d'initiales, qui prêtait souvent à confusion. Submergé que j'étais par cette marée de Steve, j'ai tout de même trouvé la synchronicité rassurante en ceci qu'elle me rappelait, par la simple répétition d'un même nom, que je n'étais pas seul.

Dans la même veine, je citerai l'histoire de Becky et de toutes les Deborah qui ont peuplé sa vie :

« J'ai rencontré ma première Deborah il y a seize ans. Nous étions nées le même jour, nous étions de la même taille et de la même carrure, nos cheveux, nos yeux, notre teint étaient identiques, bref, nous nous ressemblions comme deux sœurs. Durant nos premières années d'université nous faisions toutes les deux beaucoup de natation, que nous avons toutes les deux laissé tomber avant de passer notre diplôme de fin d'études. Nous nous sommes toutes les deux mariées à vingt ans, nous avons eu notre premier enfant au même âge, et l'une comme l'autre nous sommes restées l'élever au foyer. Nous avions le même âge quand nous sommes venues nous installer dans le Sud-Dakota, et maintenant nous habitons à moins de cinq kilomètres de distance. Sa seconde fille et notre premier chien portent le même nom, Missy (nous ne nous connaissions pas encore à l'époque). Son mari et mon cheval préféré s'appellent tous les deux Skip. L'autre fille de Deb' s'appelle Dawn et mon mari Don.

« La deuxième Deborah (qui aime elle aussi les chevaux et les chiens) est entrée "par hasard" dans ma vie, il y a quatre ans, le jour où nous sommes toutes les deux allées rendre une petite visite surprise à la même amie commune. Cette Deb-là était spécialisée dans la kinésithérapie alternative et il se trouve justement que je souffrais du dos suite à une chute de cheval. Inutile de dire qu'elle m'a remise d'aplomb.

« Ma troisième Deborah a fait son apparition six mois à peine après la deuxième. La maison voisine était vide depuis près d'un an et je priais pour que, le jour où elle serait à nouveau occupée, ce soit comme moi par des amoureux des chevaux, qui seraient donc enchantés de côtoyer nos écuries. Deb et moi avons eu un coup de foudre dès le premier jour.

« Il se trouve en outre qu'il existe une ressemblance frappante entre Deborah 1 et Deborah 2. Elles n'ont que six mois de différence, ce qui fait qu'elles ont toutes les deux neuf ans de moins que moi. Elles sont de la même taille, pèsent le même poids, sont de même carrure, ont le même teint et la même couleur de cheveux. Toutes deux se sont mariées deux fois et ont connu des problèmes conjugaux similaires au même moment, en conséquence de quoi elles ont toutes les deux quitté la même ville en même temps. Deb' 2 est partie vivre quatre-vingt-dix kilomètres à l'est et Deb' 3 à la même distance, mais au sud.

« Deb' 3 et moi avons tant de choses peu banales en commun que je n'en reviens toujours pas. Exaspéré, son mari lui a fait un jour remarquer que nous avions toutes les deux dû sortir du même œuf. Nos époux sont l'un comme l'autre des mordus de physique et d'informatique, et tous deux ont un appareil auditif. Le sien et mon frère aîné portent le même prénom – Michael. Son frère et mon fils s'appellent tous les deux Daniel. Son autre frère, David, et mon frère Michael ont tous les deux baptisé leur premier-né Brian. Nous avons toutes les deux eu une mère abusive. Nous avons toutes les deux grandi entourées de bétail appartenant à l'espèce bien précise appelée Holstein. Nous allons toutes les deux reprendre nos études scientifiques, et nous faisons toutes les deux de la sculpture.

« Quand Deb' et son mari Mike ont déménagé l'automne dernier, ils ont loué leur maison à un jeune couple charmant. Lui s'appelle également Mike, ce qui fait de lui le troisième Mike consécutif à occuper la même maison.

« Mais il me reste à relater la coïncidence la plus bizarre. Quand Deborah avait seize ans, une autre fille de seize ans qui n'était pas de sa famille est venue s'installer chez elle, pour mourir d'une leucémie moins d'un an plus tard. Or, quand j'avais seize ans, j'ai habité chez une de mes amies à qui je tenais compagnie et qui est morte de leucémie la même année ! »

Naturellement, prise une par une, chacune de ces coïncidences n'a rien de très remarquable en soi, et on peut expédier la question en avançant que Becky cherche dans le monde extérieur des signes correspondant à son besoin d'y trouver sa place. Toutefois, considérés dans leur ensemble, à l'instar de ma pléthore de Steve, les points communs entre elle et ses amies sont si nombreux et si diversifiés – famille, lieux de résidence, centres d'intérêts, prénoms et vécu propre – que leur nature synchronistique, leur signification aux yeux de Becky, est indéniable. Comme ceux qu'on rencontre en amour, les points communs synchronistiques entre amis servent à confirmer, affirmer l'importance qu'on accorde à la relation. Le plaisir évident que prend Becky à rapporter cet entrelacs de similitudes révèle bien le sens qu'elle leur accorde : pour elle, cela signifie que des liens solides et profonds la rattachent aux autres. Bien sûr, sans tout ce qu'elle a synchronistiquement en commun avec ses trois Deborah, ces liens d'amitié resteraient chargés de sens pour elle, mais ne lui rappelleraient probablement pas aussi puissamment la chance dont elle jouit et l'extraordinaire interconnexion qu'elle vit avec ses amies.

Quand Lauren raconte les circonstances dans lesquelles elle est devenue amie avec Danielle à un moment de sa vie où elle en avait grand besoin, on voit bien que des synchronicités aux conséquences radicales peuvent se manifester à la faveur de l'amitié.

« Je ne sais pas très bien par où commencer, m'a-t-elle déclaré un jour dans son bureau, sinon en disant que toute ma vie j'ai eu des problèmes de poids et d'alimentation. Dans ma famille, quand on était gros on recevait à la fois des encouragements et des railleries, et même si j'ai conservé un poids normal pendant de longues périodes, parfois par des moyens pas très normaux, d'ailleurs – régimes draconiens, obsession de l'exercice –, j'ai connu des périodes équivalentes de boulimie, d'embonpoint et de problèmes d'image du corps. En tant que musicienne, chanteuse, auteur de chansons et pianiste, j'en ai beaucoup souffert sur scène et cela a souvent contrarié la bonne marche de ma carrière : je choisissais de préférence les plus petites salles de concert, qui me faisaient moins subir de pression, au lieu de me mettre au défi de passer à la vitesse supérieure.

« Le jour de mes trente ans, j'ai eu une brusque prise de conscience. Après une période de quasi-anorexie, j'avais pris vingt-cinq kilos en trois mois et essayé tous les régimes, toutes les formules à base de gymnastique. J'étais à bout de ressources. Or, à l'époque, une de mes collègues de travail parlait abondamment de consulter les *Overeaters Anonymous*, un groupe de soutien pour les personnes à tendances boulimiques. L'idée ne m'avait jamais tellement séduite, et le côté spirituel de l'entreprise me déplaisait franchement. Néanmoins, comme mon anniversaire approchait et que mes problèmes ne faisaient pas mine de s'arranger, j'ai décidé d'aller à une de leurs réunions, histoire de voir de quoi il retournait.

« Il faut préciser qu'une dizaine d'années plus tôt, mon meilleur copain de l'époque m'avait priée de chanter au mariage d'une de ses amies. La cérémonie devait avoir lieu dans une petite église perdue dans la montagne, lui-même étant chargé de tenir l'harmonium. Comme il ne voulait pas faire la route tout seul, il s'est dit que j'aurais peut-être envie d'y aller avec lui ; ainsi, en plus de chanter deux ou trois airs connus, je pourrais lui tenir compagnie. Sur le moment, je me suis dit : Pourquoi pas ? J'ai donc accepté, j'ai chanté et tout le monde m'en a été reconnaissant, surtout les jeunes mariés, Danielle et Hank ; c'est le dernier mariage où j'ai chanté, d'ailleurs.

« Mais revenons au présent. Têtue comme je suis, j'ai estimé trop risqué d'assister à une réunion des OA de ma ville tant j'étais certaine de tomber sur quelqu'un que je connaissais ; je tenais à rester aussi “anonyme” que possible ! Alors j'ai dégotté le calendrier des réunions dans la grande ville la plus proche, à une heure de voiture de chez moi, et choisi celle qui, à mon avis, serait la plus fréquentée, histoire de passer totalement inaperçue.

« Je m'y rends donc le jour dit et, naturellement mal à l'aise, je m'assois sans regarder personne ; or, tout à coup, voilà que je sens une main se poser sur mon bras ; ma voisine me lance un clin d'œil en souriant : c'était Danielle !

« Nous avons réussi à tenir jusqu'au bout de la réunion sans nous parler – chez les OA, les bavardages entre participants sont interdits, comme chez les Alcooliques Anonymes –, mais, en sortant, nous avons passé des heures à boire du café en nous redisant à quel point la coïncidence était incroyable. Ce mariage qui avait débuté de manière si charmante, si romantique, avait débouché sur une vie de couple ratée, et Danielle avait trouvé refuge dans les troubles de l'alimentation ; cela avait duré jusqu'à ce que les OA la guérissent, trois ans plus tôt, époque à laquelle elle avait également divorcé. De mon côté, je lui ai narré une partie de mon histoire, ma résistance à l'idée de fréquenter les OA, le fait que j'habitais à plus d'une heure de là et l'influence que son mariage avait eue sur moi.

« Sincèrement, la coïncidence était trop étonnante pour que je n'en tienne pas compte, toute tête de mule que je sois. J'ai demandé à Danielle si elle acceptait d'être ma marraine chez les OA et, grâce à cette synchronicité, pour la première fois de ma vie j'ai entrevu la guérison de mes problèmes d'alimentation. Au jour d'aujourd'hui, elle et moi sommes toujours les meilleures amies du monde. »

L'isolement de Lauren était intérieur, affectif, et il a été rompu synchronistiquement par la rencontre de Danielle, survenue à un moment et en des circonstances singulièrement improbables. Mais c'est l'histoire de mon ami John et de l'ami dont il a fait la connaissance pile au bon moment et au bon endroit qui reste la plus extravagante, géographiquement parlant. J'ai moi-même connu John lors du séjour à l'étranger – en l'occurrence en Italie – figurant au programme de notre première année de faculté. Par la suite, notre amitié s'est quelque peu gâtée. Il a choisi de s'engager pour deux ans dans le *Peace Corps* et, stationné pendant tout ce temps sur une obscure île de l'archipel des Philippines, il a délibérément coupé les ponts avec ses anciens camarades, moi compris. J'ai appris plus tard qu'il avait traversé une phase de « discernement spirituel », comme il dit, pendant laquelle il s'était efforcé de trouver une orientation à sa vie.

À la fin de son temps au sein du *Peace Corps*, il a décidé de parcourir le monde et, en se dirigeant vers l'Inde, entrepris de sillonner le Pacifique Sud en passant d'île en île. Celles-ci étant de plus en plus petites et les avions ou bateaux de moins en moins fiables, un jour il s'est retrouvé coincé sur « un timbre poste », toujours selon ses termes – à savoir le minuscule îlot de Truk, où se trouvait une hôtellerie jésuite. Ce soir-là, alors qu'il s'était installé sur la terrasse, il a senti peser sur ses épaules le long isolement qui l'attendait sur ce bout de terre oublié de tous, perdu au milieu de l'océan.

Là-dessus, il s'entend appeler par son nom et découvre, stupéfait, une ancienne camarade d'université. Après avoir achevé ses études d'infirmière à Georgetown, où nous étudiions également, elle s'était mise à voyager comme lui. À la différence qu'elle s'était établie sur Truk, où elle travaillait dans le petit hôpital fondé par les missionnaires.

Tandis que nous concluions notre déjeuner chez moi par un café serré, j'ai demandé à John quel effet cela lui avait fait de tomber sur cette amie dans ce trou perdu. Voici ce qu'il m'a répondu : « C'est bizarre, tu sais. Je me sentais seul au monde, et pourtant j'avais *choisi* cette existence errante. Alors ces retrouvailles sur l'île de Truk m'ont fait comprendre, ou plutôt *ressentir,* qu'il existait des liens entre moi et les autres quel que soit l'endroit où je me trouve sur le globe – je n'étais jamais tout à fait seul. Où que j'aille, il ne m'arriverait rien. En quittant Truk le lendemain pour l'Inde et Dieu sait quels autres pays, j'étais à nouveau décidé à mener mon entreprise à bien. C'est la rencontre de cette fille sur Truk qui a tout changé pour moi. »

Les histoires de Lauren et de John démontrent que, parfois, nos connexions synchronistiques avec nos amis se manifestent en temps de solitude, quand nous sommes en demande, isolés matériellement ou psychologiquement, quand nous avons besoin qu'on vienne nous rappeler à quel point nos liens sont solides, quels que soient nos sentiments à leur égard. Tout se passe comme si les amis venus vers ces deux-là par la grâce de la synchronicité étaient en eux-mêmes une espèce de symbole, des êtres dont la proximité et les centres d'intérêt communs renvoyaient à une réalité située au-delà de la solitude momentanée, à un lien qui avait toujours existé implicitement.

À l'en croire, Sandra ne connaît pas encore la fin de sa propre histoire, mais le récit qu'elle en donne montre bien que la synchronicité a parfois pour effet de rétablir une connexion dont nous ne voulons pas, ou dont nous avons trop honte pour admettre l'existence. J'ai connu Sandra en cours, au temps de mon doctorat ; quand, bien plus tard, je lui ai parlé du livre que je projetais d'écrire, elle m'a livré l'anecdote suivante, en échange d'une tasse de thé et de petits gâteaux.

« J'ai passé mon enfance dans une bourgade de la côte est ; étant parmi les meilleurs élèves de ma classe, j'ai tout naturellement noué des liens avec l'autre fort en thème, qui s'appelait Adam. Il habitait près de chez nous et, comme la mienne, sa famille s'investissait activement dans l'Association des parents d'élèves, entre autres points communs. Comme nous écrivions tous les deux beaucoup, à l'école primaire on nous assignait régulièrement des devoirs spéciaux pendant que les autres apprenaient les choses que nous savions déjà.

« Je me souviens, c'était par une journée de printemps ; nous avions neuf ou dix ans, l'âge auquel les filles commencent à s'intéresser aux garçons tout en jurant le contraire. Nous rentrions chez nous à pied et je venais juste de me faire une amie – une *meilleure* amie ; comme tous les gosses, j'essayais par tous les moyens de faire bonne impression sur elle : je l'imitais en tout, je disais les mêmes choses qu'elle, je m'habillais pareil, etc. Nous marchions donc côte à côte, tous les trois, et, tout à coup, elle s'est mise à se moquer d'Adam, de ses lunettes, de ses cheveux, de ses vêtements ; et je me suis jointe à elle, sans bien savoir pourquoi puisque lui et moi avions toujours été très copains. Évidemment il s'est mis en colère, mais à mon avis il a surtout eu beaucoup de peine, et c'est là que je culpabilise quand j'y repense. Perverse que j'étais, j'ai redoublé de cruauté, peut-être pour impressionner ma copine, peut-être aussi pour le repousser lui parce que, au fond, il me plaisait. À ce jour, je ne saurais dire quelles étaient mes motivations réelles.

« Toujours est-il que je me suis soudain entendue énoncer les pires horreurs antisémites – Adam était juif –, en ajoutant que les Noirs causaient la ruine du pays, mais que c'étaient eux, ces sales Juifs, qui le conduiraient à sa perte, et que c'était dommage que les Nazis ne les aient pas tous exterminés, comme ça ils ne nous poseraient plus de problèmes, et ainsi de suite. C'était de la folie pure, et je ne sais toujours pas ni pourquoi j'ai proféré toutes ces abominations, ni d'où je les tenais, d'ailleurs. La ville était peuplée pour moitié de Juifs, l'autre moitié se composant de descendants d'immigrés italiens – typique de la côte est, quoi ! – et jamais, jamais je n'avais entendu ce genre de discours dans ma famille, où l'on n'émettait jamais de commentaires racistes sur les Noirs.

« Naturellement Adam s'est mis à pleurer, et nous lui avons porté le coup de grâce en lui jetant des cailloux et en le poursuivant jusque chez lui ; c'est ainsi qu'a pris fin une belle amitié d'enfance, dans un accès de cruauté passagère et parfaitement irrationnelle. Nous avons fréquenté la même école pendant les dix années suivantes sans jamais nous adresser la parole, malgré tout ce qui nous rapprochait. Il est devenu introverti, peu aimé des autres, tandis que moi, une fois au lycée, j'ai toujours fait partie des élèves les plus en vue. Pendant tout ce temps j'ai gardé l'incident sur la conscience, mais je n'ai jamais su ni ce que je devais en penser, ni comment me faire pardonner. Je ne sais même pas pourquoi je me suis comportée ainsi.

« J'ai quitté la ville pour aller à l'université, où j'ai poussé mes études jusqu'au doctorat, en Californie. Je travaille dans un centre municipal d'aide psychologique où l'on forme les thérapeutes à la prise en charge des troubles causés par les préjugés raciaux et les disparités culturelles. Ce cursus fonctionne par petits groupes et, lors d'une séance, j'ai tout de même eu le courage de raconter devant les autres mon histoire avec Adam et mon antisémitisme latent en présentant le tout sous l'aspect d'un problème moral que je n'avais pas encore réussi à résoudre, ni même à admettre. C'était la première fois que j'en parlais avec qui que ce soit depuis des années – vingt ans, pour être exacte.

« La semaine suivante, alors que je prenais un café dans un bar proche de chez moi sans penser à rien de particulier, voilà que je vois débarquer Adam ! Il n'avait pratiquement pas changé. Or je suis moi-même très différente de ce que j'étais au lycée : j'ai changé de couleur de cheveux et de forme de lunettes, qui sont surtout beaucoup plus grosses, etc. Beaucoup de gens ne me reconnaissent pas, et ce fut également le cas d'Adam. Je suis restée paralysée sur ma chaise, mortifiée comme si mes propos insultants dataient de la veille et non de vingt ans. Sans rien dire, je l'ai regardé prendre un café puis s'en aller. Ayant tout récemment déterré cette vieille histoire, je trouvais incroyablement synchronistique de le voir entrer dans ce café de mon quartier et me passer sous le nez, ce qui signifiait que nous avions abouti dans la même ville de Californie.

« Mais l'histoire ne s'arrête pas là. Je continue de revoir Adam çà et là, dans les endroits les plus inattendus – le plus inattendu de tous étant le vestiaire des hommes où je suis un jour entrée par erreur, mon gymnase ayant été restructuré ; il en sortait juste à ce moment-là. Je ne l'y avais jamais vu avant ce jour, et je ne l'y ai plus jamais revu depuis. Je ne sais pas s'il m'a reconnue. J'ai raconté l'affaire à tous mes amis et, d'après eux, l'univers n'est pas près de me laisser tranquille : il faudrait pour cela que je fasse amende honorable auprès d'Adam. Mais jusqu'ici j'en ai été incapable. »

Sandra voit dans cette synchronicité une manifestation de sa conscience coupable, laquelle l'inviterait à renouer des relations irrémédiablement gâchées avec un ami d'enfance à cause d'un unique instant empreint d'immaturité, de haine tout infantile. Cela rappelle le « rendez-vous de l'horreur » de Kathryn. L'enseignement à tirer de ces apparitions synchronistiques en série est peut-être que si l'on refuse de voir les liens qui nous attachent aux autres, on doit s'attendre à affronter le revers de la médaille : le rappel insistant que l'affection – amoureuse ou amicale – est une réalité omniprésente, qu'on le veuille ou non. C'est sans doute ce qu'on peut conclure de l'expérience de Sandra ; on la croirait en train de vivre sa version personnelle de *Crime et châtiment* ou des *Misérables,* l'ombre du passé continuant de planer sur son existence présente.

Toutes les relations interpersonnelles sont des formes de synchronicité – au départ se trouve un phénomène extérieur unique, la rencontre de deux êtres qui revêt un sens affectif, symbolique et transformationnel. Ce que révèlent bien des synchronicités relatées dans le présent chapitre, c'est qu'on est beaucoup plus étroitement lié aux autres qu'on ne le croit, et chacune de ces coïncidences productrices de sens rend crédible le concept jungien d'inconscient collectif : sur un certain plan, tous les êtres humains au monde sont interconnectés, psychologiquement et spirituellement.

Comme si nous étions des personnages de roman, nous rencontrons souvent la ou les personnes que nous avons *besoin* de rencontrer. En temps de crise, ou en période de grande ouverture au monde, par le plus grand des hasards entre en scène un personnage qui devient une des figures majeures de notre récit personnel – un conjoint, un meilleur ami ou une meilleure amie, le grand amour de notre vie. À d'autres moments, tandis que nous sommes satisfaits de nous-même et de l'existence que nous menons, surviennent des relations qui nous font l'effet d'un phénomène naturel puissant, comme s'il était écrit que cela devait arriver. D'autres fois encore, alors que nous nous fermons au monde, que ce soit par égotisme ou par crainte, un événement synchronistique nous apporte sur un plateau des amours ou des amitiés dont le but est de nous rappeler avec insistance que nos liens interpersonnels ne se laissent pas si facilement oublier. Dans ces cas-là on ressent plus en profondeur le récit qu'on vit, l'histoire dont le message est : *tu n'es pas seul.*

L'amour est une aspiration humaine capitale, ou, pour reprendre les termes de Jung, une réalité archétypique. Nous sommes attirés par les histoires parce qu'on a besoin de structurer les événements, de leur donner un sens ; par conséquent, on voit dans ses propres histoires d'amour et d'amitié une signification unique. La synchronicité qui a voulu que nous aimions telle ou telle personne ne réside donc pas seulement dans les circonstances stupéfiantes qui fondent les relations amoureuses, mais dans le sens intérieur qu'on trouve à son récit personnel.

3

Acquérir, dépenser...

La synchronicité dans la vie professionnelle

Le monde pèse trop fort sur nous ; tôt ou tard,
À force d'acquérir, de dépenser, on détruit ses pouvoirs :
Et dans la nature on ne trouve plus son dû.

WILLIAM WORDSWORTH.

Mieux vaut un ouvrage grossier qui raconte une histoire ou rappelle un fait qu'un autre raffiné et dénué de sens.

JOHN RUSKIN,
The Lamp of Memory.

Il paraît tout naturel que des événements synchronistiques ponctuent les relations interpersonnelles, puisque celles-ci, qu'il s'agisse de nos amants, de nos conjoints ou de nos amis figurent parmi les expériences les plus significatives de la vie ; après tout, comme les synchronicités elles-mêmes, elles ont fondamentalement trait au lien qui existe entre moi et le monde. Toutefois, l'amour seul ne suffit pas à répondre à tous nos besoins, nos espoirs, nos rêves, malgré ce que peuvent laisser croire les chansons et les romans d'amour.

D'après mon expérience personnelle, les récits vrais, vécus, ressemblent beaucoup plus aux classiques de la littérature du XIXe siècle, où l'on retrouve constamment une même trame complexe fourmillant de personnages et de rebondissements. La minutie avec laquelle Dickens, Tolstoï, Zola ou Melville exposaient les conditions d'existence de leurs héros, le réalisme employé dans la description de leurs faits et gestes tandis qu'ils font leur vie, la réussissent ou au contraire la gâchent, tout cela montre que le travail et le sens qu'on lui confère occupent bien une place centrale dans notre vie. À mon sens, on n'a jamais trouvé de formule plus simple ni plus juste que celle, bien connue, de Freud lui-même, à propos du but visé par la psychanalyse : comme on lui demandait quel secours elle apporterait aux gens, il a en effet répondu : « Elle les aidera à aimer et à travailler. » Rares sont les gens qui nient l'importance capitale de ces deux activités.

Il fut un temps, avant le déploiement spectaculaire de l'industrie et des techniques, où l'on n'aurait pas songé à contester le caractère crucial de la nature de la profession exercée, et où l'emploi le plus humble avait un sens. En raison du temps qu'elles nous prennent, un grand nombre de tâches nécessaires à la survie s'avèrent souvent répétitives et abrutissantes ; ce sont alors de simples basses besognes. Mais à une époque, l'agriculture, la préparation des repas, la confection et le raccommodage des vêtements, la construction et l'entretien du foyer étaient des activités essentielles au sein de la communauté. Des rituels s'élaboraient autour d'elles, des guildes ou des sociétés se formaient, et c'est ainsi que les civilisations s'épanouissaient. On partait du principe qu'elles avaient un sens.

Selon cette vision du monde à l'ancienne, les tâches qui se démarquaient de la simple survie, qui avaient pour but d'accroître le bien-être général ou qui visaient des buts non matériels étaient des « métiers », des « professions » ou des « vocations », ce qui indique, là encore, leur importance aux yeux de la société. « Professer » c'est affirmer une conviction, des valeurs ; autrefois, le fait d'exercer telle ou telle profession revêtait un sens presque spirituel : on avait bâti sa vie autour d'une activité, on se consacrait à elle, et il fallait sinon prêter serment, du moins se déclarer adepte d'un certain nombre de préceptes ; pratiquer tel métier, c'était revendiquer ses convictions, faire sa « profession de foi ». De la même façon, en adoptant une « vocation » – du latin *vox*, « voix » – on répondait à un appel émanant le plus souvent de Quelqu'un, ou de Quelque Chose, de supérieur aux intérêts ou aux goûts de l'individu. Cela revenait à accomplir un travail pour lequel on était *prédestiné* et pour des raisons allant bien au-delà de la nécessité de gagner sa vie.

On peut déplorer la disparition du sens jadis accordé aux tâches quotidiennes, dans un monde où on ne fait plus guère d'autre distinction, en matière de vie professionnelle, qu'entre un « boulot », c'est-à-dire un simple gagne-pain, et une « carrière », terme par lequel on envisage le travail dans la durée sans pour autant l'investir d'une signification véritable. Dans ce contexte culturel, il n'est pas très étonnant que le conseil du grand ethnologue Joseph Campbell : « Suivre son plaisir », soit passé dans le langage courant, de même que ce titre de Marsha Sinetar : « Faites ce que vous aimez faire et l'argent suivra » ; on regrette amèrement de ne plus éprouver le sentiment de profonde satisfaction qu'on retirait jadis de son travail, de ne plus avoir l'impression que notre gagne-pain occupe une place judicieuse dans notre histoire personnelle globale.

Le vernis d'agitation permanente par lequel nous faisons illusion à nos propres yeux dans le cadre de nos « emplois » ou « carrières » ne saurait masquer le fait que la réussite, jaugée à l'aune purement matérielle ou sociale de la fortune ou de la réputation, ne constitue pas une nourriture spirituelle suffisante, pas plus qu'elle ne forme une base solide sur laquelle édifier un récit satisfaisant ou intéressant. On ne doit donc pas s'étonner de voir les coïncidences productrices de sens abonder dans la vie professionnelle, aujourd'hui peut-être plus que jamais : dans notre société post-industrielle, la quête du sens et du dessein est d'autant plus d'actualité. Le travail revêt une importance cruciale dans l'existence et, comme toujours, les synchronicités se manifestent chaque fois qu'on en vient à mieux comprendre – ou qu'on *devrait* mieux comprendre – le récit qu'on vit jour après jour.

Est-ce nous qui trouvons du travail ou bien le travail qui nous trouve ?

Nous venons de lire un certain nombre d'histoires mettant en scène des êtres dont la tête était en désaccord avec le cœur, des gens qui avaient opté pour une direction bien précise... et ont vu le cours de leur destin radicalement bouleversé par une rencontre synchronistique grâce au pouvoir de l'amour. J'ai distingué un phénomène très semblable dans les anecdotes professionnelles que j'ai pu recueillir. Les personnes avec qui je me suis entretenu avaient fermement orienté leur vie professionnelle, sur quoi un événement synchronistique les a fait sortir de leurs rails pour les pousser mystérieusement et parfois de façon étonnante vers une occupation plus gratifiante ou une branche d'activité tout à fait différente. L'exemple précédemment cité de mon ami Sam, licencié par son cabinet de comptables et désormais heureux dans la musique, sa véritable vocation, relève de cette synchronicité-là. Aussi, à la question récurrente : « Que faire pour qu'il m'arrive une synchronicité ? » je réponds par le conseil suivant, apparemment paradoxal : « Attendez-vous à l'inattendu. »

Une cantatrice qui a accepté de s'entretenir avec moi sous le sceau de la confidentialité, et que je baptiserai Élise, m'a raconté un épisode qu'elle a vécu comme un véritable tournant dans sa vie, et qu'elle est pourtant loin d'avoir sciemment provoqué. Comme la plupart des professionnels du chant, Élise a passé une grande partie de sa vie dans divers cours – qu'il s'agisse d'apprendre la technique vocale, la comédie ou l'aisance en scène ; elle en assurait elle-même le financement tout en sachant qu'elle avait finalement peu de chances de gagner correctement sa vie dans ce domaine. Mais, à l'image de tous les artistes, elle a persévéré parce qu'elle aimait ce qu'elle faisait, malgré les difficultés, la frustration et l'incertitude.

Ayant suivi une formation classique la destinant plutôt à l'opéra, elle n'était guère intéressée par la comédie musicale, même si son professeur et ses collègues la pressaient souvent de s'essayer à ce genre de rôles, connaissant d'une part son tempérament pétillant, naturellement comique, et d'autre part la remarquable polyvalence de sa voix. Loin de suivre ces conseils, Élise s'obstinait à essayer de percer dans le minuscule monde hautement concurrentiel de l'opéra, enchaînant les auditions moyennement réussies et décrochant un petit rôle par-ci, par-là dans des troupes de province tout en travaillant la journée pour payer son loyer.

Dans la perspective d'être engagée par une troupe modeste mais estimée qui montait un opéra connu, Élise a passé un bon mois à perfectionner son interprétation de l'aria prévue pour l'audition. Elle avait bien spécifié qu'elle désirait passer après les autres, car elle se savait plus en voix en fin de journée. Toutefois, en arrivant au centre culturel où devait avoir lieu la fameuse audition, elle a compris tout de suite qu'il y avait eu une erreur : les lieux étaient déserts. Inquiète, elle s'est approchée d'une dame aux allures d'assistante qui était occupée à fourrer des papiers dans une chemise, au bout du couloir fléché « Auditions ». S'efforçant de conserver son sang-froid, Élise a lancé : « Ne me dites pas que les auditions sont terminées ! J'avais rendez-vous à cinq heures. »

Son interlocutrice a paru surprise. « Si, elles sont finies, mais le jury est encore là. Je vais voir s'il veut bien vous écouter. »

Après un bref entretien derrière une porte close, elle est revenue chercher Élise. Celle-ci se souvient du regard indéchiffrable que le pianiste lui a décoché lorsqu'elle lui a donné sa partition, mais sur le moment elle n'a pas réagi ; elle a simplement mis cela sur le compte de sa méprise, le malentendu sur les horaires venant probablement d'elle. Deux hommes et une femme ont pris place derrière un bureau, impassibles mais attentifs comme toujours dans ces cas-là, et, après s'être concentrée, Élise a entonné son morceau, un air pour colorature en italien. L'audition lui a plutôt laissé une bonne impression et, à la fin, elle a remercié le jury un peu plus gracieusement que d'habitude, vu l'indulgence dont on faisait preuve vis-à-vis de son retard. Comme elle se retirait, un des membres du jury l'a remerciée à son tour puis, curieusement, lui a demandé si elle avait préparé quelque chose en anglais.

Interloquée, elle a répondu qu'elle n'avait pas imaginé que le spectacle serait donné en traduction.

« *Candide* ? » a-t-il répondu en haussant les sourcils. Il faisait manifestement allusion à la comédie musicale, proche de l'opéra, composée par Leonard Bernstein, et qui figurait en bonne place au répertoire.

C'est alors qu'Élise a compris : elle s'était trompée non pas d'heure, mais carrément d'audition. « Ça alors ! Je ne sais pas quoi dire. Je croyais auditionner pour telle autre troupe, tel autre spectacle. »

La dame de l'entrée a éclaté de rire. « Mais pour celle-là c'est demain ! Demain dimanche ! »

Toutefois, le metteur en scène du spectacle a fait signe au pianiste et demandé à Élise si elle était disposée à faire un peu de déchiffrage à vue. À la fois mortifiée et désireuse de relever le défi, elle s'est lancée dans l'exécution d'un morceau qu'elle ne connaissait pas, pour se rendre enfin compte qu'on la campait dans le rôle difficile de Cunégonde, épouse de Candide. Elle l'a d'ailleurs obtenu, et découvert plus tard que, ce jour-là, le jury n'avait entendu que deux autres sopranos capables de le chanter. Soit les autres n'avaient pas le même cursus musical qu'elle, soit elles ne chantaient pas correctement la musique de Bernstein.

Son interprétation lui a valu d'abondantes louanges dans la presse et les offres ont suivi, à l'échelon local, puis régional, mais toujours dans le registre de la comédie musicale, jamais dans l'opéra. Cependant, quand Élise m'a fait le récit de cette percée inespérée, elle a ajouté : « Je ne m'en plains pas. Il a fallu que je me trompe d'audition pour me rendre compte que je m'étais *aussi* trompée de voie. Maintenant je travaille régulièrement, je suis contente. C'est le plus important, non ? Quand même, je ne voudrais pas qu'on sache que j'ai bêtement frappé à la mauvaise porte, avec une partition qui n'avait rien à voir. Ce serait mauvais pour mon image. » Les divas seront toujours les divas, même dans la comédie musicale...

Souvent les synchronicités se produisent, commc dans le cas d'Élise, quand on s'est mis en tête que notre scénario personnel ne saurait avoir qu'une seule et unique fin bien précise ; cette caractéristique est si répandue dans mes anecdotes qu'à la fameuse question : « Que faire pour... ? », j'ai presque envie de répondre, non sans une certaine irrévérence : « Faites preuve d'obstination à l'égard de ce que vous êtes ou non prêt à accepter dans la vie, et voyez ce qui se passe. » Mais les synchronicités arrivent aussi quand on n'est pas décidé, qu'on est « entre deux » mais que, ayant l'esprit ouvert à toutes les éventualités, on tombe sur un être, un endroit, un objet doués de sens à nos yeux. C'est ce qu'a connu mon ami John qui, dans la période de transition où il cherchait sa voie, a trouvé un mentor dans un lieu pour le moins inattendu.

Pendant ses premières années de faculté, John s'est senti vaguement appelé à la prêtrise ; il a donc décidé qu'un passage dans le *Peace Corps* l'aiderait à découvrir sa véritable vocation. Néanmoins, quand ont pris fin ses deux ans d'affectation aux Philippines, il ne savait toujours pas s'il voulait vraiment devenir prêtre ; il lui fallait réfléchir encore. Il a donc entrepris de sillonner le monde sans but précis pendant une année de plus.

Nous avons déjà eu connaissance de sa rencontre synchronistique et rassurante, sur l'île de Truk, avec une ancienne amie d'université. Mais, avant même cet incident, sa période de transition a connu une première escale – plus ou moins improvisée – en Inde, où il prévoyait de se retirer dans un ashram pour s'immerger dans la société indienne.

Toutefois, en arrivant sur place, il a dû abandonner ses espoirs d'être le seul Occidental présent : avant lui était arrivé un jésuite... originaire de la même région que lui ! La coïncidence l'a frappé : lui qui débarquait au petit bonheur la chance dans cette province reculée de l'Inde, précisément durant une phase où il s'interrogeait sur ses aspirations religieuses, voilà que l'unique étranger présent était justement un compatriote jésuite ! On s'en doute, leurs discussions ont été déterminantes, car John a saisi cette occasion synchronistique pour aborder le sujet de sa propre vocation, de la vie au sein de la Compagnie de Jésus, de ce qu'il fallait ou ne fallait pas en attendre. Après cette rencontre fortuite, sa certitude s'est trouvée renforcée : c'était la Compagnie qu'il lui fallait, et il l'a d'ailleurs rejointe dès son retour aux États-Unis, au terme de son long voyage.

Loin du conseil (facétieux, je l'avoue), que je prodiguais plus haut, selon lequel il faut se montrer têtu envers l'avenir afin de susciter les événements synchronistiques, l'histoire de John peut illustrer une autre forme de recommandation ironique pour ceux qui cherchent à provoquer les situations acausales. Si vous souhaitez qu'une coïncidence significative vienne récrire l'histoire de votre vie, écumez le globe sans but précis et restez à l'écoute de ce que la vie, justement, a à vous offrir. Cette dernière proposition constitue à mon avis un précieux conseil pour l'individu confronté à l'imprévu qui bouscule ses plans ou le prend par surprise. Car le « tour » soudain que prennent alors les événements peut représenter un véritable « tournant » dans un récit où on ne savait pas encore qu'on figurait comme personnage principal.

Mais pour faire preuve d'une telle ouverture d'esprit, il faut savoir en permanence naviguer habilement entre indépendance réaliste et obstination bornée. Demeurer à la fois résolu et prêt à lâcher prise, voilà qui représente un vrai défi ; pourtant, c'est là une aptitude nécessaire s'il l'on veut trouver un sens aux « accidents ». Par exemple, ma collègue Gail a consacré une grande partie sa vie à un seul et unique objectif : devenir professeur de religions comparées. Dès le lycée elle a planifié sa future carrière avec la plus grande prévoyance, choisissant avec soin son université, cultivant ses relations, participant à divers comités et passant ses vacances là où il existait un potentiel de recherche susceptible de convenir un jour à une thèse, des exposés, des dissertations...

Mais voilà : malgré cette assiduité dans la planification, et tandis qu'elle avançait à grands pas vers le doctorat, Gail s'est retrouvée dans une impasse tout à fait imprévisible, à savoir en désaccord avec son directeur de thèse pour des raisons qui, en surface, avaient trait au contenu du mémoire lui-même mais où Gail, elle, voyait davantage un conflit de personnalités et une preuve de sexisme. Privée du soutien de ce directeur, elle n'a pas pu décrocher la bourse d'études dont elle avait besoin, ni saisir, comme par le passé, les autres occasions qui se présentaient. Elle a donc dû gagner sa vie en faisant des petits boulots sans intérêt, ce qui lui laissait peu de temps et d'énergie pour avancer dans l'écriture et la recherche. De plus, l'université qu'elle avait choisie, une des meilleures dans sa partie, était aussi une des plus chères. Devant la perspective de plus en plus plausible de devoir consacrer des années à la préparation de son doctorat, Gail a fini par considérer d'un œil de plus en plus inquiet les dettes qui s'accumulaient.

Alors, un matin au réveil, elle a bien dû s'avouer que ses projets traversaient une crise grave. Un peu plus tard, tandis que, le cœur gros, elle prenait le petit déjeuner dans son café habituel, elle s'est entendu interpeller joyeusement. C'était Nancy, une étudiante qu'elle avait connue en maîtrise mais pour qui elle n'avait pas particulièrement d'amitié.

Nancy s'est attablée sans y être invitée et lui a raconté qu'elle s'était trouvée dans la même situation et que par conséquent elle avait été amenée à changer radicalement de cursus ; en effet, elle étudiait à présent pour devenir psychothérapeute. Au début, Gail s'est contentée d'écouter poliment, mais, malgré elle, elle a prêté à Nancy une oreille de plus en plus attentive, allant jusqu'à lui poser des questions sur sa nouvelle orientation, les règles qui régissaient la profession, etc. À l'époque, les exigences en la matière étaient minimes : on ne demandait aux candidats que d'avoir suivi un certain nombre de séminaires précis, d'y ajouter tant d'heures d'expérience professionnelle, et de passer un examen comportant écrit et oral ; le tout paraissait abordable, d'autant plus que Gail avait déjà suivi des cours pouvant compter à titre d'équivalences.

C'est ce jour-là, grâce à cette rencontre synchronistique, que Gail a finalement résolu de limiter les dégâts, de renoncer à l'enseignement et de suivre cette formation pour psychothérapeutes, branche dans laquelle elle a réussi sans mal. Elle exerce depuis plusieurs années et, ironiquement, passe plus de temps à enseigner – dans le cadre des mémoires qu'elle supervise, des ateliers qu'elle dirige et des cours qu'elle dispense dans plusieurs écoles – qu'elle ne le souhaite vraiment.

« Je le vois bien, maintenant : j'aurais été très malheureuse dans la carrière universitaire, m'a-t-elle déclaré. J'avais une idée fixe qui ne me correspondait pas vraiment, qui me venait de l'enfance et que je n'avais pas vraiment réexaminée une fois adulte. Si j'avais dû enseigner perpétuellement les mêmes choses une année après l'autre, je serais devenue cinglée au bout de cinq ans. Donc, ça a bien tourné pour moi, mais je n'ai pas honte de le dire : cela s'est fait malgré moi. »

Ce sont là ses propres termes, mais je n'ai pu m'empêcher de penser qu'en fait ce qui a rendu la coïncidence synchronistique dans son cas, c'est sa faculté de tolérer l'« entre deux », d'accepter que la rencontre imprévue de cette ancienne camarade *a priori* importune puisse déboucher sur quelque chose de positif. Si elle avait navigué moins habilement entre détermination et prudence, Gail n'aurait vu dans l'irruption de Nancy qu'une perturbation aussi irritante que dénuée de sens et non un tournant significatif dans sa vie.

L'histoire de ces gens qui prennent tout à coup une direction inattendue – ou une direction qu'ils s'employaient activement à ne pas suivre – montre bien à quel point la synchronicité est un phénomène acausal. Aucune des initiatives délibérées de Gail, John ou Élise ne leur a été aussi utile pour avancer que ces occurrences fortuites. Aussi pourrait-on ergoter sur le titre du présent ouvrage en arguant que les accidents existent bel et bien, littéralement parlant – si l'on entend par là les phénomènes aléatoires qui se produisent sans qu'on les ait provoqués et qui semblent dépourvus de signification ; mais devant une anecdote telle que celle-ci, on ne peut que se poser sérieusement la question. Peut-être les petits détails ont-ils chacun leur importance dans le sens global du scénario que nous appelons « existence ». Les truismes tels que : « Ça t'arrivera quand tu t'y attendras le moins » ou : « Lâcher prise et laisser faire Dieu », comme on dit aux Alcooliques Anonymes, contiennent une part de vérité – c'est quand on est le plus préoccupé par son sort dans le cadre d'un projet de vie bien défini ou, au contraire, quand on s'avère le plus ouvert, qu'on crée dans son intrigue personnelle un rebondissement riche en possibilités.

Est-ce nous qui trouvons tel job ou tel job qui nous trouve ?

Les événements synchronistiques ne jettent pas systématiquement les bases de toute une carrière, comme dans le cas de John, Gail et Élise ; mais ils jouent indubitablement un rôle dans de nombreuses décisions d'orientation professionnelle. Souvenons-nous d'Ellen, rencontrée au chapitre premier, qui a raccroché au nez de son père dominateur sans savoir du tout comment elle allait se débrouiller sans lui sur le plan matériel, et qui s'est vu proposer un emploi le lendemain même par l'intermédiaire d'une rencontre accidentelle. Comme dans nos liens avec nos amis et amants, là aussi des occasions synchronistiques se présentent au moment où l'on en a le plus besoin.

Tony d'Aguanno, enseignant et psychothérapeute exerçant dans la région de la baie de San Francisco, est spécialisé dans les problèmes d'argent et de travail. Il m'a raconté l'histoire d'une de ses amies, qui a trouvé du travail d'une manière chargée de sens, non seulement pour elle mais également pour lui, et qui confirme son hypothèse : on s'implique tout aussi passionnément dans sa vie professionnelle que dans les autres domaines. L'amie en question avait une formation d'assistante opératoire dans un domaine hautement spécialisé, celui de la neurochirurgie ; malheureusement, elle ne trouvait pas de travail. Or, un jour qu'elle traversait Westwood à pied, elle a soudain ressenti le besoin de couper par le campus d'UCLA au lieu de suivre son itinéraire habituel. D'autres auraient haussé les épaules et passé leur chemin comme si de rien n'était, mais elle, elle a suivi son instinct. Instinct auquel elle a d'ailleurs continué d'obéir quand il lui a soufflé d'entrer dans tel bâtiment bien précis du campus et de descendre telle volée de marches. Là, elle a trouvé un tableau d'affichage tapissé d'avis, communiqués et autres annonces sur plusieurs épaisseurs. Mue par une nouvelle impulsion, tout aussi obscure que la précédente, elle a entrepris de consulter tous les papillons épinglés sur ce panneau qu'elle n'avait jamais vu de sa vie, jusqu'à tomber sur une offre d'emploi correspondant à sa qualification, dans un hôpital situé à six heures de voiture de là, dans la ville de Santa Cruz. Elle a appelé le service de neurochirurgie le jour même, posé sa candidature le lendemain, passé une entrevue le semaine suivante et décroché le poste.

Le même d'Aguanno rapporte une autre anecdote, illustrant cette fois l'amélioration de l'existence matérielle qui peut survenir par le biais des rapports amicaux. Son meilleur ami est psychothérapeute comme lui, mais très impliqué dans le domaine de la santé publique, ce qui lui a valu d'occuper plusieurs emplois successifs assez satisfaisants mais très peu rémunérateurs. Tout en se réjouissant d'œuvrer avec succès dans une branche qui lui plaisait, ce qui compensait le manque d'argent permanent, il évoquait souvent devant un Tony compatissant ses difficultés financières.

L'anniversaire de cet ami approchait ; pour l'occasion, Tony avait une envie relativement originale : lui offrir, en guise de cadeau...

un travail mieux payé. Mais comme ce n'était pas dans ses cordes, il s'est résolu à choisir un billet de banque dans sa vaste collection de monnaies rares, de le faire encadrer et de le lui remettre en guise de porte-bonheur. C'était un billet émis par la république de Weimar, quand l'Allemagne traversait sa célèbre période d'inflation galopante où les différentes villes battaient leur propre monnaie dans l'anarchie la plus totale et pour des valeurs nominales toujours plus astronomiques. Toutefois, Tony reconnaît que, sur le moment, il n'a pas accordé grande importance au caractère symbolique de son geste (il offrait tout de même un *très* gros billet à un ami scandaleusement sous-payé !), préférant privilégier le magnifique paysage représenté qui, une fois encadré, évoquait une miniature peinte.

L'ami s'est donc vu remettre le billet, accompagné de sa justification : il symbolisait le don que Tony aurait voulu pouvoir lui faire, c'est-à-dire un travail mieux rémunéré. Eh bien, immédiatement après cela, et de manière tout à fait inattendue, l'ami en question s'est vu proposer deux emplois à temps partiel qui ont quadruplé ses revenus et, en plus, lui ont laissé du temps libre.

Ayant connu un assez grand nombre d'expériences synchronistiques dans sa vie, Tony a mis cela sur le compte de la coïncidence en se réjouissant que son vœu se soit réalisé, même si lui-même n'était intervenu en aucune manière. Cependant, aussitôt après, voilà que professionnellement les choses commencent à se gâter pour lui ! Songeant qu'il avait plus besoin que son ami – qui gagnait désormais bien sa vie – d'un « billet porte-bonheur », il le lui a redemandé « à titre de prêt », comme il dit.

Aussi incroyable que cela puisse paraître, la semaine suivante fut riche en bonnes fortunes pour Tony : sans préambule, son employeur lui a accordé une augmentation ; puis il a rencontré dans la rue celle qui devait s'associer avec lui dans une entreprise qui dure encore aujourd'hui et leur a donné toute satisfaction, tant professionnellement que financièrement ; et enfin, ultime coup de chance, on lui a demandé de dispenser un cours pour adultes dans une grande école de la ville. Beaucoup de gens avaient posé leur candidature à ce poste mais, inexplicablement, le directeur d'études avait jeté son dévolu sur Tony, recommandé par un ami, alors qu'il n'avait même pas postulé. C'était il y a sept ans et il y enseigne toujours.

De toutes les choses matérielles que nous côtoyons quotidiennement, il n'en est pas de plus symbolique que l'argent. Ce qui, en fin de compte, n'est qu'un peu de bois et d'encre, comme les mouchoirs en papier ou les emballages de sucreries, détient plus de pouvoir, influence plus de destins et inspire plus d'angoisse, de plaisir, de chagrin, de joie et d'ambivalence qu'aucun autre phénomène au monde. Pour moi, l'histoire du « billet magique » met particulièrement bien en lumière le symbolisme de l'argent. En effet, en tant que collectionneur Tony s'intéressait exclusivement à l'aspect matériel, concret de l'argent (les monnaies en tant qu'œuvres d'art, éventuellement à collectionner, c'est-à-dire l'argent en tant qu'objet), au détriment de sa valeur symbolique (l'argent représentant le pouvoir, le choix, la liberté, le statut social). Et n'était-ce pas justement là le problème de son ami qui, ayant négligé l'aspect immatériel, symbolique, de l'argent pour ne s'attacher qu'à ses autres potentialités (assistance matérielle, fin du sacrifice de soi), s'était retrouvé pourvu d'une quantité suffisante d'argent bien concret ? Vu comme objet doté d'une beauté propre, donc susceptible d'être recherché, le billet acquérait en plus une valeur symbolique, à la fois en tant que substitut au véritable cadeau que Tony aurait voulu offrir mais aussi qu'objet manufacturé appartenant à une époque et à un pays où l'argent connaissait une extraordinaire dévaluation, celle-ci reflétant symboliquement la dévalorisation dont était victime son ami dans l'exercice de sa profession. Tous les symboles peuvent avoir des significations multiples, et cette synchronicité-ci n'échappe pas à la règle. Le moteur des rebondissements survenus à ce moment-là dans le cours de leurs existences respectives est donc le fait que ce billet ait tour à tour revêtu un sens pour Tony et pour son ami, puisqu'il était synchronistiquement apparu en marge de deux événements gratifiants sur le plan matériel *et* affectif.

Si l'on devait adopter une perspective causale devant ces coïncidences, on serait obligé d'attribuer au billet des propriétés magiques, comme dans les contes de fées ou les histoires qu'on échange le soir autour du feu – celles où il est question de charmes, d'amulettes et autres gris-gris auxquels les anciens comme nos contemporains ont toujours imputé des pouvoirs objectifs. Leur possession est « cause » de bonne fortune, leur perte « cause » de malheur.

Malheureusement, il me semble que l'objection rationnelle, scientifique à la pensée magique manque également sa cible en niant le pouvoir objectif de ces objets sans pour autant prendre en compte leur impact *subjectif,* l'effet *symbolique* qu'ils produisent sur l'intelligence de soi. Tony ne se faisait certes pas d'illusions sur les propriétés surnaturelles de son billet ; mais il ne rejette pas non plus en bloc sa signification cruciale en tant que symbole du tournant qu'ont pris sa vie et celle de son ami ; et c'est ce dernier élément qui, à ses yeux, a rendu *synchronistiques*, et non magiques, les coïncidences survenues autour du billet.

Le terme « accident » revêt deux acceptions dans le langage courant. Si vous êtes chez vous à lire le journal et que votre conjoint débarque en annonçant : « J'ai eu un accident », le plus probable est que vous vous précipiterez à la fenêtre pour constater les dégâts. C'est dans le sens de « mésaventure matérielle » que le mot est le plus souvent employé – j'ai eu un accident de bicyclette, je me suis cassé un bras en tombant d'un arbre, ma petite nièce a eu un « petit accident » : elle a mouillé sa culotte. Mais jusqu'ici, dans cet ouvrage, nous avons utilisé le terme dans un sens plus abstrait de phénomène apparemment aléatoire, involontaire, sans source individuelle repérable. Néanmoins, il arrive que les synchronicités rassemblent ces deux acceptions d'un même mot, comme par exemple lorsqu'une « mésaventure matérielle », l'accident au sens commun du terme, induise des changements déterminants... par accident, par le plus grand des hasards. J'en veux pour preuve l'histoire de Stephen, qu'un emploi a trouvé – et non l'inverse ! – par l'intermédiaire d'accidents, à la fois au sens littéral et au sens figuré.

« Adolescent, j'avais l'ambition de devenir réalisateur de cinéma. Après le lycée j'ai donc fréquenté une école de cinéma et obtenu un premier diplôme. Fort de ce dernier et de ma juvénile assurance, j'ai entrepris de devenir un *grand* réalisateur. J'ai posé ma candidature partout. Mais personne n'embauchait, et au bout d'un an je prenais des bébés en photo à soixante-dix *cents* la pièce. Puis, un jour de février, ma voiture a pris feu ; elle a explosé et bien failli me tuer.

« Comme j'avais besoin d'une voiture pour exercer mon activité de photographe pour bébés, j'ai décidé de vendre ma caméra Bolex. J'avais abandonné tout espoir de trouver un jour du travail dans la réalisation. Les télés et les maisons de production n'employaient que des gens expérimentés, ce qui n'était pas mon cas... puisque personne ne voulait de moi. Le cercle vicieux, quoi. Je me suis avoué vaincu, condamné à prendre des bébés en photo toute ma vie ; alors j'ai passé une petite annonce dans le journal pour vendre ma caméra.

« Le lendemain matin, vers neuf heures et demie, un cameraman travaillant pour une grosse chaîne de télé nationale a appelé pour l'annonce. Il avait besoin d'une caméra de rechange à laisser en permanence dans le coffre de sa voiture, au cas où. Il m'a demandé s'il pouvait venir jeter un œil à la Bolex ce soir-là après dîner. J'ai répondu que oui, bien sûr.

« Mais, cet après-midi-là, un des cameramen de la chaîne s'est fait tirer dessus (il s'en est sorti). Et quand mon type s'est présenté le soir venu, il m'a demandé si je savais filmer les infos, et j'ai répondu : "Bien sûr !" Ils avaient besoin de quelqu'un pour un mois ou deux. Pouvais-je commencer tout de suite ? J'ai sauté sur l'occasion et le lendemain je filmais pour le JT. Ce n'était que provisoire, le temps que leur collègue récupère de sa blessure par balle, mais cela m'a donné la possibilité d'acquérir l'expérience nécessaire pour me faire embaucher quelques mois plus tard par une autre chaîne, et par la suite je n'ai plus jamais pris un seul bébé en photo.

« Malgré tous mes efforts et toute ma bonne volonté, c'est par un enchaînement d'événements négatifs et malvenus que j'ai réussi ce qui aurait été impossible autrement – chômage, explosion de ma voiture, vente de ma caméra, cameraman abattu, et du boulot pour moi !

« Si la voiture avait explosé un autre jour, il ne se serait rien passé.

« Si le type de la chaîne ne s'était pas fait tirer dessus, il ne se serait rien passé non plus.

« Si je n'avais pas passé de petite annonce, il ne se serait encore rien passé.

« Conclusion : la vie se déroule contre notre gré. »

Cette série d'événements synchronistiques où les accidents sont à prendre au sens littéral mais qui ont fait avancer d'un coup la carrière de Stephen montre clairement, me semble-t-il, que la signification des péripéties n'est pas à chercher en dehors de nous, dans le monde extérieur, mais au cœur des événements proprement dits qui, en fin de compte, *sont* des accidents, des phénomènes aléatoires. Et ce sens a à voir avec le récit que nous sommes capables d'en donner en rapport avec leurs conséquences, comme Stephen dans le couplet ci-dessus.

Dans notre récit personnel, les accidents prennent un sens – ou non. Les accidents, ça arrive quotidiennement, qu'on se trompe d'heure de rendez-vous, à l'instar d'Élise, qu'on se retrouve affligé d'un directeur de thèse sexiste et peu coopératif comme Gail, ou qu'on voie sa voiture exploser, à la suite de quoi un collègue a la malchance de ramasser une balle, comme dans le cas de Stephen. Ce n'est pas l'événement en lui-même, mais sa place dans notre scénario personnel qui rend ou non un accident synchronistique.

Cela dit, le plus intéressant dans ces coïncidences productrices de sens, c'est que de toute évidence il faut nécessairement s'avouer vaincu avant de pouvoir repartir, cet aveu nous étant arraché par ce qui, au premier abord, ressemble à une mésaventure. C'est le sacrifice de sa Bolex, consécutif à l'explosion de sa voiture, qui a conduit Stephen à trouver enfin du travail. C'est sa gaffe qui a amené Élise à reconnaître l'erreur qu'elle commettait en se limitant à un seul type de carrière musicale. Et c'est son infortune qui, une fois assumée, a aidé Gail à élargir son champ de vision et à choisir une profession qui, aujourd'hui encore, la comble. Spontanément, quand on songe aux phénomènes de cette espèce, on se dit : « Le hasard fait bien les choses » ; car sur le trajet professionnel de ces individus, les mésaventures subies et le renoncement à une attitude antérieure ont en quelque sorte été les charnières de la porte qui s'est ouverte devant eux.

Surgie de nulle part – Comment la synchronicité peut nous venir en aide dans notre travail ?

Les événements synchronistiques tels qu'on a pu les observer dans ces pages sont tout à fait capables de vaincre notre obstination bien humaine vis-à-vis de notre plan de carrière ou du type d'emploi que nous désirons trouver. Mais les coïncidences significatives, ainsi que je m'en suis rendu compte, peuvent aussi jouer un rôle important quand il s'agit de réussir dans son travail et d'en retirer le plus de plaisir possible. Ce sont tantôt des confirmations, tantôt des prises de conscience via l'affrontement, ou bien encore des accidents chargés d'un sens qu'on ne perçoit que plus tard. Le jour où mon ami Mark a décidé de démissionner de son poste d'assistant social dans un grand hôpital new-yorkais pour venir s'installer en Californie, la décision n'a pas été facile à prendre, car entachée de toutes sortes d'incertitudes. Certes, il aimait se mettre au service de ses semblables, mais une série de décisions administratives décevantes de la part de la direction de l'hôpital l'ont amené à se rendre compte que, selon toute probabilité, aucune possibilité d'avancement ne s'offrirait à lui dans l'avenir immédiat. Par ailleurs, il venait de vivre une rupture ; aussi, après une visite à sa sœur, a-t-il retrouvé suffisamment d'espoir pour envoyer promener New York et partir pour San Francisco. Il a retrouvé du travail auprès des services sociaux, qui plus est tout près de chez lui, mais malheureusement le stress et l'inquiétude liés au changement de vie ne faisaient pas mine de s'effacer.

Cela jusqu'à ce qu'il adresse la parole à un collègue, John, avec qui – à l'instar de mes Deborah du chapitre 2 – il s'est découvert un étrange éventail de points communs. Tous deux avaient posé leur candidature au même poste, auprès du même service ; ni l'un ni l'autre ne l'avait obtenu, mais résultat : ils occupaient à présent des bureaux mitoyens. En plus, ils habitaient en face l'un de l'autre. Pour couronner le tout, ils se sont aperçus qu'ils avaient vécu à New York en même temps, Mark occupant un appartement... en face du bureau de John. Ce dernier lui a confié qu'à une époque particulièrement difficile de sa vie il s'était adressé au centre de soins où travaillait justement Mark avant son départ pour la Californie ; et, pour remonter encore plus loin, ils avaient passé leur enfance dans des bourgades voisines au fin fond de l'Iowa et fréquenté deux lycées sans cesse en concurrence sur le plan sportif, alors que les établissements secondaires ne manquaient pas dans l'État.

Aux yeux de Mark, qui se débattait dans le doute et l'angoisse permanents en se demandant s'il avait bien fait de déménager, cette série de coïncidences a revêtu une signification certaine, comme si le fait de se lier avec un collègue aussi bien assorti à lui était le signe qu'en effet il avait pris la bonne décision. John « savait d'où il venait », lui, Mark – au sens propre et au sens figuré – et ils s'étaient trouvés par hasard. Pour dire les choses simplement, après la rencontre de cet ami, il a eu moins de mal à se sentir à sa place dans son nouveau cadre de travail.

Sur un tout autre plan, la synchronicité est activement intervenue dans la vie professionnelle d'une jeune femme de ma connaissance, Patty, qui, selon ses propres termes, s'est trompée sur toute la ligne en acceptant de prendre la tête d'un service nouvellement créé au sein de son entreprise de logiciels informatiques. Travailleuse et appréciée de ses collègues, elle cherchait depuis longtemps à accroître ses responsabilités en occupant un poste de cadre supérieure. Aussi a-t-elle été emballée quand on lui a donné le feu vert pour mener à bien un projet d'envergure limitée, en tandem avec un autre cadre de la société avec lequel elle avait déjà travaillé et s'entendait à merveille.

Toutefois, Patty n'a pas su voir dans quelle mesure son inexpérience à ce poste ainsi que son manque de confiance en elle pouvaient affecter son jugement. Elle s'est lancée, en compagnie de l'ex-collègue en question, devenu son subalterne, avec un enthousiasme et une assurance surcompensatoire qui, au bout de la première semaine, provoquaient déjà du ressentiment entre eux. Sans consulter personne, elle avait décidé de modifier certains éléments du projet, de revoir la répartition des tâches et la direction du nouveau service, soutenue qu'elle était dans son comportement autoritaire par sa propre expérience des rapports hiérarchiques et son sens démesuré de sa responsabilité personnelle. Les conséquences de cette morgue n'ont pas tardé à se manifester ; un lundi matin, le « subalterne » en question l'a poliment invitée à déjeuner au restaurant chinois voisin. Là, il a tout déballé sans prendre de pincettes, contestant la façon dont elle le traitait et ajoutant qu'il refusait de continuer s'ils ne mettaient pas en place un système de coopération plus étendue.

Dans un autre contexte, et face à une personne différente, Patty en aurait conclu qu'il avait du mal à travailler sous l'autorité d'une femme, mais au fond d'elle-même, elle savait qu'elle avait un peu perdu les pédales et que son propre manque d'assurance, allié à la joie de passer cadre supérieure, lui était monté à la tête. Elle a tenu à lui présenter ses plus plates excuses – ce collègue, manifestement, souhaitait davantage travailler *avec* elle que *pour* elle, ou *sous* ses ordres –, mais le mal était fait et, elle l'a bien senti, il allait falloir autre chose que cela pour réparer les dégâts. Là-dessus, elle a ouvert le petit gâteau chinois qu'on lui a apporté à la fin du repas ; or, devinez ce que disait ce jour-là la petite prédiction habituelle ? « Le grand meneur d'hommes règne par la force du cœur et non celle du poignet. »

Patty m'a montré le bout de papier qui, dit-elle, lui a fourni sa « devise ». On voit donc qu'un incident mineur a, dans son cas, engendré un changement d'attitude radical. Elle l'a punaisé au-dessus de son bureau où, aujourd'hui encore, il lui rappelle en permanence qu'être une figure d'autorité, cela ne consiste pas seulement dans l'exercice du pouvoir. Elle a fini par se raccommoder avec son collègue, et déclare que le sage conseil dispensé par la prédiction chinoise lui a grandement rendu service tout au long de sa carrière.

Dans les métiers artistiques, contrairement à ce qui se passe dans les services ou les professions du commerce, la meilleure façon de procéder relève de la subjectivité. Un talent de gestionnaire dans la création de logiciels ou les services sociaux hospitaliers, cela peut s'estimer selon des critères objectifs. En revanche, si on a pour but, par son travail, de créer quelque chose de beau, on est bien obligé de se reposer entièrement sur son instinct et son expérience. D'où le fait que, naturellement, les phénomènes synchronistiques – aléatoires mais subjectivement producteurs de sens – font souvent partie intégrante du processus de la création.

S'apprêtant à me narrer son histoire, Matthew a commenté en préambule ce qui, selon lui, est une tradition très ancienne chez les professeurs de chant tyranniques : ils ne veulent pas entendre parler d'une autre méthode que la leur et rejettent toute contestation de la part de leurs élèves. À l'orée de sa carrière, Matthew lui-même s'est donc retrouvé dans une situation assez banale, à savoir en conflit ouvert avec son professeur quant au choix du morceau à exécuter lors d'une prochaine audition. Le professeur insistait pour qu'il chante telle aria et, intimidé par sa réputation comme par sa forte personnalité, Matthew s'est échiné sur ce morceau jusqu'à l'exécuter à la perfection. Il l'admettait volontiers : ce dernier était effectivement propre à mettre tout de suite sa voix en valeur ; mais il le connaissait mal et n'aurait pas vraiment le temps de se l'approprier ; aussi ressentait-il une certaine ambivalence à son égard. Relativement novice, à l'époque, Matthew n'avait passé qu'une poignée d'auditions ; alors, malgré ses doutes, il a préféré se fier au jugement de son professeur.

Un jour qu'il remâchait ses interrogations lui est revenue en tête une vieille chanson italienne, un des classiques de l'apprentissage du chant auquel tous les chanteurs doivent s'essayer mais qu'ils considèrent plus comme un exercice que comme un morceau de musique à part entière. Nourrissant le fantasme frondeur de le chanter pour l'audition, il est sorti de chez lui en le fredonnant. Une fois dans sa voiture, il a allumé l'autoradio... pour tomber sur Pavarotti – excusez du peu ! – livrant sa version personnelle de la *même* chanson. Les chances étaient si minimes qu'elle ait été enregistrée, puis diffusée par une station peu versée dans ce genre de musique, et enfin qu'il l'entende juste au moment où elle lui traversait l'esprit, que la coïncidence lui a paru significative et qu'elle a retenu son attention. L'interprétation de Pavarotti, pleine de simplicité et de bon goût, a emporté sa décision : il suivrait son intuition jusqu'au bout et chanterait cette chanson à l'audition, sans avertir son professeur du changement de programme.

Matthew a interprété cet incident comme une incitation à se fier à son instinct et, synchronistiquement, quoique, à sa grande surprise, la suite des événements lui a donné raison : le candidat qui le précédait a justement chanté le morceau imposé par son professeur, avec un tel talent que Matthew n'aurait pu soutenir la comparaison. Par-dessus le marché, après qu'on lui eut proposé un rôle court mais important dans le spectacle, il s'est avéré que le directeur musical avait une véritable passion pour les vieilles chansons italiennes. L'audacieux choix de Matthew l'avait enchanté, ainsi que notre ami l'a appris plus tard ; on avait admiré son irrespect des conventions, et c'était ce qui lui avait valu le rôle.

Quel enseignement Matthew a-t-il tiré de cette expérience synchronistique ? Passant outre le zèle et les recommandations de son professeur, globalement valides, il s'est fié à sa propre conscience – sa conscience *subjective* – de ses capacités (dans quel morceau se sentirait-il vraiment à l'aise ? Lequel revêtait le plus d'importance à ses yeux ?), beaucoup plus importante à ses yeux que toutes les considérations objectives. Certes, le choix du professeur correspondait bien à son type de voix – raison pour laquelle son prédécesseur à l'audition l'avait choisi aussi, d'ailleurs –, mais Matthew ne le *sentait* pas. Quand il évoque sa carrière, il se sert de cet événement synchronistique pour démontrer que, une fois la technique vocale – c'est-à-dire l'élément objectif – maîtrisée, il faut toujours écouter ses propres inclinations ; sinon, ajoute-t-il, c'est la vie qui se charge de vous les remettre gentiment en mémoire.

C'est un exemple parmi d'autres, mais il montre bien que les ressources personnelles dont on a besoin pour parachever une tâche surgissent parfois du néant. Ces anecdotes vécues peuvent revêtir le charme et la puissance évocatrice des contes, comme par exemple celui de Rumpelstiltskin. Rumpelstiltskin sort d'on ne sait où, juste à temps pour aider la malheureuse princesse captive à transformer ses ballots de laine en écheveaux de fil d'or, donc à épouser le roi ; il oriente ainsi le conte vers une heureuse conclusion. Mais ce n'est qu'un conte, n'est-ce pas ?

Eh bien, non ! pas pour Danielle. Danielle, en effet, dirigeait une petite association à but non lucratif, fondée avec deux amis, où elle militait pour la cause des sans-abri (à qui elle fournissait également une aide matérielle) de sa ville moyenne, située dans le sud des États-Unis. Sa vocation n'était pas des plus faciles à mettre en œuvre car l'attitude générale envers les gens dont elle s'occupait allait du dégoût bourgeois à l'indifférence pure et simple, en passant par l'hostilité déclarée. Toutefois, par leur travail acharné, un carnet d'adresses bien rempli et beaucoup d'idées sur le plan de l'organisation matérielle, Danielle et ses amis avaient réussi, en l'espace de quelques années, à mettre sur pied une structure suffisamment efficace et crédible pour obtenir des subventions de divers ministères ou fondations privées.

Comme souvent, ce succès fut plus concrètement difficile à assumer qu'un échec. Les subventions étaient devenues si nombreuses qu'ils avaient du mal à les gérer et leur conseiller financier à temps partiel n'était pas à la hauteur de la tâche – d'ailleurs, il ne l'ignorait pas. Un après-midi, Danielle et ses deux associés se sont réunis comme toutes les semaines, mais cette fois, se sachant dans l'impasse, ils se sont posé la question de savoir où trouver un directeur financier à la fois compétent en matière de gestion d'associations à but non lucratif et susceptible de se contenter d'un salaire modeste. La situation paraissait sans issue.

Juste à ce moment-là, alors que la secrétaire avait ordre de ne pas leur passer d'appels pendant les réunions, le téléphone a sonné. Légèrement irritée, Danielle a pourtant eu la surprise d'entendre au bout du fil une vieille dame qui, pendant des années, avait assuré la direction financière d'une organisation caritative très connue, mais avait pris sa retraite et se retrouvait à présent veuve. Elle voulait justement savoir si l'on n'aurait pas besoin de ses compétences. Danielle ne croyait guère aux synchronicités, mais elle a néanmoins dû revenir sur son scepticisme devant cette candidate inattendue correspondant parfaitement au profil recherché. Elle l'a embauchée pour six mois à l'essai, comptant entre-temps trouver les moyens de lui créer un poste stable, ce qui a fini par se produire.

Dans l'histoire de Danielle comme dans celle de Matthew, ce que chacun appelait de ses vœux est arrivé au moment le mieux choisi, ce qui me porte à croire que si les contes de fées continuent à plaire autant, ce n'est peut-être pas parce qu'ils expriment de confortables fantasmes, mais plutôt parce qu'ils dépeignent ce qui, parfois, se produit pour de vrai. Ainsi nous serions nombreux, petits et grands, à avoir vécu une expérience « à la Rumpelstiltskin », en quelque sorte. Dès qu'on admet le principe de synchronicité (des phénomènes apparemment surgis de nulle part nous mettent sous le nez le récit que nous sommes en train de vivre), la fameuse distinction entre réalité et fiction devient floue, et on a même l'impression qu'elle n'est plus tellement fondée. Étant donné le caractère spectaculaire des événements synchronistiques vécus par Danielle ou Matthew, il se peut, en fin de compte, que ce soit la fiction qui imite la vie, et non l'inverse.

Quand on met ses menaces à exécution – Synchronicité et démission

Trouver du travail (ou se faire aider, histoire de s'en acquitter correctement) peut donc être en soi un événement synchronistique. Mais, de la même manière, plusieurs personnes m'ont raconté comment elles avaient remis leur démission suite à une coïncidence significative, celle-ci ayant soit confirmé l'existence d'une période de transition dont elles n'avaient pas conscience, soit, dans certains cas, carrément entraîné leur départ.

Moi-même j'ai à trois reprises quitté mon poste juste avant que la société qui m'employait ne subisse une restructuration majeure et, replacé dans le contexte général de ma vie, ce fait demeure à mes yeux un schéma synchronistique significatif, non seulement parce que chaque fois j'ai retiré mes billes à temps, mais parce que je me connais : loyal à l'excès, quand je m'engage je vais jusqu'au bout, parfois même trop loin pour mon propre bien et celui de mon entourage. Alors, ai-je tiré des leçons de ces trois expériences synchronistiques similaires ?

Le premier de ces trois postes me satisfaisait pleinement : je faisais de la saisie à mi-temps pour un cabinet de consultants, ce qui me permettait de préparer mon doctorat car les horaires étaient souples et le salaire étonnamment élevé pour l'époque, sans compter que je m'y étais fait de bons camarades. J'espérais y rester et gagner confortablement ma vie en travaillant à plein temps après ma soutenance car, bien décidé à passer mon examen professionnel de psychothérapeute, je gardais mon stage obligatoire pour plus tard. Le chef du Service saisie mais aussi celui du personnel m'avaient donné l'assurance que ce serait possible. J'étais toujours très bien noté (étant légèrement surqualifié pour ce travail !) et, au moment de boucler ma thèse, j'ai pris mes dispositions pour passer à plein temps l'été venu.

Sur quoi je suis convoqué chez le chef du personnel, pour m'entendre annoncer de but en blanc qu'on ne pourrait pas m'employer quarante heures par semaine comme prévu. D'autres employés avaient demandé à faire plus d'heures et leurs requêtes seraient satisfaites en priorité. Naturellement, cela m'a déçu et mécontenté ; je m'étais imaginé travailler là durablement, même si ce fantasme était plus lié à mon penchant pour l'engagement à long terme qu'aux contingences régissant le cabinet. Pouvais-je m'insurger contre la décision de privilégier les autres employés, moi qui n'avais jamais fait mystère de mes véritables ambitions professionnelles ? Rétrospectivement, il semble bien que non ; n'empêche, sur le moment je n'en suis pas revenu. Las de tirer le diable par la queue et de devoir travailler à mi-temps pour payer mes études, c'est à contrecœur que j'ai posé ma démission pour la fin du semestre. Il y a eu un pot d'adieu, comme toujours dans ces cas-là, mais ma tristesse à l'idée de quitter mes amis fut quelque peu tempérée par le poste à plein temps que je venais de trouver dans une autre société.

Deux mois plus tard, je recevais un appel d'un ancien collègue ; le cabinet avait fait l'objet d'un audit à la suite duquel on avait découvert toutes sortes d'irrégularités dans les livres. On licenciait à tour de bras, et il s'en était fallu de peu que je ne sois moi aussi victime du désastre. Le ministère de la Justice avait même saisi certains ordinateurs à titre de pièces à conviction en cas de malversations ! Qui ne se sentirait pas soulagé en apprenant ce genre de nouvelle ? J'ai considéré que j'avais de la chance. Mais ma chance ne m'est apparue dans toute sa signification que le jour où la situation s'est reproduite.

Mon nouvel emploi, deuxième de la série, m'avait été proposé par une petite société d'investissement financier ; j'y travaillais à temps complet, pour un salaire supérieur au précédent et avec des avantages supérieurs, à quoi s'ajoutaient mes heures de formation pratique, le soir et le week-end, en tant que thérapeute. J'y suis resté six ans. L'atmosphère était familiale et, quand j'ai obtenu mon autorisation d'exercer j'ai eu du mal, une fois de plus, à partir m'installer à mon compte. D'ailleurs, nombre de mes amis s'étonnaient de me voir encore faire de la saisie alors que j'avais le titre officiel de psychothérapeute mais, comme toujours, ma loyauté à l'égard de mes collègues et les liens qui s'étaient créés entre nous me compliquaient la tâche. Pendant un temps, j'ai trouvé un compromis : j'ai repoussé le moment de dire adieu en travaillant à mi-temps, ce qui m'a donné le loisir d'étendre ma clientèle sans couper tous les ponts.

Sur ce, apprenant par un ami qu'un important centre de santé mentale local cherchait un gestionnaire pour un de ses départements, j'ai posé ma candidature sans en informer mes supérieurs. À ma grande surprise, et malgré mon manque d'expérience dans la gestion au sein d'un organisme non lucratif, elle a été retenue. Mon départ de la société d'investissement s'est avéré aussi triste que prévu. Toutefois, j'étais impatient de m'investir dans le secteur pour lequel j'avais été formé plutôt que de rester employé de bureau.

Et voilà qu'au bout de six mois cette société-là est à son tour frappée par la crise ! Elle s'était trop développée dans le secteur de l'immobilier et du crédit pendant le boom des années quatre-vingt, et, pour survivre dans le climat économique plus austère des années quatre-vingt-dix, il fallait qu'elle réduise considérablement son activité, donc son personnel. Après la démission de deux associés fondateurs, victimes d'accusations et de poursuites en justice, elle a dû carrément aller s'installer dans une banlieue moins chère mais peu facile d'accès. Une fois de plus j'avais eu de la chance, mais je commençais à me dire que ma bonne fortune ne dépendait... que de la *fortune*, justement, c'est-à-dire du sort, du hasard, puisque j'avais différé le plus possible le moment de quitter cette société.

Par deux fois j'avais démissionné juste avant la catastrophe, et ces coïncidences m'ont progressivement amené à me pencher sur mes attachements sentimentaux dans le travail. Avec le recul, j'avais bien fait de m'en aller, mais sur le moment ça n'avait pas été facile, et, si j'étais parti, c'était uniquement parce qu'il le fallait. Tout me portait à ne pas bouger, au contraire. Cependant, quand le même phénomène s'est reproduit une *troisième* fois, j'ai bien compris à quel point mes réticences face à la rupture pouvaient devenir problématiques.

Après cet épisode, j'ai passé six ans à diriger un programme de lutte contre le sida qui, relativement limité au départ, a peu à peu pris de l'envergure, grâce à mes efforts et à ceux de certains collègues aussi concernés que moi, que ce soit au niveau des subventions, des services proposés ou des formations assurées. Je n'étais pas aussi attaché à cette structure, sentimentalement parlant, qu'aux précédentes sociétés où j'avais travaillé, mais, là encore, dévouement et engagement m'ont poussé à rester un an de trop. J'avais beau me dire que ma mission était importante, que j'avais encore beaucoup à faire et à apprendre, la vérité était que le moment était venu pour moi de passer à autre chose. Cette fois, les problèmes de gestion (qui devaient se manifester dans toute leur ampleur après mon départ) étaient déjà dans l'air. En fait, durant la quasi-totalité de ma dernière année au centre, je n'avais cessé d'envisager une éventuelle fusion avec une autre structure municipale. Aussi, à l'aboutissement d'un certain nombre de projets que je tenais naturellement à suivre jusqu'au bout, j'ai donné mon préavis, dûment apprécié mon pot d'adieu et pris congé. Cette fois, cependant, il n'a pas fallu des mois pour que la crise éclate. La semaine d'après j'apprenais que le directeur avait démissionné, que celui de la structure absorbée s'était mis en congé de maladie à durée indéterminée, en un mot que le plus grand chaos régnait.

Et voilà : trois fois j'avais échappé de justesse à une série de soubresauts administratifs déplaisants, et j'étais reconnaissant à ma bonne fée de m'en être si bien tiré. Mais il y a dans ces événements – qui, aux yeux d'autrui, peuvent se ramener à une succession de décisions prises à point nommé – un élément synchronistique en ceci qu'ils résument bien ma vie professionnelle, d'une part, et que, d'autre part, ces coïncidences m'ont fait comprendre à quel point il est parfois important de quitter son emploi. Cette leçon-là, je n'aurais pas pu l'apprendre autrement, à cause de ma tendance à m'impliquer entièrement, à trop m'attacher, à rechercher la stabilité. En passant trois fois de suite à côté de la crise, j'ai perçu l'histoire d'un homme qui a besoin de rester ouvert au sens inhérent à la rupture, aux coupures, pourvu que celles-ci interviennent au bon moment et pour des raison valables, même si cela doit lui faire de la peine, même si le travail et les collègues qu'il quitte avaient beaucoup d'importance à ses yeux. Ces synchronicités m'ont révélé non pas la structure de la réalité mais l'essence profonde de ce que je suis ; et non seulement elles me l'ont montré, mais elles vous en font profiter.

Pour une autre anecdote, plus spectaculaire celle-là, ayant trait aux signaux synchronistiques qui nous incitent parfois à démissionner, je vais me tourner maintenant vers une de mes collègues, appelée Val. Val, qui élevait seule son enfant, se sentait prise au piège dans son travail ; elle trimait dur, sous les ordres d'un patron tyrannique, et de surcroît à une distance considérable de chez elle, tout cela parce qu'elle avait grand besoin d'argent mais peu de compétences professionnelles. Jour après jour elle se traînait au bureau, faisait ce qu'on lui demandait, prenait son chèque et s'abstenait de tout commentaire. Néanmoins, l'irritation, puis la colère et enfin la rage pure et simple croissaient lentement en elle ; elle avait de plus en plus de mal à gagner péniblement sa gare de banlieue le matin, et à subir d'abord le trajet en train, puis les ordres de son odieux patron. Évidemment, l'idée de coller sa démission lui traversait l'esprit mille fois par jour, mais étant donné sa situation, son absence de diplômes, ses besoins financiers et son désespoir, elle ne voyait pas comment la mettre en pratique, à supposer qu'elle soit réalisable.

Or, un jour où elle attendait son train en maudissant à l'avance la journée qui l'attendait, Val a éprouvé un puissant alliage de sentiments : fureur à l'idée d'être dans pareil pétrin, et désir impérieux de prendre un jour de congé, un seul, pour ne plus avoir à y faire face. « Mais pour que mon patron m'autorise à faire une chose pareille, il aurait vraiment fallu qu'il m'arrive une catastrophe, me dit-elle. Lui, pas la peine de l'appeler pour dire que j'étais malade ; il n'aurait fait que me rendre la vie encore plus infernale à mon retour. Ça ne valait pas le coup. Non, pour m'absenter, il allait falloir quelque chose qui sorte vraiment de l'ordinaire. »

Et juste à ce moment-là, Val a entendu une formidable explosion ; au bout de la voie ferrée, dans un nuage de fumée noire, jaillissaient de gigantesques flammes. On a tout de suite annoncé ce qui s'était passé. La locomotive du train où elle s'apprêtait à monter, celui qu'elle prenait tous les jours, venait d'exploser. Hypnotisée par la scène, elle a contemplé le ballet des sauveteurs, qui ont bientôt envahi le quai à grand renfort de camions de pompiers, d'hélicoptères et d'ambulances afin de prendre le contrôle d'un sinistre hors du commun, et pour tout dire inédit. Mais Val, elle, y a vu le message suivant : quitte ton boulot sinon tu vas exploser. Elle a démissionné tout de suite après et travaille désormais dans un secteur d'activité où elle est bien plus heureuse. Les aspects symboliques des événements synchronistiques ne sautent pas toujours aux yeux avec une telle force, mais dans le cas de Val la signification du phénomène était évidente et elle n'a eu qu'à s'en réjouir.

Le mythe de la réussite et de l'échec – Quand une porte se ferme, une fenêtre s'ouvre ailleurs

Si le moment propice pour quitter son travail est parfois déterminé par une série de coïncidences significatives – que leur sens soit compris *a posteriori,* comme dans mon cas, ou accidentellement sous l'effet d'un puissant symbole –, il se peut que le départ involontaire, autrement dit le licenciement, compte parmi les événements synchronistiques dont la portée n'est perçue qu'avec le recul. Plus que tout autre cet aspect de la synchronicité (quand la malchance s'avère elle aussi productrice de sens) prouve bien que la vie ressemble à une histoire. Dans le *Conte de Noël* de Dickens, Bob Crachitt ne pouvait pas savoir comment tourneraient ses relations avec son patron, Ebenezer Scrooge, en cette funeste veille de Noël où il manque de peu se faire renvoyer. Ainsi, lorsqu'on perçoit le récit au sein de sa propre existence, grâce au sens que l'imprévu finit par revêtir à nos yeux, on ressent le besoin de réévaluer l'essence de la « réussite » et de l'« échec ». Car la définition communément acceptée de ces deux termes n'est plus tout à fait la même dès qu'on entrevoit que, si ça se trouve, les accidents n'existent pas.

Je l'ai compris dès le début de ma carrière de thérapeute à force de voir un patient me « congédier », c'est-à-dire interrompre brutalement son traitement, souvent en critiquant notre travail ou carrément mes compétences professionnelles... pour constater que tout de suite après un autre m'appelait, avec un seul créneau horaire de libre : celui-là même que le mécontent venait de libérer. La fréquence de ce type de coïncidence a été telle au fil de ma carrière que, je l'avoue, il m'est difficile d'envisager le phénomène en d'autres termes que causaux, comme s'il existait quelque part dans l'univers une puissance bienveillante qui s'intéresse personnellement à mon emploi du temps et celui de mes patients en plus de me rassurer sur mes capacités de thérapeute. Mais si l'on rejette la possibilité qu'une intervention extérieure objective puisse provoquer ces coïncidences (question que nous aborderons au chapitre 6), la structure sous-jacente de ces machinations complexes c'est en fait, on le voit bien, le scénario subjectif de ma propre existence comme thérapeute, ma conscience de devoir abandonner les conceptions égotistes et matérialistes de la « réussite » et de l'« échec » pour reconnaître enfin que ce sont là des notions relatives, et non absolues. Comme à l'époque où j'ai démissionné trois fois de suite, c'est mon évolution personnelle que je perçois lorsque des situations identiques se reproduisent, et non un agent objectif qui me donnerait une leçon pour mon bien.

La question de la relativité de la réussite et de l'échec est pertinente, à mon avis pour la même raison qu'est pertinente l'acausalité de la synchronicité, car toutes deux ont à voir avec le rôle de l'ego. Sous mon ancienne définition personnelle des mots « réussite » et « échec », il n'est pas difficile de distinguer l'ego professionnellement peu sûr de lui de l'homme qui démarre dans la vie : j'avais besoin d'être rassuré, de savoir que j'étais compétent, au courant, que j'avais la situation bien en main. Et des événements synchronistiques sont venus confronter cet ego à sa vision limitée, car avec le temps ce qui paraissait négatif a pris un sens tout autre.

Selon l'usage qu'on fait de l'ego en structurant son existence, soit les événements synchronistiques s'avéreront transformationnels soit, au contraire, ils représenteront une occasion manquée de gagner en lucidité. Ainsi on se retrouve devant une nouvelle interrogation : « Que faire des synchronicités qui m'arrivent ? » Et la réponse est : « Ne partez pas du principe que vous connaissez toutes les réponses, maintenant et une fois pour toutes. Les revers d'aujourd'hui seront peut-être des succès quand le récit aura progressé. »

Prenons l'exemple d'un de mes anciens patrons, Marco. Marco tenait absolument à acquérir un petit bijou d'établissement dans une ville résidentielle du New Jersey grâce auquel il rêvait d'étendre son activité dans le secteur de la restauration italienne. Les négociations s'éternisaient pour différentes raisons, dont certaines liées à l'étrange personnalité du vendeur et d'autres à de simples lenteurs administratives, aussi imprévisibles qu'inévitables. Impatient de restructurer et de redécorer la salle, d'embaucher et de former son personnel, d'entreprendre une campagne de publicité, bref, de s'acquitter des mille et une tâches nécessaires au lancement réussi d'un nouveau restaurant, Marco était de plus en plus contrarié à mesure que le temps passait et que les difficultés s'amoncelaient. Dès qu'un problème était résolu, un autre prenait sa place.

Marco avait le type de personnalité – italienne, en l'occurrence – idéal pour un créateur d'entreprises, à savoir extravertie, bourrée d'énergie, très impliquée dans ses désirs de réalisation et il était bien décidé à ce que son ego tienne les rênes. Aussi, le jour où son épouse lui a laissé entendre qu'il avait peut-être intérêt à revenir sur sa décision (elle disait que l'endroit avait « le mauvais œil »), il a encore fallu un an d'écueils incessants pour qu'il finisse par se demander si elle n'avait pas raison. Mais, là-dessus, une date a été fixée pour la conclusion de la vente, chose qui ne s'était encore jamais produite, et Marco s'est à nouveau enthousiasmé à l'idée que son rêve, qui lui avait tant coûté en temps, en énergie et en équilibre mental, allait enfin se réaliser.

Cette allégresse a duré une semaine, sur quoi son agent immobilier l'a informé sans préambule que le propriétaire avait finalement décidé de garder le restaurant, ayant conclu de l'empressement de Marco qu'il était peut-être assis sur une mine d'or. Marco est alors entré dans une rage indicible. Il s'était bagarré un an pour rien ; un restaurant de premier choix lui filait entre les doigts et, pour ne rien arranger, son ego de mâle souffrait de ce que sa femme ait vu juste.

La date de forclusion est passée. Ce jour-là Marco a serré les dents, furieux de cette occasion manquée. Mais quelques jours plus tard, voilà qu'il reçoit un coup de téléphone du même agent : l'Office national de protection de l'environnement venait d'informer l'ex-vendeur qu'on réexaminait sa licence. En effet, on avait appris que le bâtiment avait jadis abrité une teinturerie, et qu'on devait le fermer plus d'un an pour s'assurer que les déchets toxiques avaient correctement été stockés, procédure qui pouvait aller jusqu'à la démolition totale. À ce moment-là seulement Marco a compris que son « échec » était en réalité un coup de chance : s'il avait « réussi » à acheter cet établissement, il aurait signé sa propre perte.

On s'en doute, Marco n'était pas du genre à donner dans la psychologie ; aussi, quand je lui ai demandé quel était, pour lui, le sens de cet événement synchronistique, il s'est contenté de rire, sans doute désireux de masquer l'humiliation qu'il avait subie, tellement contraire à sa nature. « Tant qu'il y a de la vie il y a de l'espoir », a-t-il répliqué, manière détournée de dire que les apparences sont parfois trompeuses et que le sens des événements peut n'apparaître qu'ultérieurement.

Sur le moment j'ai tenu ma langue, mais je n'ai pas pu m'empêcher de considérer la dimension symbolique de cet événement synchronistique, espérant que Marco en tirerait des leçons et verrait que ses rêves, son désir acharné de bâtir un empire, cachaient peut-être un « dépôt » toxique, eux aussi – métaphoriquement et affectivement parlant. Connaissant ses origines (c'était un Italo-Américain de la deuxième génération venant d'un milieu très défavorisé), je me suis demandé si ce dépôt n'était pas constitué d'un reste de sentiments d'infériorité, de colère face à l'absence de soutien familial dont il pâtissait, et de rage due à la sempiternelle peur de manquer.

Ce qui a mué l'échec apparent en coup de chance c'est, comme dans toute bonne histoire efficace et gratifiante, le caractère opportun des événements. Ce qui « aurait dû » prendre peu de temps a été inhabituellement prolongé, mais c'est ce retard qui, en fin de compte, a eu des conséquences positives. Comme dans les histoires d'amour du chapitre 2, ces anecdotes professionnelles montrent que, là où les choses ne se conforment pas à nos projets, notre planning, le résultat peut être bénéfique, et pas nécessairement désastreux. Il faut s'en souvenir quand on est confronté à une crise, un problème ou une occasion manquée.

Jung disait souvent, pour décrire les effets des événements synchronistiques, qu'ils servaient à « relativiser l'ego » : ils domptent chez nous le désir de tout régenter et nous amènent à adopter une perspective plus large. On peut comparer cela à un orage qui nous surprend en montagne et nous force ainsi à grimper plus haut de manière à le surplomber plutôt que d'être pris dans la tourmente. Voilà ce qui se passe quand on sait reconnaître la relativité de l'ego. Ce n'est pas le phénomène déplorable en soi qui est modifié (l'orage sévit toujours, Marco a quand même vu son affaire lui filer sous le nez, Sam a perdu son travail et Gail a dû abandonner ses ambitions doctorales), mais sa *signification*, elle-même altérée par le changement de perspective à moyen ou long terme. On se penche sur ce qu'on a vécu et on s'aperçoit enfin que cela a eu de l'importance alors que, sur le moment, l'ego n'a perçu qu'un revers, une cuisante défaite de plus.

Si les synchronicités nous montrent parfois que l'échec est en réalité une aubaine déguisée, elles peuvent aussi prouver le contraire : ce qu'on célèbre aujourd'hui comme un succès prendra peut-être, synchronistiquement, une signification bien différente.

Larry m'a conté une triste histoire. Ayant travaillé toute sa vie dans diverses institutions pour adultes mentalement déficients ou perturbés, il se rappelle notamment une malade victime d'une grave phobie des escaliers roulants. Cela ne suscitait pas énormément de désagréments dans sa vie – on peut facilement se passer des escaliers mécaniques –, mais les thérapeutes du centre se sont mis en tête de la désensibiliser, et ce avec tout l'entrain des professionnels de la santé, en l'amenant très progressivement à surmonter sa peur, jusqu'à ce qu'elle se sente un jour capable d'emprunter un escalier mécanique au centre commercial voisin.

Tragique coïncidence, cependant, un petit enfant qui s'était penché par-dessus la rambarde à l'étage supérieur a perdu l'équilibre et est tombé en plein sur la jeune phobique. Le côté positif de l'affaire est qu'elle lui a indubitablement sauvé la vie. Le revers de la médaille, en revanche, c'est qu'elle est ressortie de cette expérience encore plus traumatisée qu'avant.

Larry avait tiré un certain nombre de conclusions de cet incident et de sa signification, au moins subjective, bien que – comme dans le cas de Marco – celle-ci soit implicite. « On ne sait jamais », a-t-il déclaré afin de clore le débat. Et en fait, sous les apparences de la simplicité, il s'agit là d'une réflexion très profonde : on n'a qu'une conscience limitée de son propre ego. « On ne sait jamais quand on va nuire aux autres en essayant de les aider », semblait-il dire ; nous ne savons jamais si les conséquences de nos actes ne dépasseront pas de très loin nos prévisions. En bon professionnel de la santé, c'est-à-dire de l'assistance, Larry n'a pas caché son humilité et ses regrets – comme Marco lorsqu'il évoquait son « revers de fortune » aux conséquences imprévues.

« On ne sait jamais » – autre réponse possible à la question : « Que faire face aux synchronicités ? » Il semble qu'on ait intérêt à faire sien ce mot d'ordre, ainsi que le démontrent ces quelques anecdotes tirées de la vie professionnelle ; car c'est là un terrain où, malheureusement, l'ego peut être singulièrement actif et où la notion de réussite et d'échec, plus que la relativité de nos actes, détermine l'essentiel de nos initiatives.

Pourquoi travaille-t-on ? – Notre gagne-pain est aussi une coïncidence significative

J'invite le lecteur à conduire une petite expérience en posant à dix personnes la question : « Pourquoi travaillez-vous ? », comme moi pour le présent chapitre. Voyez si vous obtenez les mêmes réponses !

Personnellement, j'ai noté une série de variations autour de deux pôles fondamentaux. La réaction la plus fréquente peut être résumée par cette réplique, promptement fournie par un ami imaginatif :

« Parce que j'aime bien manger. » Façon de dire non sans ironie qu'il faut bien gagner sa vie. En un mot : pour *l'argent*. Toutefois, un nombre non négligeable de personnes m'ont répondu d'emblée dans un tout autre registre, en affirmant : « Parce que j'aime ce que je fais. »

Quand on examine ces deux motivations de plus près, en gardant à l'esprit les synchronicités professionnelles déjà rencontrées dans ces pages, on se rend compte que, dans le meilleur des cas, c'est quand elles sont réunies qu'on est le plus satisfait de son travail : quand on exerce une profession qu'on aime *et* qui assure par ailleurs notre bien-être matériel. Ici, la différence entre emploi et vocation disparaît. On ne gagne pas forcément sa vie en pratiquant une activité qu'on aime. Mais, d'un autre côté, une vocation n'est pas nécessairement lucrative ; en revanche, elle satisfait des aspirations non matérielles : le besoin de se rendre utile, de laisser une trace, peut-être ; ou alors d'incarner et de promouvoir un certain nombre de valeurs ou de croyances fondamentales.

Peut-on se satisfaire d'un travail exclusivement pour la rémunération qu'on en retire ? Il semble que oui. Mais je crois savoir que parmi les gens qui m'ont répondu : « Je travaille pour gagner de l'argent », beaucoup exercent cette activité précise *aussi* parce qu'elle leur plaît. Ou bien ils s'en arrangent, même si elle ne les transporte pas d'enthousiasme, parce que leur salaire leur permet de satisfaire par ailleurs des besoins non matériels. L'homme qui vend des capuccinos au coin de la rue est content de tenir son stand parce que ainsi il subvient aux besoins de sa famille. La gardienne de mon ancien lieu de travail fait son boulot « parce qu'il le faut bien », comme elle dit ; toutefois, la sécurité qu'il lui procure s'accompagne d'un statut social qu'elle ne connaissait pas jusque-là, ce qui explique qu'elle s'en satisfasse, même s'il ne s'agit que de répondre au téléphone et de réceptionner les visiteurs. Marco, mon ex-patron, dirait qu'il fait tourner son restaurant parce que « c'est un moyen comme un autre de gagner sa vie » ; pourtant, à le regarder faire, il est clair que pour lui ce n'est *pas* un boulot comme un autre.

Si vous aimez votre travail, il y a de fortes chances pour que ce soit dû au départ à une coïncidence, au sens où la nécessité coïncide à un moment donné avec les valeurs non matérielles que vous chérissez. Mais quid des gens qui exercent leur vocation sans en recevoir en retour de revenus suffisants ? Ceux-là peuvent-ils être heureux ? La réponse est : naturellement. Néanmoins, quand on y regarde de plus près, on s'aperçoit que pour la plupart il s'agit *aussi* d'un gagne-pain. Pendant qu'ils auditionnaient dans l'attente du coup de chance qui comblerait leurs aspirations artistiques, Élise et Matthew étaient serveurs de restaurant et faisaient du marketing téléphonique. Moi-même, durant mes années de formation professionnelle, j'ai dactylographié des rapports, noté des messages et nettoyé le réfrigérateur du bureau tous les vendredis après-midi. Sous la félicité des êtres les plus ambitieux gît la même coïncidence : un gagne-pain « matériel » d'une espèce ou d'une autre les soutient financièrement tandis qu'ils se consacrent corps et âme à leur passion « non matérielle ».

D'où je conclus que si l'on est heureux dans sa vie professionnelle, c'est qu'un pan de la coïncidence est passé sous silence au profit de l'autre. Peut-on consciemment prendre des initiatives quand, comme Val, on déteste son travail parce qu'il dessèche l'âme ? Ou quand, à l'instar de Stephen, on en veut à sa vocation parce qu'elle n'est pas suffisamment rémunératrice ? Oui, évidemment. On peut établir un bilan de compétences, faire appel à ses relations, passer des annonces dans les journaux ou y répondre, bref, mobiliser ses ressources afin soit d'accroître ses revenus, soit de se faire une idée plus nette du métier où l'on s'épanouirait davantage, affectivement ou symboliquement.

Mais, ces histoires le montrent bien, c'est parfois un événement aléatoire qui rapproche les aspects matériel et non matériel de la vie professionnelle au sein de ce que nous appelons ici synchronicité. Il arrive que la coïncidence crée une mutation intérieure. Par exemple, Patty n'a pas eu besoin de démissionner ; revigorée par le message avisé d'un petit gâteau chinois, elle a changé d'attitude par rapport à ses responsabilités de cadre. La confusion d'Élise a entraîné un changement synchronistique dans sa vision d'elle-même et de son talent. Moi-même, je *devais* examiner ma tendance à l'attachement dans le travail, quel qu'il soit ; pourtant, il a fallu l'incroyable réitération, trois fois de suite, de situations identiques sur une période de quinze ans pour que je porte un regard intérieur plus objectif sur les raisons et les modalités de mon engagement excessif.

Il est néanmoins fréquent que, dans la vie professionnelle, les transitions facilitées par un événement synchronistique soient de nature externe. L'amie de Tony avait *besoin* de trouver du travail, même si son intuition l'a poussée à en chercher dans un fouillis de petites annonces sur un tableau d'affichage. Danielle *devait* dénicher un comptable pour son association, et c'est suite à un coup de téléphone, pourtant passé au mauvais moment, qu'elle l'a trouvé. Il *fallait* que Val donne son congé, ce qu'elle n'a plus pu ignorer quand tout a littéralement et symboliquement explosé sous ses yeux.

La caractéristique commune à tous ces cas de synchronicité est qu'un événement a réuni au bon moment le matériel et l'immatériel pour faire coïncider emploi et vocation, nécessité et aspirations. Je ne dis pas que la réconciliation de l'objectif et du subjectif ne se produit pas consciemment chez un certain nombre d'individus – c'est indubitable. Mais on voit bien ici que l'ego n'est pas *nécessairement* l'unique moteur de l'évolution personnelle.

Au fil de notre histoire propre, nous sommes parfois tentés de nous fier exclusivement à notre aptitude à régenter les choses, les gens et les événements. C'est ce que croient vivre les êtres qui ont répondu à ma question par la seule notion de l'argent. De surcroît, notre société capitaliste nous encourage à nous considérer en termes matérialistes. En un sens, on nous remet un scénario dans lequel nous devons jouer un rôle d'agent de productivité.

Mais les synchronicités restent possibles, et il faut y voir un message d'espoir – on peut y puiser soulagement, réconfort et inspiration. Les gens cités nous ont appris que, pour eux, le côté potentiellement créatif du travail avait émergé une fois qu'ils avaient su mettre un peu de côté leurs projets précis et laissé de la place à l'aléatoire, et à ce moment-là seulement. On a vu par ailleurs que, en modifiant le contexte extérieur, on peut très bien suivre les inclinations subjectives du cœur et de l'esprit – ses intuitions, pressentiments, sentiments et idéaux. S'il y a une attitude susceptible de « provoquer » un événement synchronistique et de réserver une fin heureuse à l'histoire de notre vie professionnelle, c'est bien la volonté d'équilibrer matériel et spirituel dans nos motivations, en faisant de notre métier une « profession » consciente de notre identité et de nos valeurs.

4

Le conte intérieur

La synchronicité dans la vie des rêves

Poète et rêveur sont distincts,
Différents, à l'opposé et même aux antipodes,
L'un verse un baume sur le monde,
L'autre le contrarie.

JOHN KEATS,
La Chute d'Hypérion.

Les rêves, pour reprendre les termes de Keats, contrarient, perturbent la vie éveillée. L'être le plus obstinément rationnel en viendra toujours, à un quelconque moment de son existence, à se remémorer brusquement un songe, à être réveillé par un cauchemar ou obsédé toute une journée par une image, une sensation, une situation rencontrées en rêve. Dans les synchronicités passées en revue jusqu'ici, nos histoires vraies d'amour et de travail, la coïncidence productrice de sens survenait lorsqu'un événement extérieur (une rencontre, une série inhabituelle de similitudes entre êtres ou événements, un coup de téléphone opportun, une offre d'emploi inattendue, un accident) coïncidait de manière significative avec la condition intérieure de l'individu, sur le moment ou dans le déroulement de son histoire personnelle. Jusqu'ici, le « mouvement », pour ainsi dire, de ces synchronicités allait de l'extérieur vers l'intérieur : un événement *externe* extraordinaire possédait ou revêtait soudain un sens affectif et symbolique à *l'intérieur* de l'individu.

Dans le présent chapitre, en revanche, nous allons évoquer les phénomènes synchronistiques allant en sens inverse, donc de l'intérieur vers l'extérieur, qui se produisent lorsqu'un événement interne coïncide par le plus grand des hasards avec le contexte extérieur en entraînant des conséquences importantes, des transformations ultérieures. Évidemment, le propre de la synchronicité est justement que la frontière entre « intérieur » et « extérieur » n'est pas toujours aussi bien définie qu'on l'imagine ; il faut donc être le plus clair possible sur ce point : la distinction que j'introduis en employant ces termes dépend de la place occupée par autrui dans mon vécu.

Dans ce que nous appelons « événements extérieurs », l'intervention d'êtres et d'objets autres que moi-même est observable par un tiers. Lorsqu'un train explose sous mes yeux ou que je rencontre quelqu'un que je connais dans un hôtel en plein désert, je partage un vécu avec mes semblables. C'est en quelque sorte l'*intrigue* du récit : il s'est passé ceci, puis encore ceci, et enfin cela. D'un autre côté, les événements « intérieurs » n'arrivent qu'à une seule personne ; dans nos histoires personnelles, il s'agit plutôt du *portrait des protagonistes* que du déploiement du scénario : on apprend qui ils sont, quels sont leurs pensées, leurs sentiments, leurs espoirs, leurs rêves et leurs conflits.

Si les synchronicités à suivre revêtent une dimension miraculeuse, c'est parce qu'un phénomène aléatoire *extérieur* suit de manière significative une manifestation bien précise de la vie intérieure du sujet – en l'occurrence une manifestation onirique. Ces synchronicités oniriques nous aideront à mieux comprendre notre récit personnel en nous montrant que l'intrigue ne réside pas seulement dans les phénomènes extérieurs (ces histoires pourtant si divertissantes que sont nos aventures, nos passions, nos manigances de tous ordres), mais aussi dans notre conte *intérieur*, celui qui abrite notre véritable identité. Comme dans les romans contemporains où l'intrigue *est* le personnage, et où les rebondissements du récit se produisent uniquement dans le contexte de sa vie intérieure, c'est la vie *subjective* de l'âme qui, ici, sera au centre de l'histoire.

Le rêve possède une vie propre et, plus que tout autre phénomène intérieur, il est essentiellement intime, unique et subjectif. Je peux communiquer affectivement avec une personne capable de partager mes sentiments, transmettre un désir, un espoir, une vision à un être de mêmes dispositions. Mais, dans mes rêves, je suis le seul à voir, sentir, entendre, vivre. J'aurai beau en fournir une description détaillée, personne d'autre ne percevra jamais de la même façon tel fauteuil rouge, l'odeur des gâteaux de grand-maman ou la panique en arrivant en retard à un examen. L'absolue intimité, voilà ce que la vie onirique peut avoir de si contrariant, surtout quand, de par son caractère, son histoire personnelle, ses habitudes, on privilégie largement le monde « extérieur » par rapport à l'« intérieur ».

Dans ce royaume strictement privé, dans la vie secrète de l'âme, on a son propre langage, sa façon bien personnelle d'être soi, de voir, de réagir. C'est à cette vitalité de l'univers intérieur que fait allusion Montaigne lorsqu'il note à quel point on est « en éveil » quand on dort. Qui ne s'est jamais réveillé un matin épuisé par une dure nuit de rêves mouvementés, de cauchemars effrayants, d'angoisses dérangeantes quoique semi-conscientes, se manifestant sous forme de fantasmes troublants ? Toute paradoxale qu'elle soit, la remarque de Montaigne (on est parfois plus endormi à l'état d'éveil que dans le sommeil) rend un son juste. Une partie de moi est bien éveillée quand je dors, et mes rêves en sont la preuve.

À cause du caractère parfaitement personnel de la vie intérieure, qui nous appartient, à nous et à personne d'autre, j'ai parfois envie de comparer la psyché à une île jadis reliée à un vaste continent mais qui en est à présent coupée. Dans la réalité extérieure, les plantes, les animaux, le milieu se mettent alors à développer leurs particularités et leurs rythmes propres, avec des formes et des couleurs qu'on ne retrouve pas ailleurs. Pourtant, ils conservent une ressemblance avec la faune et la flore du reste du monde – en Australie, par exemple, où le koala est cousin de l'ours et le kangourou du lapin, le lien est évident. Mais on n'y fait rien comme ailleurs, et c'est aussi le cas du rêve, ce qui explique son étrangeté par rapport à la réalité du monde de l'éveil.

Cela étant, on peut se demander quelle est la finalité du rêve, quel rôle il joue. Il y a autant de réponses à ces questions que de psychologies et de philosophies en ce bas monde, mais je trouve une valeur certaine aux théories formulées par la recherche contemporaine.

On a récemment conduit certaines expériences destinées à explorer l'activité onirique chez l'animal. Quiconque a eu un animal domestique n'a pu qu'être intrigué, pendant son sommeil, par le tremblement de ses pattes, ses grondements sourds et autres activités inconscientes, mais c'est seulement depuis quelques décennies que les chercheurs s'efforcent de déterminer ce qui se passe réellement dans le cerveau des animaux endormis. En enregistrant les ondes cérébrales produites durant certaines activités éveillées, puis pendant l'activité onirique, et, en comparant les deux, on a ainsi émis l'hypothèse que les animaux rêvaient de comportements de survie spécifique à leur espèce afin d'emmagasiner et de renforcer les souvenirs acquis à l'état d'éveil : les chats partent en chasse, les lapins surveillent les alentours, les rats explorent[1].

En extrapolant à partir de ces travaux, on peut partir du principe que la finalité du rêve est la même chez les humains : nous rêverions aussi de comportements de survie spécifiques à notre espèce, soit pour nous entraîner à affronter certaines situations dans la vie réelle, soit pour alimenter notre conscience en informations sur nous-même, et notre environnement, informations vitales pour la survie et l'évolution personnelle. Étant donné que, contrairement aux autres mammifères, les êtres humains sont conscients d'eux-mêmes, une grande part de cette information pourrait également concerner l'environnement *intérieur* et faciliter ainsi un développement affectif et spirituel sains, entre autres facettes de l'expérience subjective, le tout étant certainement aussi essentiel à la survie que le bien-être matériel.

Il se peut que le rêve ait pour fonction de prendre soin de l'âme en nous racontant nuitamment et sous forme de symboles l'histoire de notre identité afin que nous puissions dégager le sens de ce que nous vivons. Aujourd'hui, la psychologie des profondeurs pose en effet, à l'instar des « interpréteurs de rêves » issus de toutes les civilisations, de toutes les époques et de toutes les tendances religieuses, que les rêves sont producteurs de sens, et le concept de rêve comme texte – c'est-à-dire comme récit doté d'une structure narrative et d'une finalité – compte parmi ses plus importantes contributions à l'effort fourni par l'espèce humaine pour se comprendre elle-même.

---

1. Jonathan Winson, « The Meaning of Dreams », *Scientific American* (nov. 1990) ; June Kinoshita, « The Dreams of a Rat », *Discover* (juil. 1992) ; Doug Stewart, « Do Fish Sleep ? And What's That on Your Eyelash ? », *National Wildlife* (avr.-mai 1994).

Les rêves prémonitoires sont-ils synchronistiques ? Les rêves synchronistiques sont-ils prémonitoires ? Les rêves médiumniques ou extrasensoriels sont-ils prémonitoires ?

Bien avant l'avènement de la psychologie moderne, les humains soutenaient déjà que les rêves – même les plus étranges, les plus troublants – possédaient une signification, qu'on pouvait percer à force de sagacité et de discernement. Cette attitude face au rêve, telle que démontrée par les mythes, les contes et les rites de toutes les civilisations, quelle que soit la période, est l'aveu que nous sommes tous « bilingues », en quelque sorte : nous parlons le langage de la réalité extérieure, celui que les autres entendent et comprennent, tout en ayant notre propre langage intime, *intérieur*, auquel nous devons prêter une oreille bien particulière si nous voulons bien le saisir. Il s'agit du langage du rêve, et de tous temps les hommes ont su qu'il était symbolique par nature. Nul besoin d'aller chercher très loin pour prouver que la psychologie contemporaine s'est contentée d'épouser une vision du rêve bien antérieure à Freud et son *Interprétation.*

Dans la Genèse, premier livre de la Bible, on fait grand cas du talent de Joseph, qui sait interpréter les rêves, les siens comme ceux des autres ; et l'intrigue de son récit personnel dépend étroitement de cette faculté. Au début de ce récit, Joseph fait deux songes qui se réaliseront. Dans le premier, il travaille aux champs avec ses onze frères et voit soudain les gerbes s'incliner devant lui. De la même manière, plus tard, dans un autre songe, il verra le soleil, la lune et onze étoiles l'adorer. L'interprétation que donnent de ces deux rêves le père et les frères, qui lisent bien son exaltation dans ces symboles, est aussi claire que leur jalousie et leur mécontentement.

Cependant, on l'a vu, l'ego n'a pas toujours entièrement prise sur les événements, et en cherchant à se débarrasser de Joseph, leur frère si doué, en le vendant comme esclave à des marchands madianites, les onze le mettent involontairement à même d'attirer, à la faveur d'une coïncidence et de deux autres rêves, l'attention du tout-puissant roi d'Égypte. En effet, il « entend » rêver le majordome et le boulanger de Pharaon, avec lesquels il a été emprisonné par le plus grand des hasards. Le premier rêve d'un pied de vigne à trois branches où poussent des grappes qu'il presse dans la timbale de Pharaon, le second se voit portant sur sa tête trois paniers superposés, des oiseaux picorant le contenu du dernier. Joseph interprète correctement le symbolisme de ces songes : dans trois jours le majordome rentrera dans les bonnes grâces de Pharaon tandis que le boulanger, lui sera décapité et suspendu à un arbre afin que les oiseaux viennent le becqueter. Des années plus tard, le majordome rentré en grâce se souvient de Joseph. Pharaon vient de faire deux songes troublants qui le déconcertent et l'inquiètent : dans le premier il a vu « sept vaches grasses » côtoyant « sept vaches maigres », et dans le second, « sept épis de blé sains et dodus » suivis de « sept épis, grêles et malades ».

En apprenant de la bouche de son majordome l'existence du jeune Hébreu qui, suite à un songe, avait jadis prédit son retour en grâce, Pharaon ordonne qu'on le lui amène ; toutefois, contrairement au père et aux frères de Joseph, il n'oppose pas de résistance aux événements annoncés par ses deux propres rêves. Lorsque Joseph lui explique que leurs symboles prédisent sept années d'abondance suivies de sept autres de famine, il prépare la période de « vaches maigres » en engrangeant du blé. Joseph sera nommé gouverneur, accomplissant ainsi la prophétie onirique de son enfance, illustrée par les gerbes de blé, le soleil, la lune et les étoiles qui tous s'inclinaient devant lui.

Ce récit biblique rédigé il y a plus de trois mille ans, encore qu'il soit certainement beaucoup plus ancien, peut être interprété de plusieurs manières. Pour son auteur, qui l'insère dans l'histoire sacrée de tout un peuple, il a vocation d'exposer les capacités prophétiques de Joseph, la clairvoyance qui lui a été octroyée en tant qu'Élu afin qu'il remplisse une mission unique dans l'histoire. Toutefois, après avoir dûment noté les intentions strictement religieuses de ce même auteur, on remarque que ce passage de la Genèse est particulièrement pertinent dans le cadre de notre étude de la synchronicité et de ses manifestations oniriques. Les frères de Joseph, le valet, le boulanger et Pharaon lui-même font tous des rêves qui se réalisent et dont le symbolisme reflète de manière significative des événements extérieurs à suivre. Pour employer le terme contemporain, on peut dire que ces situations sont *synchronistiques* pour ces individus – puisque un phénomène aléatoire et inhabituel survient dans le monde extérieur et fait écho à un état intérieur de façon significative, affectivement et symboliquement. L'histoire de Joseph prouve donc que la synchronicité est peut-être un concept moderne, mais certainement pas un fait récent.

Évidemment, tous les rêves ne sont pas synchronistiques. Un grand nombre d'entre eux, sinon la plupart, concernent des situations qui ne se sont jamais présentées, et qui ne *pourraient pas* se présenter dans le monde extérieur. Ils sont peuplés d'êtres qui n'existent pas dans la réalité. On y a des pouvoirs qu'on ne possède pas dans la vie – voler, sauter d'un bond par-dessus un gratte-ciel, rétrécir jusqu'à la taille d'un pois... Néanmoins, de temps en temps un de ces événements se produit « pour de vrai », qu'on l'ait vu se produire littéralement ou symboliquement. C'est ce type de rêve que nous définirons comme synchronistique, car le conte intérieur y est narré *avant* que l'histoire extérieure ne se déroule.

Ce phénomène, tel que mis en évidence par l'histoire de Joseph, a porté plusieurs noms différents au fil des âges – on a pu parler de « prophétie » ou de « prémonition », de « perception extrasensorielle », de « prédiction » ou de « talents médiumniques »... Mais ce qu'il importe bien de comprendre, c'est que ces divers termes ne sont pas purement descriptifs, neutres ; au contraire, ils impliquent tous une certaine vision de la finalité du rêve synchronistique. Désigner comme « prophétique » la coïncidence entre image intérieure et occurrence extérieure, c'est attirer l'attention sur la nature *religieuse* du sens du phénomène. C'est ce que fait l'auteur du passage suscité de la Genèse afin d'insister sur le caractère sacré que Joseph revêt à ses yeux et de livrer son interprétation de l'intervention divine dans l'histoire du monde, interprétation qui lui est particulièrement chère.

Par ailleurs, quand on emploie le terme « extrasensoriel » on ne se contente pas de décrire : on sous-entend un lien de cause à effet, on attribue la coïncidence entre rêve et événement à une faculté de percevoir la réalité que, seuls, les cinq sens n'expliquent pas. Parler de « prédiction » ou de « talents médiumniques » dans le cas d'une telle coïncidence, c'est en outre partir du principe que l'avenir possède une réalité objective dont certaines personnes, dans certaines circonstances, se verraient accorder la connaissance préalable, comme s'ils enroulaient une cassette vidéo en avance rapide ou passaient directement à la dernière page d'un roman policier pour en savoir la fin. Ces deux termes sont également l'affirmation d'un lien de causalité : l'existence putative et future de tel événement a *causé* rétroactivement la vision que le sujet en a eue dans le présent.

Tous ces termes contiennent donc l'hypothèse d'une connexion *causale* entre l'image onirique et l'événement extérieur subséquent. C'est l'existence future du fait objectif ou sa réalité dans une autre dimension qui fait qu'on le voit en rêve, un lien de cause à effet existant entre les deux, à la faveur d'un sixième sens ou d'une aptitude extraordinaire. À moins que, si l'on se place dans une perspective religieuse, Dieu, dans Son omniscience, ne nous octroie la faculté de formuler des prophéties, et ne nous communique Sa connaissance de l'avenir afin que nous servions ici-bas Son dessein. Il est assez naturel en outre que l'ego *veuille* voir les choses sous l'angle de la causalité quand une vision intérieure prend soudain réalité.

Mais nous le savons maintenant, le concept jungien de synchronicité propose une approche totalement différente de ces rêves-là. Au lieu de poser une explication causale objective (l'événement a rétrospectivement *causé* le rêve), il met l'accent sur le fait que la portée de la coïncidence entre image interne et phénomène subséquent est liée au *sens subjectif* qu'on lui attribue, à son impact affectif ou, comme je l'ai formulé, au rôle qu'il joue dans notre scénario personnel. C'est *acausalement* que nous examinerons les rêves suivants, du point de vue du sens *interne* de la coïncidence, de son importance *pour le sujet.*

En fait, si Jung a élaboré cette notion de synchronicité comme principe de relations *acausales*, c'est précisément pour pouvoir évoquer les coïncidences productrices de sens, expérience humaine universelle s'il en est, de façon purement descriptive, impartiale, sans devoir faire appel à des considérations métaphysiques sur la nature et la structure de l'univers, tâche théologique et philosophique qu'il considérait comme sortant du champ de la psychologie empirique. Même si l'on ne partage pas la vision de l'auteur dans l'histoire de Joseph, qui en fait un prophète, et *même* si on la partage, il n'en demeure pas moins que les rêves synchronistiques jouent et ont toujours joué un rôle dans nos récits personnels.

Les questions de terminologie ont une grande importance et, personnellement, j'estime qu'en se bornant à qualifier ces coïncidences de synchronistiques, et non de « prémonitoires », « extrasensorielles » ou « prophétiques », on fait preuve de prudence et, en fin de compte, on fait œuvre plus utile. Mais je me ferai sans doute mieux comprendre en relatant une histoire vraie, celle d'un de mes patients que je nommerai William.

Un matin, William s'est réveillé paniqué, angoissé après un rêve très réaliste où il avait vu sa mère rouler très vite et imprudemment sur une route côtière, à bord de la voiture familiale du temps de son enfance. Il ne s'était jamais très bien entendu avec sa mère et, d'ailleurs, le plus clair de notre travail thérapeutique concernait leurs rapports. Malheureusement, la semaine suivante sa mère s'est effectivement tuée en voiture en tombant dans un ravin, les circonstances de l'accident pouvant également faire penser à un suicide.

La coïncidence entre rêve préalable et événement ultérieur était assurément synchronistique en ceci qu'elle a eu un impact affectif indéniable sur William. Mais était-ce de la prémonition, de la prophétie, de la perception extrasensorielle ? Il est clair qu'on ne peut l'affirmer qu'*après coup*. Au moment du rêve, il ne pouvait avoir nulle connaissance de l'événement, puisque celui-ci ne s'était pas encore produit. D'ailleurs, William ne se percevait pas du tout comme un prophète et, pour lui, le rêve n'avait rien de prémonitoire. Dans ce cas, tout ce qu'on peut observer, c'est qu'il existe une similitude frappante et extrêmement productrice de sens entre un songe et un événement subséquent.

En considérant ce rêve sous un autre angle que celui de la coïncidence significative soumise à la loi de la cause et de l'effet, on est tenté d'assigner à William une certaine dose de responsabilité dans la mort de sa mère ; lui-même peut être tenté de le faire. Fort du savoir que lui avait dispensé son rêve – qui, si l'on se place du point de vue « prémonitoire » ou « extrasensoriel » acquiert donc un statut équivalent à celui des perceptions sensorielles normales –, William aurait dû avertir sa mère. Pis encore, si l'on exclut toute perspective acausale reconnaissant la nature parfaitement aléatoire du parallèle entre rêve et accident, il aurait pu finir par croire que, d'une certaine manière, son hostilité envers elle ainsi que la médiocrité de leurs relations étaient responsables de sa mort – que ses sentiments négatifs à lui avaient « causé » son accident à elle. Après tout, c'était *lui* qui avait fait ce rêve, non ?

Dans les temps qui ont suivi la mort de sa mère, William a effectivement présenté les deux réactions, ce qui démontre au besoin qu'il est difficile de renoncer au raisonnement causal flatteur pour l'ego, même quand il entraîne des souffrances inutiles. Les rêves étant essentiellement intimes et personnels, la tentation est forte de croire qu'on tient les rênes de la réalité qu'ils dépeignent, d'autant plus qu'ils rendent parfois un son juste. Et j'ai eu un peu de mal à faire comprendre à William que la coïncidence entre le rêve et la mort de sa mère n'était justement qu'une coïncidence, un événement extérieur inaccoutumé sur lequel il n'avait aucune emprise.

Le rêve peut s'avérer synchronistique *après coup,* même s'il paraît chargé de sens sur le moment. Dans le cas qui nous préoccupe, le caractère significatif de la coïncidence réside dans le lien renforcé que William a alors ressenti entre sa mère et lui malgré le fossé qui les séparait depuis des années ; sur un autre plan, il a même servi à le *préparer* à l'éventualité de sa mort en la lui présentant en rêve.

Quand on examine la finalité du rêve, particulièrement du rêve synchronistique, il importe de ne pas oublier qu'il s'exprime dans un langage *symbolique* composé d'images. Les étoiles ne se sont pas littéralement inclinées devant Joseph, pas plus que trois sarments bien réels n'ont fleuri, ni sept vaches dépéri. Les songes qu'il a interprétés employaient des *symboles* représentant des situations qui ont subséquemment trouvé un écho dans la réalité extérieure. Autrement dit, la nature synchronistique de certains rêves n'est pas forcément à rechercher dans une image littérale qui se retrouve ensuite dans la réalité, mais dans une relation symbolique significative entre image intérieure et événement extérieur. Par exemple, si le lendemain de son rêve William avait eu un accident de voiture, le parallèle entre rêve et phénomène externe subséquent serait resté producteur de sens ; mais, dans ce cas, la dimension synchronistique du rêve serait plus clairement perceptible dans son symbolisme : quelle importance aurait, pour lui, le fait de se retrouver dans une situation extérieure symboliquement comparable à celle de sa mère ? La tentation d'assigner une cause objective au rêve serait dans ce cas considérablement moindre.

Pour conclure, je dirais qu'examiner le rêve à travers la lentille de la synchronicité, c'est invariablement passer en revue le sens *subjectif* de la coïncidence entre le monde intérieur, imaginatif, symbolique, et un phénomène extérieur concret, spécifique : ce que l'on fait de ces coïncidences, ce qu'elles signifient à nos yeux dans le contexte de notre histoire personnelle. Par le biais des rêves synchronistiques nous découvrons des aspects nouveaux de ce récit, des facettes inconnues, et les relations fondamentales qui existent entre le monde et notre intrigue intérieure, celle qui se noue dans l'âme.

Che serà serà – Les rêves « prémonitoires »

Le rêve de William était aussi spectaculaire qu'attristant, mais il est réconfortant de savoir que la coïncidence intérieur/extérieur présente dans d'autres types de rêves synchronistiques n'est pas nécessairement aussi visible, dévastatrice, voire tragique sur le plan externe. Val, dont le malaise, on s'en souvient, a coïncidé avec l'explosion d'un train, a vécu différemment son expérience onirique synchronistique ; humble dans son contenu et simple dans ses effets, son rêve n'en a pas moins été mémorable et important pour elle.

À cette époque de sa vie, elle traversait encore plus de difficultés que plus tard avec son patron tyrannique. Selon ses propres termes, elle était « une pauvre maman au chômage qui se débattait pour s'en sortir », mais, au fond, son véritable problème était qu'elle avait une très mauvaise opinion d'elle-même : elle se croyait trop bête pour faire sa vie, incapable d'y arriver toute seule – pas assez intelligente, en bref, pour améliorer son sort. Sur quoi elle a fait le rêve suivant :

Je suis dans un grand lit, dans une grande chambre, et j'ai la très nette sensation de ne pas être à ma place. Mais des gens sont couchés tout autour du lit, de telle manière que je ne peux pas me lever sans leur marcher dessus. Incapable de trouver la solution, je réfléchis et, tout à coup, je me rends compte que si je dois absolument sortir de ce lit, c'est parce que c'est celui du dalaï-lama, ce qui ne fait qu'augmenter mon sentiment de nécessité urgente. Là-dessus, le dalaï-lama en personne entre dans la chambre et, me voyant dans son lit, se contente de me regarder avec sympathie. À ce stade, une phrase me vient en tête : « Qui est dans le lit du dalaï-lama y a sa place. » Et le rêve prend fin sans autre résolution.

Val s'est réveillée perplexe, avec l'étrange impression qu'elle allait finalement s'en tirer et qu'elle occupait dans la vie la place qui lui revenait. Elle dit que si ce rêve l'a rassurée, ce n'est pas à cause de sa connaissance préalable du dalaï-lama (elle en avait seulement entendu parler, ce n'était pour elle qu'une vague figure religieuse), mais parce que, le lendemain soir, elle a appris qu'il était *justement* de passage dans sa ville, afin de rendre visite à ses disciples et de dispenser son enseignement. Stupéfaite d'avoir

« prédit » ce séjour, elle a prêté un peu plus d'attention au message apparent du rêve.

Nul besoin de recourir à l'hypothèse de la causalité rétrospective pour expliquer que Val ait rêvé du saint homme sans être consciemment au courant de sa venue. La théorie moderne de l'inconscient fournit une explication rationnelle – et non que mystique ou métaphysique – , la perception de type subliminal : Val avait lu dans le journal que le dalaï-lama venait, ou elle en avait entendu parler à la télévision, pour l'oublier aussitôt ; à moins qu'on n'ait mentionné le fait devant elle, en passant, dans le cours d'une conversation plus ou moins entendue sans y prêter attention. Cette perception était restée inconsciente – jusqu'à ce que l'inconscient, justement, la lui représente sous forme de rêve.

Toutefois, les hypothèses causales, quelles qu'elles soient, ne rendent pas compte de l'importance de ce rêve « prémonitoire » pour Val, importance qui n'a pas grand-chose à voir avec les explications causales. À la base de l'impact du rêve, il y a surtout la prise de conscience – lorsqu'elle a compris qui était le dalaï-lama et quel était son combat –, alors qu'elle-même souffrait d'un manque d'enthousiasme, qu'elle était mal dans sa vie et n'entrevoyait pas d'issue.

En évoquant ce rêve avec elle, et la sachant, en tant que clinicienne, particulièrement à l'aise avec les « paumés », je lui ai suggéré qu'il fallait peut-être y voir un « lit » de sainteté, en quelque sorte – un lieu d'où ont émané par la suite sa force et sa faculté d'aider les autres. Mais si le rêve en soi exprime cette affirmation sous forme symbolique, seul l'événement extérieur, m'a-t-elle alors répondu, l'avait vraiment confrontée à ce qu'elle était en train de vivre. « Je n'en revenais pas, ce soir-là, que mon rêve devienne réalité, qu'il y ait entre cet événement et moi un lien dont je n'avais même pas conscience. La sensation d'être dans le lit du dalaï-lama, d'y avoir une place légitime, m'a redonné beaucoup d'espoir. »

Les rêves synchronistiques tels que celui de William attirent davantage l'attention, mais si j'ai également rapporté celui de Val, c'est pour bien montrer que, souvent, les phénomènes synchronistiques de la vie, surtout la vie intérieure, ont un côté prosaïque, routinier ; on n'y trouve pas la dimension tragique, les invraisemblances totales de certaines des histoires proposées jusqu'ici. Le rêve est un phénomène banal ; les phénomènes synchronistiques qui se produisent autour de lui sont donc fréquemment d'essence ordinaire, ce qui n'enlève rien à leur importance.

D'ailleurs, c'est ce côté très banal de mes propres rêves synchronistiques qui, à plusieurs reprises, m'a empêché de percevoir leur sens dans mon récit personnel. J'en retiens un en particulier, qui remonte à l'époque de mon stage de fin d'études et concerne une jeune femme avec qui j'entretenais des relations thérapeutiques mouvementées.

Cette patiente, que je nommerai Grace, était fille unique et avait vécu une enfance difficile au côté de parents tour à tour indulgents et négligents ; il lui en était resté de gros problèmes relationnels liés à son image d'elle-même. Elle avait tendance à idéaliser l'autre, généralement un homme plus âgé qu'elle, et à rechercher une fusion temporairement bénéfique pour mieux se sentir ensuite perdue dans la relation et y mettre fin, abruptement et sans remords, histoire de préserver son indépendance. Bien que provoquées par Grace, ces ruptures faisaient naître en elle une sensation de solitude accrue et le cycle recommençait, inexorablement.

Ce comportement, qui a duré toute son adolescence, puis dans les premières années de l'âge adulte, et qu'elle a tenté d'appliquer dans la relation thérapeutique (alors même qu'elle cherchait à le comprendre et à le modifier) n'a rien de bien étonnant. La seule différence, dans mon cas, c'est que, au moment où elle a eu l'impression d'être engloutie dans la relation, je me suis débrouillé pour qu'elle continue la thérapie, ce qu'elle a fait pendant plus d'un an en ne m'agressant que de loin en loin, afin de mettre un peu de distance entre nous. Naturellement, dans ces conditions nos relations ne pouvaient être que tumultueuses – mais, par chance, beaucoup moins que ses histoires d'amour, éminemment autodestructrices.

Après avoir bouclé plusieurs fois le cycle, Grace a brusquement mis fin à sa thérapie en arguant d'autres engagements et en prétendant qu'elle n'avait plus ni le temps, ni l'énergie, ni l'argent nécessaires pour poursuivre le travail. Je l'ai pressée de n'en rien faire en lui répétant que ma porte lui serait toujours ouverte et en regrettant sincèrement son départ. Des mois ont passé. Mon superviseur m'a assuré que ma compétence professionnelle n'était pas forcément en cause, que c'était plutôt chez Grace un besoin et la marque d'une évolution personnelle. Puis, une nuit, j'ai rêvé d'elle. C'était la première fois que je rêvais d'un de mes patients.

Je la voyais passer la porte de mon cabinet, s'asseoir bien tranquillement et m'annoncer chaleureusement qu'elle était prête à reprendre la thérapie ; elle avait réfléchi à ce qui s'était passé entre nous, souhaitait s'excuser de m'avoir maltraité, et m'était en fait reconnaissante d'être resté à ses côtés pendant les hauts et les bas qu'elle avait traversés. Ce rêve m'a paru si naturel, si réaliste, que je n'ai même pas pensé à en parler à mon superviseur, partant du principe qu'inconsciemment je cherchais à me rassurer : non, je n'avais pas « failli » dans mon travail avec elle, travail que je poursuivais d'ailleurs en rêve.

Toutefois, une semaine plus tard j'ai compris qu'il se passait des choses dont je n'avais pas conscience, car Grace a appelé le centre où je travaillais pour prendre rendez-vous avec moi. Et, le jour où elle s'est présentée, tout s'est passé exactement comme dans mon rêve. Elle était calme, pleine d'assurance, sans trace de la dépendance ou au contraire de l'animosité à fleur de peau qu'elle introduisait constamment dans ses relations avec les gens. Notre année de travail lui avait beaucoup apporté et ma constance l'avait amenée à rejoindre une communauté spirituelle en l'amenant à voir que les autres pouvaient être dignes de confiance et sincèrement intéressés par son bien-être. Pensant que son évolution personnelle passerait nécessairement par la remémoration de son existence passée et la volonté d'assumer son comportement, elle tenait à me consulter ne serait qu'une dernière fois pour me faire part de ses regrets à l'idée de s'être si mal comportée avec moi.

Sur le moment, j'ai été très surpris par la précision avec laquelle mon rêve avait « prédit » la situation ultérieure réelle, mais bien sûr, rétrospectivement, l'important pour moi est que, par l'effet d'une coïncidence, cette situation se soit *effectivement* présentée. Si le cours des événements ne m'avait pas renvoyé à mon rêve, si ma patiente n'était pas revenue me voir la semaine suivante, ce songe n'aurait eu qu'un symbolisme strictement subjectif – la place qu'occupait cette patiente à mes yeux.

La dimension synchronistique du phénomène résidait dans le fait que l'événement extérieur soit survenu si peu de temps après la production de l'image intérieure, ce qui m'a forcé à replacer mes sentiments subjectifs quant à cette patiente dans le cadre de notre relation thérapeutique objective ; le sens de cette synchronicité par rapport à ma vie personnelle et professionnelle a été que, grâce à elle, j'ai compris que mes relations thérapeutiques avec mes patients étaient de *vraies* relations, et non seulement des constructions artificielles ou un service fourni à la demande. Je me suis rendu compte que je me souciais du sort de ces gens – donc que, pour moi, ils existaient subjectivement –, de la même manière qu'ils se sentaient de leur côté authentiquement, profondément reliés à moi, assez pour revenir conclure la relation dans la vie réelle, et non seulement dans mes rêves. Le fait que mon premier rêve de patient ait comporté un tel élément synchronistique reste encore aujourd'hui source d'émerveillement pour moi.

Maintenant, si j'avais considéré ledit rêve comme « prémonitoire » plutôt que synchronistique, cela m'aurait amené à l'appréhender de manière radicalement différente, beaucoup moins subjective : si mes rêves peuvent prévoir l'avenir, c'est que je suis doté de capacités sortant de l'ordinaire. Le centre de la scène est alors occupé par ce don – qu'il s'agisse de voyance, de talents psychiques, ou bien que je sois élu par Dieu –, et non plus par la subjectivité symbolique du phénomène extérieur ; et ce déplacement est très séduisant pour l'ego. Dire que le rêve est prémonitoire, c'est aussi affirmer que, dans certains cas, la causalité s'inverse pour des raisons inconnues et impossibles à déterminer, de telle manière que les événements à venir provoquent rétroactivement les événements présents, par exemple les rêves prémonitoires.

Peut-être parce que je me débats moi-même abondamment avec mon ego, tenté que je suis de croire à certaines interprétations de ces phénomènes, je suis séduit par le concept jungien de synchronicité en tant qu'incitation à la prudence, puisqu'il se fonde sur le connu plus que sur la spéculation. De même, on a plaisir à constater que certaines personnes jugent naturellement la dimension synchronistique de leurs rêves sans avoir suivi la moindre formation particulière, autre que leur expérience propre.

Marie, que je connais depuis plusieurs années, m'a fait part de ce qu'elle a vécu à l'occasion d'un rêve ayant suivi de peu la naissance de son fils. Pendant des années, son mari et elle avaient essayé d'avoir un enfant en vain ; la stérilité avait fini par être le pivot autour duquel tournait toute sa vie. D'autre part, après l'accouchement, la situation financière du couple a exigé que Marie reprenne son travail d'infirmière, alors qu'elle avait plutôt envie de changement.

Dans le doute, elle avait toujours eu recours à l'introspection ; un soir en se couchant, elle a donc demandé que lui vienne pendant la nuit une révélation qui l'aide à résoudre son dilemme. Une autre qu'elle aurait accordé peu d'importance au rêve de cette nuit-là : elle se rendait au centre de lutte contre la stérilité qu'elle avait assidûment fréquenté comme patiente ; mais cette fois, c'était pour y travailler.

Au réveil, en se rappelant ce rêve très réaliste Marie s'est bien gardée de rejeter son éventuelle synchronicité, d'autant plus qu'elle s'était préparée, avant de s'endormir, à recevoir sans résistance toute solution qui se présenterait à elle. Elle a préféré appeler aussitôt le centre en question. La réceptionniste s'est souvenue d'elle et, perplexe, lui a demandé si elle sollicitait un rendez-vous. Marie a déclaré que non, que le bébé se portait à merveille, qu'elle appelait pour savoir si on embauchait car elle cherchait du travail.

Et elle s'est entendu répondre qu'effectivement, depuis le jour même, on cherchait une infirmière. Désirait-elle connaître les conditions ? Marie a naturellement dit oui et, après s'être dûment renseignée, a opéré un tournant dans sa carrière, ainsi qu'elle l'avait souhaité. Selon ses propres propos : « C'est le boulot idéal, pour moi ; comme je travaille avec des enfants d'âge scolaire, tout ce que je fais dans le cadre de mon poste s'applique également à ma vie de famille et inversement. Juste ce qu'il me fallait. »

On peut épiloguer à l'infini sur les causes de cette coïncidence. Marie a-t-elle eu une vision divine sous forme de rêve ? Avait-elle perçu l'information pertinente sous forme subliminale lors de sa dernière visite au centre, ou surpris une conversation dans la rue, à la suite de quoi son inconscient a reformulé le tout sous l'aspect d'un rêve ? Est-elle douée de voyance quand elle dort ? Ces questions ne seront jamais résolues, et tel n'est d'ailleurs pas notre propos ici ; ce qu'on ne saurait nier, en revanche, c'est le sens synchronistique que le phénomène a revêtu pour Marie (qui y a incontestablement vu une coïncidence significative), ou la promptitude avec laquelle, sans avoir jamais rien lu sur la synchronicité, mais simplement en restant ouverte à la relation entre expérience subjective et réalité extérieure, elle a assemblé les éléments disparates de sa vie pour reconstituer un tout cohérent dans son récit personnel.

Symboles oniriques et événements synchronistiques

Jusqu'ici nous nous sommes préoccupés de rêves contenant des images quasi conformes à des événements extérieurs subséquents. Mais la dimension symbolique des images oniriques proprement dites trouve parfois un écho significatif dans le cours de notre existence extérieure. L'histoire de Bobbie, relatée dans mon introduction, montre bien qu'on peut rencontrer par hasard un symbole intérieur dans la vie réelle. Bobbie n'avait pas rêvé que son mari lui offrirait un jeu de tarots ; la relation synchronistique, c'est plutôt le symbole qui s'est répété, à la faveur d'un hasard significatif, dans sa vie extérieure.

Par un après-midi pluvieux à San Francisco, et comme je venais d'évoquer devant lui le projet de cet ouvrage, Jonathan, un informaticien de mes amis, m'a rapporté son histoire à lui. L'hiver précédent, le coiffeur qu'il fréquentait depuis quinze ans avait succombé à une longue maladie. Bien que le connaissant depuis longtemps, Jonathan ne le comptait pas parmi ses proches, même s'ils s'étaient mutuellement invités à des soirées ou avaient de temps en temps déjeuné ensemble après la séance de coupe, et bien qu'ils aient eu des amis et des relations d'affaires en commun. Et c'est justement parce qu'il n'entretenait pas de relations particulièrement amicales avec ce coiffeur, tout en ne le considérant pas non plus comme un étranger, qu'il n'a pas su comment réagir au moment de sa mort. Que faire ? Qu'éprouver ? Quelle attitude adopter ?

Le jour du service funèbre, tôt le matin, Jonathan s'est vu en rêve devant une maison à demi construite. La charpente était en place mais les murs pas encore montés, et il a eu la sensation que c'était à lui de mener la tâche à son terme. Et ce rêve lui est resté en tête parce que l'imagerie en était particulièrement claire et qu'il se sentait *vraiment* obligé de finir les travaux en cours. Or, ce fameux matin, l'officiant avait choisi une série de versets bibliques commençant par : « La sagesse a bâti sa maison. / Elle a taillé ses sept colonnes », suivis d'autres citations exploitant le symbolisme de la maison, notamment « Renversés, les méchants ne sont plus ; / Et la maison des justes reste debout » et « La femme sage bâtit sa maison, / Et la femme insensée la renverse de ses propres mains[1]. »

À ce moment, en me contant cette histoire, Jonathan a haussé un sourcil. « Je dois dire que j'ai été frappé par la corrélation entre mon rêve et les lectures du service funèbre, sans compter que l'officiant comparait sans cesse l'existence du défunt à une maison que nous tous, qui l'avions connu, avions contribué à édifier avec lui. Cela m'a renvoyé à ma propre vie et à mon rêve du matin, encore

1. Proverbes 9.1, 12.7 et 14.1 (traduction de L. Segond). *(N.d.T.)*

très présent. Faisais-je moi-même preuve de "sagesse" ou étais-je "insensé" ? Pourquoi la maison du rêve était-elle à moitié achevée ? Représentait-elle ma vie ?

« J'ai eu l'impression que le symbole de la maison, ajouté à la mort de mon coiffeur, m'avertissait qu'il me restait un certain nombre de choses à faire pour "mettre ma maison en ordre", choses dont, en ce temps-là, je préférais ne pas m'occuper et que je confiais à d'autres alors que, justement, il ne fallait pas les "sous-traiter" comme le font les corps de métier du bâtiment. Je ne suis pas du genre à croire aux rêves, mais puisque tu voulais une coïncidence chargée de sens, en voilà une. »

J'ai demandé à Jonathan ce qu'il entendait exactement par ces « choses » qu'il avait l'impression de devoir faire pour mettre sa maison en ordre.

« Ma foi, pour commencer, j'ai rédigé mon testament. J'ai enfin pris rendez-vous avec un conseiller financier, comme je me promettais de le faire depuis une éternité, et ouvert un plan d'épargne-retraite. Jusqu'alors, j'avais toujours considéré ces choses comme étant du ressort de ma femme : je rapportais l'argent à la maison, elle le gérait pour nous deux. Mais ce fameux jour, à l'église, quand j'ai entendu toutes ces citations de la Bible se rapportant au rêve que je venais de faire, cela a touché une corde sensible.

– Tu aurais pu n'y voir qu'une réaction bien normale au décès d'un membre de ton entourage, non ? ai-je insisté.

– Il y avait de ça, bien sûr, encore que j'aie assisté par le passé à bon nombre d'enterrements, dont certains concernaient des êtres bien plus proches et ne m'avaient pas fait cet effet-là. Non, c'est l'étrange coïncidence entre mon rêve et les extraits de la Bible. Je m'en récite encore des passages aujourd'hui. "La sagesse a bâti sa maison..." Il y a quelque chose de puissant là-dedans. »

Là-dessus, Jonathan a secoué la tête et changé de sujet.

Dans le domaine du rêve synchronistique, ce sont les histoires de ce genre qui, je le confesse bien volontiers, attirent le plus ma sympathie, car elles défient tous les efforts pour situer le rêve dans l'enchaînement causal. Le songe dont Jung lui-même s'est servi pour illustrer les limites de la rationalité et le pouvoir de l'imagination nocturne est devenu un classique dans les annales de la synchronicité, et a donc sa place dans notre évocation des rêves « prémonitoires ». Je lui laisse la parole :

Le problème de la synchronicité me laisse perplexe depuis longtemps, depuis, en fait, le milieu des années vingt, à l'époque où j'explorais le phénomène de l'inconscient collectif et où je rencontrais sans cesse des corrélations que je ne pouvais tout simplement pas expliquer par des concours de circonstances ou des « runs ». Ce que j'ai découvert alors, ce sont des « coïncidences » corrélées de manière tellement significative qu'on aurait dû exprimer la probabilité de leur occurrence par un chiffre astronomique. À titre d'exemple, voici le contenu d'une observation personnelle...

Le fait concerne une jeune patiente qui, en dépit d'efforts bilatéraux, s'avérait psychologiquement inaccessible. La difficulté résidait dans le fait qu'elle savait toujours tout mieux que tout le monde. Son excellente éducation lui fournissait une arme idéalement adaptée à ce but, à savoir une rationalité cartésienne hautement raffinée assortie d'une conception impeccablement « géométrique » de la réalité. Après plusieurs tentatives infructueuses pour adoucir quelque peu son rationalisme par un discernement plus humain, j'ai dû me résoudre à espérer que surviendrait un événement aussi inattendu qu'irrationnel susceptible de faire éclater la bulle intellectuelle dans laquelle elle s'était hermétiquement enfermée. Sur ce, je me suis retrouvé un jour assis en face d'elle, le dos à la fenêtre, à écouter couler le flot de sa rhétorique. Elle avait fait la nuit précédente un rêve impressionnant dans lequel on lui faisait cadeau d'un scarabée d'or – en fait, un bijou coûteux. Pendant qu'elle me contait ce songe, j'ai entendu un léger tapotement dans mon dos. En me retournant, j'ai découvert un assez gros insecte qui se cognait contre le carreau en s'efforçant manifestement d'entrer dans la pièce, où régnait la pénombre. J'ai trouvé cela très étrange. J'ai aussitôt ouvert la fenêtre et attrapé l'insecte au vol. C'était une cétoine dorée, ou hanneton des roses (*Cetonia aurata*) dont la teinte mordorée, nuancée de vert, évoque fortement celle du scarabée doré. J'ai tendu l'insecte à ma patiente en disant : « Tenez, le voilà votre scarabée. » C'est cette expérience qui a ouvert une brèche dans son rationalisme forcené et fait fondre la glace de sa résistance intellectuelle. Par la suite, le traitement a pu se poursuivre avec des résultats satisfaisants.

Il faut le reconnaître, le charme tenace de cette anecdote tient partiellement au panache avec lequel Jung se présente comme volant au secours de la synchronicité en s'assurant bien que le contenu du rêve et son pendant dans la réalité ne passent pas inaperçus de sa patiente intellectuellement récalcitrante. Je l'ai dit, les relations acausales tirent souvent bénéfice d'une description adéquate si l'on veut exploiter au maximum leur potentiel transformationnel.

Chaque expérience synchronistique est unique, mais il semble bien qu'un certain nombre de constantes se dégagent, surtout chez les individus qui résistent au côté inconscient, irrationnel, symbolique de l'existence. Quand, au premier acte de notre histoire personnelle, l'ego s'accroche et, coûte que coûte, ne veut « en faire qu'à sa tête » (comme dans le cas de Kathryn et ses « rendez-vous de l'horreur », ou d'Élise et son refus de la comédie musicale), les conditions idéales sont réunies pour que survienne un accident acausal, sur quoi le rideau se lève sur un acte deux totalement différent.

J'ai traité pendant des mois un patient qui se prétendait désireux de travailler sur ses rêves, mais qui rejetait et dénigrait toutes mes tentatives pour extraire un sens de ceux qu'il me rapportait, et ce d'un air de défi et en y opposant une ferme résistance. Je n'avais plus beaucoup d'espoir, mais je persistais à prendre chacun de ses rêves au sérieux tout en ayant l'impression que cela ne nous menait nulle part. Néanmoins, chaque fois que j'émettais l'hypothèse que le travail sur le rêve s'avérait peu productif dans son cas, il affirmait le contraire et nous étions repartis pour un tour.

Un jour, j'ai bien dû m'avouer que j'accueillais avec gratitude la fin de la séance. Nous avions passé pas mal de temps sur un rêve particulier, où figurait un chien, à évoquer de possibles associations aussitôt balayées, des possibilités réduites à néant en un clin d'œil et d'éventuelles réaction affectives qu'il s'empressait de nier. Je me suis levé pour aller ouvrir la porte de mon cabinet, situé dans un immeuble de bureaux du centre de Berkeley, et là, ce que j'ai découvert, j'ai regretté de ne pas savoir le présenter à mon patient avec la même grâce que Jung et son scarabée. Car devant nous, sur le seuil, obéissant et attentif, comme s'il attendait que nous ouvrions la porte, était assis un grand épagneul fort bien élevé.

Muet de stupeur, j'ai regardé mon patient, qui m'a regardé lui aussi avant de tourner les yeux vers le chien. Alors, sans un mot mais l'air tout à fait conscient de cette « inquiétante étrangeté », il s'en est allé. Évidemment, nous nous demandions tous les deux ce que faisait ce chien si respectueux des conventions sur le seuil de mon bureau, le regard rivé à ma porte.

La semaine suivante, j'ai constaté avec joie que mon patient montrait moins d'agressivité bornée face à l'éventualité que ses rêves puissent avoir un sens, et l'apparition de ce chien, que nous n'avons jamais évoquée directement, a marqué la fin d'une résistance omniprésente depuis le début de la thérapie. Il arrive qu'un événement synchronistique se passe d'analyse pour entraîner un impact transformationnel ; exactement de la même manière, les fictions sont parfois si finement ouvrées qu'elles font leur effet sans qu'on en ait conscience.

Ce qu'on ne sait pas – Les rêves « extrasensoriels »

En plus de ceux qui coïncident avec des événements ultérieurs de manière synchronistique, de nombreux rêves semblent révéler non pas seulement ce qui sera mais ce qui *est,* alors qu'on n'a aucun moyen de le savoir par l'intermédiaire de l'expérience sensorielle normale. Le terme qu'on emploie dans ces cas-là, celui d'« extrasensoriel », en donne une description simple, mais à mon sens, il ne traite pas les problèmes de causalité en accord avec le concept de synchronicité.

Pour prendre un autre exemple faisant intervenir un chien, une de mes patientes m'a raconté qu'un jour elle m'avait vu en rêve jouer dans un jardin avec un grand chien blanc. Aussitôt, j'ai senti mes cheveux se hérisser légèrement ce qui, chez moi, est fréquemment un signe avant-coureur de synchronicité ; en effet, je possède une grande chienne blanche bien connue de mes amis et de ma famille pour sa personnalité extravertie et ses manières autoritaires.

Néanmoins, j'ai contenu mon excitation en me félicitant de ne pas avoir suivi la voie de Jung et formulé des assertions retentissantes sur les facultés « extrasensorielles » de ma patiente, car cette dernière a promptement évacué ses éventuels dons de voyance : « Je suppose que si j'ai rêvé de votre chien blanc, c'est parce que je vois toujours des poils blancs au bas de votre pantalon. Ou alors vous avez un chat angora. Qu'en est-il ? » Tout penaud, j'ai dû admettre que j'avais moins affaire à un « sixième sens » qu'à un certain négligé dans ma tenue.

Cela ne nous a pas empêchés de continuer à travailler de manière très fructueuse sur ce rêve ; ma patiente s'est livrée à un certain nombre d'associations libres à partir des chiens en général et de celui du rêve en particulier, et nous avons exploré la signification de ce dernier, par rapport à la perception qu'elle avait de moi dans la réalité et aux rapports que nous entretenions. De toute évidence, les relations causales – elle avait perçu des poils sur mon pantalon et rêvé de ce qu'ils lui évoquaient – peuvent être aussi productrices de sens que celles, acausales, qu'on note en cas de synchronicité.

D'un autre côté, il est arrivé que des patients me rapportent des rêves fourmillant de détails sur ma vie privée qu'ils ne pouvaient absolument pas connaître et que je ne leur avais certainement pas révélés. Une femme a rêvé que c'était mon anniversaire... le jour de mon anniversaire. Une autre a rêvé à plusieurs reprises du chiffre 909, qui correspond au numéro de ma maison dans ma rue, étant bien précisé que mon adresse ne figure pas dans l'annuaire. Une troisième a rêvé d'une histoire en tout point identique à l'intrigue d'une nouvelle que j'étais en train d'écrire et dont je ne lui avais jamais parlé.

Ces phénomènes peuvent-ils être qualifiés de synchronistiques au sens où nous avons progressivement défini le terme, à savoir producteurs de sens ? À mon avis la réponse est oui, même si l'on n'y retrouve pas le côté spectaculaire des autres incidents relatés ici, car ils ont eu pour effet de renforcer l'aspect très personnel de mes relations avec ces patients. Ils peuvent être comparés aux petites touches que l'écrivain applique çà et là au décor de son histoire – le violet foncé des rideaux qui renvoie aux sentiments de tel ou tel personnage, la joue caressée qui évoque la tendresse, le ton acerbe d'une réceptionniste qui modifie l'ambiance de la scène...

Mineurs ou majeurs, sensationnels ou banals, les rêves synchronistiques et leurs conséquences sur nos récits personnels nous mettent invariablement au défi d'en percevoir le caractère aléatoire mais néanmoins significatif. On se rappellera que j'ai rêvé d'une ex-patiente, Grace, une semaine avant qu'elle ne revienne en thérapie ; eh bien, j'ai également vécu, avec un dénommé Jerry, une expérience qui a définitivement altéré mon parcours professionnel et prouve de manière tout à fait appropriée, encore que douloureuse, qu'on a parfois tort de ne pas tirer de conclusions causales, objectives, du recoupement entre rêves et événements extérieurs.

Selon mon expérience, les gens entrent en psychothérapie pour deux raisons. Soit ils sont fondamentalement capables d'affronter la vie telle qu'elle est mais viennent chercher de l'aide parce qu'ils sont temporairement dans une situation qui sort de l'ordinaire, soit leur éducation, leur développement psychologique déficients ne leur permettent pas d'aborder le stress et les contraintes du quotidien.

Jerry entrait sans problème dans la première catégorie. Bien adapté, exerçant avec bonheur une activité créatrice, il est venu me trouver à cause de deux facteurs exceptionnels qu'il ne pouvait assumer seul : il venait d'apprendre qu'il avait le sida et, d'autre part, il devait s'occuper de son père, âgé, suite au décès de sa mère. Pris isolément, chacun de ces contextes aurait suffi à pousser l'être le plus compétent à se faire aider ; cumulés, ils le dépassaient complètement, lui qui disposait pourtant de ressources affectives considérables. Comme j'escomptais une relation thérapeutique courte, pendant quelques mois je lui ai apporté le soutien qu'il demandait en vérifiant toutes les semaines qu'il faisait bien les démarches nécessaires côté santé, et en explorant avec lui la possibilité de modifier ses rapports avec son père de sorte que l'un et l'autre voie ses besoins satisfaits et, au bout d'un an, tout semblait se présenter sous les meilleurs auspices. Sa maladie n'évoluait pas, en partie grâce au traitement préventif, et son père était allé s'installer de lui-même, avec l'aide et sur l'insistance de mon patient, dans une maison de retraite où ses besoins relationnels et matériels étaient satisfaits sans exiger les soins constants de son fils.

Reconnaissant qu'il avait trouvé ce qu'il était venu chercher auprès de moi, résultat qui correspondait à ma propre attente vu son excellent ancrage dans la réalité, il a mis fin à la thérapie et je lui ai souhaité bonne chance. Mais voilà qu'un an plus tard, totalement à l'improviste, je rêve de Jerry. Il se trouvait dans une maison en bord de plage et, allongé dans un lit, parfaitement immobile, respirait très lentement. Mon rêve était lourd d'angoisse, pénétré du sentiment que quelque chose n'allait pas ; toutefois, n'y figurant pas moi-même, je devais me contenter du rôle de simple observateur. Le lendemain matin au réveil, pourtant, j'étais perturbé ; j'avais encore mon rêve à l'esprit, et toute la semaine j'ai pensé à Jerry. Plus d'une fois j'ai failli décrocher le téléphone, histoire de voir comment il allait, mais au dernier moment je me retenais : Jerry n'était pas du genre à accueillir sans réserves un coup de fil inquiet de la part d'un ex-thérapeute. Bref, j'ai agi comme la plupart des gens dans ce genre de situation, à savoir que j'ai chassé le rêve de mes pensées en n'y voyant qu'un simple produit de mon imagination. Plus tard, je devais comprendre que parfois, les produits de l'imagination peuvent revêtir une grande importance.

Des mois ont passé. Un jour, j'ai reçu sans préambule un coup de téléphone urgent de Jerry, qui s'est présenté à mon cabinet le lendemain, l'air au bout du rouleau sur le plan affectif, défait et manifestement déprimé. Au fil d'une liaison qui s'était inaugurée après la conclusion de notre travail ensemble, tous les sentiments qu'il refoulait depuis des années en se débrouillant tout seul, en s'adaptant perpétuellement – bref, en « assurant » –, étaient remontés à la surface ; au bout de quelques mois, il était descendu dans un hôtel de bord de mer où sa famille avait résidé à plusieurs reprises pendant son enfance et, suivant scrupuleusement la recette fournie par un ouvrage genre *Suicide – mode d'emploi*, il avait absorbé un cocktail lytique afin de mettre fin à ses jours. Las de vivre, certain de subir une fin atroce à cause du sida et se sentant abandonné de tous, il avait décidé d'en finir.

« Et qu'est-ce qui s'est passé ? » me suis-je enquis, troublé – bien sûr, je me remémorais mon rêve, non sans inquiétude.

– Je suis resté trois jours inconscient. En me réveillant je me sentais très mal, mais je suis rentré chez moi. Personne ne s'était lancé à ma recherche. En fait, personne ne s'était même aperçu de ma disparition. Au travail, on s'était simplement dit que, sur une impulsion, j'avais pris un week-end prolongé. Mon père et moi ne nous parlons pas régulièrement, et la jeune femme avec qui je venais de rompre ne s'est naturellement pas étonnée que je disparaisse de la circulation, au moins temporairement. »

On m'a appris que tout bon thérapeute doit tourner sept fois sa langue dans sa bouche avant de s'adresser à un patient, mais je dois admettre que, ce jour-là, j'ai réagi promptement et intuitivement.

« Et ça s'est passé quand ? », ai-je demandé. Il m'a donné la date et dès que j'en ai eu le loisir, une fois la séance terminée, j'ai consulté le journal où je note tous mes rêves. Celui auquel je pensais avait eu lieu une semaine avant sa tentative de suicide. Lorsque j'ai revu Jerry, une semaine après sa réapparition, je lui ai parlé du rêve, en lui en précisant la date, allant jusqu'à lui lire ce que j'avais noté dans le fameux journal. Je ne savais pas du tout comment il allait réagir à l'étrange ressemblance entre mon expérience onirique et ce qui s'était réellement passé ; j'espérais qu'il conclurait de cette synchronicité qu'à cette période donnée la relation entre lui et les autres avait bel et bien existé, même s'il n'en avait pas eu conscience sur le moment. Je suis heureux d'ajouter que Jerry a interprété ma confidence dans ce sens et que nos relations se sont poursuivies pendant quelque temps encore.

Néanmoins, durant plusieurs mois je me suis muettement reproché de ne pas l'avoir appelé au moment où j'avais rêvé de lui.

Je reproduisais inconsciemment la réaction si souvent observée chez autrui face à ce genre de synchronicité : je me comportais comme si j'avais fait un rêve prémonitoire, ce qui revenait à placer mon ego au centre de tout ; dans ma grande sagacité, j'avais entrevu l'avenir et, tel Dieu Lui-même, j'aurais dû intervenir pour changer le cours de l'histoire. En réalité, le rêve n'avait rien eu de synchronistique pour *moi*, jusqu'au moment où j'avais appris – par le plus grand des hasards – qu'un événement extérieur avait assez fidèlement reflété mon expérience intérieure. C'est bien le danger qu'il y a à considérer *après coup* les rêves comme prémonitoires : on ne peut pas, on ne *doit pas* se reprocher de n'être pas intervenu dans une situation qui, du point de vue de l'expérience subjective, n'existait pas, ou pas encore.

Le sens de cet événement ne réside pas dans l'initiative, ou le *manque* d'initiative, dont j'ai fait preuve ; l'important est qu'en m'entendant raconter mon rêve, Jerry a révisé ses positions sur la place qu'il occupait dans la tête et le cœur des autres. Comme souvent en cas de synchronicité, la frontière entre subjectif et objectif, entre intérieur et extérieur, entre soi et autrui devient un lieu de rencontre, un endroit où le récit de nos actes et l'essence de notre identité se rejoignent et, comme dans toute bonne histoire, trouvent enfin une résolution.

Mais la relation psychothérapeutique n'est pas le seul lieu où les rêves synchronistiques figurent de manière décisive au sein du récit personnel, même s'il y en a peu d'autres où ils soient autant encouragés, examinés, évalués. Car le lien unique entre mère et enfant est aussi, comme on peut s'y attendre, une relation où se produisent toutes sortes de synchronicités, y compris oniriques. L'expérience de mon ami Pete par rapport à la mère qu'il n'a jamais connue montre bien à quel point un rêve synchronistique peut bouleverser toute une vie.

Adopté à la naissance mais peu désireux de retrouver ses vrais parents, Pete s'est pourtant mis, vers l'âge de vingt-sept ans, à les voir en rêve de manière « persistante », selon ses propres termes. Ces rêves étaient tellement réalistes qu'ils lui trottaient dans la tête pendant plusieurs jours et, souvent, quelque chose le poussait à en faire part à ses amis. Pénétré de loyauté et de sentiments protecteurs envers ses parents adoptifs, il n'avait jamais envisagé de rechercher les vrais ; toutefois, les rêves refusaient de s'en aller. Alors il a obéi à leur injonction et entrepris de rassembler tous les renseignements auxquels il avait légalement accès auprès des services sociaux ayant jadis veillé à son adoption.

À ce stade, il a découvert que bien des détails sur ses parents biologiques lui avaient été révélés dans ses rêves : il connaissait par exemple ses origines ethniques. En outre, au moment où les rêves avaient commencé, il avait le même âge que sa mère naturelle à l'époque où elle-même l'avait abandonné. Il espérait bien que les rêves disparaîtraient à présent qu'il était en possession de ces informations, mais, au contraire, ils se sont maintenus. Là-dessus, une nuit il s'est entendu dire en rêve, et sans la moindre ambiguïté : « Ta mère a pour prénom Gladys. » En se réveillant, il n'a pas attribué de signification particulière au songe étant donné que Gladys était le prénom de sa mère... *adoptive*. Mais, toujours selon lui, ce qu'il n'avait pas envisagé sur le moment, c'était que le rêve puisse véhiculer un tout autre message.

Les rêves ont duré encore un an. Pete prenait au sérieux les conseils de son entourage, convaincu que cette activité onirique répondait à une nécessité inconsciente. Il s'est donc remis à rechercher activement ses parents naturels. La législation étant assez souple dans l'État où il avait été adopté (on n'avait besoin que de l'autorisation du parent naturel et de l'enfant devenu adulte), Pete a cru que la procédure ne poserait pas de problème, d'autant plus que, d'après le fonctionnaire à qui il s'était déjà adressé la première fois, la mère avait donné son consentement. Malheureusement, en reprenant contact avec les services sociaux concernés, il s'est entendu répondre par la remplaçante de ce fonctionnaire que le dossier ne comportait pas trace dudit consentement, et qu'il devrait entreprendre des recherches par lui-même. C'est à ce stade que, fortement contrarié, il a compris à quel point son rêve pouvait lui être utile.

Comme il s'efforçait, au téléphone, de convaincre la fonctionnaire (ne pouvait-elle pas au moins lui communiquer le nom de sa vraie mère et sa dernière adresse connue ?), il lui a dit avoir vu en rêve que son prénom était Gladys. Muette de stupeur, elle a mis longtemps à retrouver son souffle. « Je vois », a-t-elle répondu enfin d'une voix mal assurée. « Ma foi, effectivement, elle s'appelle Gladys. » Puis, sentant toute la force du rêve synchronistique de Pete, elle s'est laissé persuader et lui a révélé les renseignements demandés. « Si on vous demande quoi que ce soit, a-t-elle ajouté, vous n'aurez qu'à répondre que ça vous est venu en rêve. » Le surlendemain, après avoir passé au crible l'annuaire téléphonique,

Pete identifiait sa mère naturelle. Depuis, il a réussi à établir avec elle des rapports très satisfaisants.

Quand il relate cet épisode de sa vie, Pete n'en revient toujours pas – non seulement de la coïncidence entre le rêve et le véritable prénom de sa mère (déjà relativement significative), mais aussi du fait que ses deux mères portent le même prénom. Lui qui avait traversé tant de conflits, dès le départ, dans sa quête de sa mère naturelle, il m'a redit combien le sens de cette coïncidence résidait dans sa dimension symbolique, l'impression de cohérence qu'elle introduit dans sa vie. Elle confère à son récit personnel la beauté dont parle Kundera, celle du détail mineur mais significatif qui colle parfaitement, dans les romans comme dans l'histoire de Pete.

Les rêves « extrasensoriels » vus jusqu'ici ont le plus souvent trait à un événement extérieur survenant en même temps qu'une image intérieure, inconsciente, rêvée par un individu. Toutefois, le phénomène du rêve commun à deux personnes ou plus forme un sous-groupe dans la catégorie plus large des rêves synchronistiques. Naomi, qui m'a été présentée par un ami à l'époque où je travaillais sur le présent ouvrage, a vécu un type bien particulier de rêve significatif.

Aux premières années de l'âge adulte, Naomi avait fait partie d'une communauté d'amis très soudée. Un jour qu'elle était chez elle, occupée à raconter à un nouveau groupe d'amis un certain nombre d'anecdotes mettant en scène ses anciennes fréquentations, le téléphone a sonné : c'était un membre de son ancien groupe d'amis qui voulait savoir ce qu'elle était devenue depuis le temps. Enchantée d'avoir de ses nouvelles dans des circonstances aussi synchronistiques, au lieu de s'embarquer avec lui dans une conversation interminable, elle lui a fixé rendez-vous.

Lorsqu'ils se sont retrouvés la semaine d'après, et après s'être mutuellement résumé leurs agissements depuis qu'ils ne s'étaient vus, ils se sont mis à évoquer un de leurs amis communs récemment décédé, un jeune homme tellement aimé par le groupe que ses membres l'avaient surnommé saint Chris. Un peu honteuse d'avoir perdu le contact avec lui, Naomi a avoué qu'elle avait néanmoins fait toute une série de rêves à son propos. Alors une expression stupéfaite s'est peinte sur le visage de son interlocuteur. « Ah bon, toi aussi ? » a-t-il lâché. Sur quoi il lui a narré ses propres rêves tournant autour de saint Chris, rêves dont il n'avait jamais parlé à personne mais qui étaient identiques à ceux de Naomi.

J'ai demandé à cette dernière comment elle interprétait la coïncidence. Elle m'a répondu qu'en l'espèce il y avait *deux* synchronicités. Premièrement, ce vieil ami l'avait appelée juste au moment où elle avait besoin de recevoir de ses nouvelles, notamment parce qu'elle regrettait la perte de son ancien groupe de camarades ; et, deuxièmement, le fait de savoir que ces regrets étaient partagés lui a rendu la conscience d'un lien qu'au même moment elle désirait renouer.

En m'entretenant avec Naomi, j'ai eu l'impression, selon la formule consacrée dans l'étude de la synchronicité, qu'un « champ inconscient s'activait », de la même manière que les champs électromagnétiques exercent une influence sur certaines personnes quand elles se trouvent dans leur rayon d'action. Autre métaphore fréquemment utilisée dans les travaux de Jung pour décrire cette simultanéité dans la coïncidence : on dit qu'une série donnée de complexes archétypiques forme tout à coup une « constellation » sous l'effet des sentiments que deux personnes ont en commun vis-à-vis d'un tournant important de leur récit personnel. S'il faut décrire ce qu'on ressent quand on se rend compte qu'on a fait le même rêve qu'un vieil ami, je trouve la métaphore de l'activation d'un champ inconscient particulièrement appropriée en ceci qu'elle résume bien l'impression d'occuper la place qui nous revient, d'entretenir des liens bilatéraux avec les autres et de fonctionner comme groupe, toutes choses qui, pour Naomi, ont constitué le sens de l'incident en question.

Toutefois, le problème de ce type de métaphores est qu'on est très tenté de les exploiter *littéralement* comme explication des « causes » de la coïncidence, de la même manière qu'on peut effectivement expliquer pourquoi deux boussoles pointent simultanément, l'une comme l'autre, vers le nord magnétique alors qu'elles sont situées à deux endroits différents du globe. Pour moi, ce qu'il y a de merveilleux dans le rêve commun de Naomi et de son camarade, c'est justement qu'il ne pouvait *pas* être causé par des « champs énergétiques » ou autres « vibrations cosmiques », qu'il échappait à l'emprise de tous, consciemment ou inconsciemment. La dimension extraordinaire et inexplicable du phénomène lui a fait prendre conscience qu'elle tenait encore beaucoup à Chris et aux autres, même si elle était en train de passer à un nouveau chapitre de son récit personnel. L'impact subjectif de la coïncidence, la vision que Naomi a de son histoire personnelle, voilà – au moins pour moi – un dénouement singulièrement producteur de sens, sans pour autant qu'on puisse discerner de relation de cause à effet.

On peut rêver, non ? – Le travail sur le rêve

Si l'on veut réellement prendre toute la mesure des rêves synchronistiques, les siens ou ceux d'autrui, on doit d'abord, comme je l'ai montré en début de chapitre, être capable de travailler de façon productive sur sa propre activité onirique, et la première chose est de partir du principe que celle-ci est chargée de sens. Aux premiers temps de la psychologie moderne, il s'agissait là d'une assertion non dénuée d'audace, mais de nos jours elle est étayée par des années d'élaboration théorique, voire, dans certains cas, par la recherche expérimentale ; elle n'est donc plus considérée comme naïve, ou comme servant uniquement les seuls objectifs de la psychologie.

Néanmoins, la présomption de signification n'implique pas forcément que le rêve soit une bouteille à la mer lancée par l'inconscient et contenant des instructions secrètes, codées, à appliquer dans des contextes bien spécifiques, ainsi que voudraient nous le faire croire les « dictionnaires » de rêves exposés aux caisses des supermarchés et où les symboles sont énumérés par ordre alphabétique, de « âne » à « zoo », et où l'on fournit des interprétations standard, universelles, valables pour tous quelle que soit l'époque considérée.

En fait, le sens véhiculé par le rêve se rapproche davantage de celui contenu dans la fiction. Mille ouvrages de critique littéraire en attestent : on peut extraire diverses interprétations de la même œuvre, ce qui peut être très utile au lecteur pour voir plus clair en soi et pénétrer plus avant dans l'univers de l'auteur. *Le Magicien d'Oz*, par exemple, a fait l'objet d'un très grand nombre d'interprétations différentes. La signification psychologique proposée par bien des jungiens, y compris moi-même (Dorothy comme symbole du Féminin archétypique, et son périple comme récit héroïque ayant pour fin la maturité psychologique) n'est qu'une des explications avancées au fil du temps. J'ai même eu droit à une interprétation selon laquelle L. Frank Baum avait voulu livrer avec ce conte une parabole de la situation économique des États-Unis au début du XXe siècle : l'étalon-or (cf. la « route pavée d'or » dans le conte) devait être abandonné au profit d'une autre source de richesse, symbolisée par la « Cité d'émeraude » et le Magicien d'Oz lui-même.

Si je cite cette gamme étendue de commentaires littéraires dans le contexte du travail sur le rêve, c'est dans l'espoir de décourager le point de vue que bien des critiques ont malheureusement tendance à adopter face au texte : c'est moi qui ai raison, vous qui avez tort ; moi je saisis le vrai sens de l'œuvre, et vous non. Devant une œuvre littéraire, cette attitude peut se justifier puisque l'interprétation rend totalement compte du contenu. Par exemple, un commentaire du *Magicien* d'Oz qui ne se préoccuperait pas de la Méchante Sorcière de l'Ouest ne tiendrait pas longtemps le coup. Mais dans le contexte du rêve, où le « texte » est entièrement subjectif, il ne peut y avoir de vrai ou de faux absolus – seulement de bonnes ou de mauvaises interprétations.

Comme en critique littéraire, l'interprétation des rêves est plus ou moins utile selon qu'elle rend bien compte de la complexité de l'imagerie d'un songe isolé ou d'une série de songes. Mais la différence est qu'il faut toujours inclure en sus l'expérience subjective : l'impression que le rêve m'a laissée, ce à quoi il m'a fait penser, la manière dont il s'insère dans l'histoire globale de ma vie. Une interprétation qui tiendrait compte de l'imagerie dans son ensemble, mais ni de l'expérience intérieure, ni du sens que le rêve revêt aux yeux du rêveur n'aurait guère de valeur, quelque élégante ou exhaustive qu'elle soit. Et pour ce qui est des rêves synchronistiques en particulier, j'espère jusqu'ici avoir bien fait comprendre au lecteur que si on néglige l'expérience subjective, les coïncidences ne peuvent pas être enrichissantes.

Chez ceux qui m'ont fait part de leur histoire, souvent ces attitudes jumelles (présomption de signification et valorisation de l'expérience subjective) venaient naturellement, car ils avaient généralement tendance à traiter leur vie intérieure – sentiments, fantasmes, rêves – avec le même sérieux que leur activité extérieure – leurs histoires d'amour, leur vie professionnelle, etc. D'ailleurs, les synchronicités sont en quelque sorte le pain quotidien des thérapeutes, qui consacrent une grande part de leur vie privée ou professionnelle à leur évolution personnelle et à celle des autres. Mais les anecdotes que j'ai rapportées montrent bien que ces personnes ne détiennent nullement le monopole des rêves ; si ce genre d'événements leur arrive, ce n'est pas parce qu'elles ont en elles-mêmes quelque chose d'extraordinaire, d'unique. Comme dans le cas de Jonathan et de son rêve de maison inachevée, ou de Pete avec sa mère naturelle rêvée, il suffit d'être un peu conscient de ce qui se passe en soi pour que, lors d'une coïncidence insolite, l'importance de la vie intérieure devienne une évidence.

Étant donné que tout le monde rêve, la meilleure façon de se mettre à travailler sur son activité onirique est sans doute de la comprendre en tant que phénomène quotidien et de l'examiner avec diligence. Certains tiennent un journal de leurs rêves, d'autres ne les notent qu'occasionnellement, quand ils ont la tête à cela ou bien qu'un rêve particulier les y pousse. La méthode consistant à dessiner, peindre ou sculpter ses images oniriques exige plus de temps, mais il y a des gens chez qui les mots ne viennent pas aisément, et pour qui c'est donc le seul moyen de rendre son dû à la vie onirique.

L'important, quand on cherche à mémoriser ses rêves, et quel que soit le procédé choisi, ce n'est pas la manière dont on s'y prend, justement – puisqu'il n'y a *pas* de « meilleure manière, de la même façon qu'il n'y a pas *une* démarche idéale pour lire un roman ou regarder un film. La bonne solution, c'est celle qui me correspond à *moi,* qui fonctionne pour *moi.* Mon amie Yvonne s'attaque aux romans et les dévore d'un coup de la première à la dernière ligne, dans le but de pénétrer l'univers créé par l'auteur. Personnellement, je préfère faire des pauses entre les chapitres, histoire de laisser mes impressions mijoter et remonter comme des bulles à la surface. Il en va de même pour nos contes intérieurs. Si l'on pose que les rêves ont un sens et qu'on passe un peu de temps en compagnie des siens en respectant ses propres inclinations, on finit invariablement par en apprendre plus qu'on ne le croyait possible sur sa vie intérieure.

Les rêves étant par essence symboliques, lorsqu'ils coïncident de manière significative avec des événements de la vie extérieure, le résultat est souvent comparable à l'effet d'un bon livre quand l'auteur a atteint son but : notre conscience s'enrichit, nous percevons de manière à la fois plus étendue et plus approfondie notre identité et la place que nous occupons dans l'univers. Au chapitre suivant, nous descendrons encore plus loin en nous-même, tout en prenant de la hauteur. En effet, nous passerons du domaine du rêve à celui de la spiritualité, où la coïncidence entre vie intérieure et événements extérieurs revêt un sens encore plus puissant sur le plan relationnel.

5

La quête de l'auteur

La synchronicité dans la vie spirituelle

L'esprit est le vrai moi.

CICÉRON.

Depuis les Lumières, période décisive de l'histoire occidentale où le culte de la rationalité et de la science empirique a commencé à remettre en question les croyances religieuses, à supplanter la foi en l'expérience spirituelle, les êtres humains se sentent parfois en proie à une espèce de dérive intérieure ; ils ne savent plus très bien comment interpréter un vécu où, jadis, ils auraient simplement vu la main de Dieu mais qui, une fois éclairé par la Raison, devient incompréhensible, voire tout bonnement impossible. Puis la révolution industrielle et ses transformations radicales ont fondé cette nouvelle foi en la science, ce qui complique encore la tâche des gens qui privilégient les aspects irrationnels et subjectifs de l'existence. Pour filer la métaphore centrale de ce livre, les expériences religieuse et spirituelle sont considérées comme « simples fictions » par ceux qui, eux, adoptent une attitude rationnelle, empirique, et puisque le sens qu'on leur attribue ne peut être prouvé (puisque leurs « causes » ne peuvent être déterminées avec précision), l'ère moderne perçoit dans le « questionnement spirituel » un trouble, un dérèglement bien spécifiques.

En esquissant à grands traits cet état des lieux afin d'introduire mon exploration de la synchronicité dans la spiritualité, je ne cherche pas du tout à nier l'évidence, à savoir qu'un grand nombre de nos contemporains possèdent un éventail stable de croyances et de pratiques religieuses, souvent liées à des communautés, des appartenances, des traditions particulières qui, à leurs yeux, résument et orientent la vie intérieure. Toutefois, au sein même de ces communautés de croyants on discerne des tendances au conflit.

Chez certains, le « questionnement spirituel » moderne revêt d'autres formes encore. Quand on rejette les croyances religieuses traditionnelles, qu'on ne voit pas en quoi les pratiques et communautés religieuses peuvent nous concerner ou nous aider, les termes mêmes de « religion » ou de « spiritualité » deviennent ouverts à toutes les acceptions et prennent parfois une signification plus individuelle que collective. Personnellement, j'ai pu remarquer que le mot « religieux » désignait fréquemment et sans ambiguïté l'institution, tandis que « spiritualité » renvoyait aux croyances ou au vécu individuels ; c'est ce déplacement sémantique qui a entraîné cet ensemble de croyances et de pratiques peu structuré qu'on appelle généralement « New Age ».

Qu'elles soient traditionnellement religieuses ou qu'elles prennent une forme spirituelle plus personnelle, il n'en reste pas moins que ces « fictions » que nous portons en nous, nos expériences, croyances et pratiques religieuses et spirituelles, constituent une part essentielle et universelle de la vie humaine, même si la foi en la raison et la science ont eu et auront encore, à l'extérieur de nous, un grand pouvoir transformationnel. Être humain, c'est raconter des histoires, vivre et utiliser des symboles afin de donner un sens à l'existence, afin de rechercher l'expérience directe, profonde, de ce qui dépasse les limites de notre bref passage ici-bas, et toute la technologie du monde ne saurait altérer ce rapport essentiel à nous-même.

Lorsqu'il suivait les débuts de la psychologie comme science, à l'époque où l'on se livrait concurrence pour identifier les constituants instinctuels fondamentaux de la psyché, Jung a apporté sa pierre à l'édifice en inventant le concept de « moment religieux » ; il avait en effet observé que de tout temps l'homme avait raconté des histoires retraçant les origines de toute chose, afin de découvrir le sens de l'univers et de le représenter à travers des rituels destinés à susciter l'expérience de la réalité transcendante.

De nos jours, des tensions nettement perceptibles opposent les tenants d'une vision du monde purement scientifique et ceux qui, au contraire, posent l'existence d'une puissance supérieure ; et que cela nous plaise ou non, il nous arrive à tous de traverser des périodes de transition déterminantes par rapport à la place qu'occupe le sacré dans notre vie. Mes croyances sont-elles des « fictions » au sens le moins respectable du terme, autant de fantasmes autosatisfaits que j'ai formulés, fabriqués de toutes pièces sur la nature de l'existence pour me rassurer, me consoler ou m'abuser ? Peut-on « prouver » l'existence de Dieu d'une manière ou d'une autre si chacun d'entre nous possède son expérience subjective propre – ce qui lui est arrivé à *lui* et pas à un autre, ce qu'il a ressenti, ce que cela signifie pour *lui* ?

On l'a vu, chaque fois que se posent de graves questions, chaque fois qu'il y a une histoire à raconter, une transition à opérer, très souvent les phénomènes synchronistiques jouent un rôle important, voire décisif. Et quand il s'agit d'histoires liées à la vie spirituelle ou religieuse, le principe de relations acausales gisant au cœur de l'expérience synchronistique – le rapport significatif entre réalité objective et expérience subjective – fournit un moyen de réunir les exigences conflictuelles de la rationalité et de la croyance.

C'est ainsi que, dans ce chapitre, non seulement nous allons examiner l'influence des coïncidences significatives sur le récit personnel d'un certain nombre d'individus dans le domaine de la vie spirituelle, mais, par ailleurs, la valeur accordée à l'expérience subjective nous conduira aussi à évoquer quelques problèmes fondamentaux concernant la nature de l'expérience religieuse, ses rapports avec la vision scientifique du monde et la démarche psychologique, vis-à-vis tant de la science que de la religion. Grâce à ces anecdotes relatant l'intervention de la synchronicité dans la vie spirituelle, nous aurons une conception plus claire de l'expérience humaine.

Comment j'ai rencontré mon guide spirituel

Je m'en suis aperçu en menant mes recherches pour le chapitre consacré ici à l'amour et à l'amitié, il suffit généralement de demander aux gens comment ils ont rencontré leur mari, leur femme, leurs amants pour s'entendre raconter une synchronicité. Je n'ai donc pas été surpris de découvrir que le même phénomène restait valable quand on les interrogeait sur leur évolution spirituelle. Faites-leur dire comment ils ont rencontré leur guide spirituel, comment ils se sont engagés dans une voie qu'ils considèrent également comme telle, et le plus probable est que tout a commencé par une synchronicité. Toutefois, je ne m'attendais pas à ce qu'ils soient si nombreux à n'avoir jamais raconté à personne leur éveil spirituel ; c'est bien le signe, à mon avis, du peu de cas (ou, au contraire, du grand cas) qu'on fait du sacré, alors que dans d'autres civilisations, il occupe une place centrale dans les relations entre les êtres. Quoi qu'il en soit, j'ai été flatté que ces êtres me content comment ils se sont mis en route vers une conscience plus vaste.

Rétrospectivement, je n'aurais pas dû m'étonner, sur le moment, de recevoir un coup de téléphone d'une jeune femme nommée Ellie alors que je m'apprêtais à rédiger le premier jet de ce chapitre. Un de ses amis lui ayant dit que j'écrivais un livre sur la synchronicité, elle a eu l'idée de me proposer l'histoire de son propre éveil spirituel. Ce jour-là, j'avais l'intention de travailler sur mon texte ; mais j'ai résolu de mettre en pratique mes propres conseils en matière de synchronicité et de m'ouvrir au caractère potentiellement significatif de la coïncidence. J'ai donc accepté de la rencontrer et peu après, en ce printemps californien, nous nous sommes retrouvés dans un centre commercial bondé proche de sa faculté.

« Je n'ai jamais raconté cette histoire à personne, m'a-t-elle avoué, mi-intimidée, mi-enhardie. Et si je suis là, étant donné ce que je fais dans la vie, c'est entièrement par hasard. » Elle faisait une maîtrise de sciences à l'UCLA sans que la psychologie et encore moins la spiritualité tiennent la moindre place dans sa vie. L'année précédente, alors qu'elle était âgée de vingt-cinq ans, elle avait traversé une crise, un « accident de parcours » : elle s'était rendu compte que, finalement, la carrière scientifique à laquelle elle se destinait depuis toujours ne correspondait pas à ses aspirations ; malheureusement, elle ne savait pas où était sa véritable vocation.

« J'avais l'impression d'être arrivée à la fin de quelque chose. Je n'envisageais pas le suicide, mais je savais qu'un chapitre de ma vie était clos. » Coup de chance, un ami lui a donné un livre de Marianne Williamson, qu'elle a lu avec intérêt ; c'était la première fois qu'elle avait ce genre d'ouvrage entre les mains. Intriguée par la démarche spirituelle de l'auteur, elle a eu envie d'aller l'écouter, mais son intention est restée lettre morte car les conférences avaient lieu trop loin et elle ne possédait pas de voiture. Toutefois, elle a appris que M. Williamson animait une émission de radio, qu'elle s'est mise à écouter régulièrement ; au cours des six mois suivants, elle s'est sentie de plus en plus attirée par son message spirituel.

Ce qui piquait tout particulièrement sa curiosité, c'étaient ses continuelles allusions à un centre communautaire spirituel appelé Agapê, dont elle a bientôt obtenu le numéro de téléphone, tout simplement par les renseignements. Elle s'est rendu compte alors que, second coup de chance, il était situé à dix minutes à pied de chez elle. Elle s'est mise à en suivre assidûment les activités. Au même moment, son oncle, hypnothérapeute de formation lui a demandé si elle était disposée à lui servir de sujet, non dans une perspective psychothérapeutique mais pour se débarrasser d'une sale manie : elle se rongeait les ongles.

« Donc, voilà que tout à coup, sans en avoir véritablement eu l'intention, je me rendais régulièrement au centre Agapê et je suivais une hypnothérapie. » Elle raconte lentement, comme si elle-même avait du mal à y croire. Sa prise de conscience intérieure s'est poursuivie dans l'un et l'autre de ces deux lieux. Un soir, comme elle feuilletait un magazine dans une librairie, ses yeux sont tout à coup tombés sur un livre que quelqu'un avait laissé sur une table devant elle. À la faveur de cet accident, elle y a jeté un rapide coup d'œil. Peu impressionnée, elle y a tout de même trouvé une référence à Ken Wilbur et à la psychologie transpersonnelle ; elle n'avait jamais entendu parler ni de l'un ni de l'autre.

Peu de temps après sa rencontre fortuite avec cette discipline, Ellie a vécu lors d'une de ses séances de méditation régulières une importante expérience spirituelle qu'elle perçoit comme une « communion avec son moi supérieur ». Et elle est enfin sortie de sa longue phase de confusion et de désorientation : elle su ce qu'elle devait faire de sa vie, su les buts qu'elle devait se fixer et comment les atteindre. Cette vision lui communiquait le message que la psychologie transpersonnelle était sa voie, même si, à l'époque, elle ne savait pas de quoi il s'agissait.

Quelque temps après, dans un café, Ellie a échangé des regards avec un jeune homme assis au fond de la salle. Tout d'abord elle a fui ce regard insistant, puis décidé de « se laisser porter » ; elle est allée se présenter et a entamé la conversation. Au bout d'un moment, elle a appris que ce jeune homme était en maîtrise de psychologie ; à tout hasard, elle lui a demandé s'il connaissait la psychologie transpersonnelle. Il a commencé par répondre que non, cela ne lui disait rien du tout, mais, après mûre réflexion, il a ajouté que la mère d'un de ses amis avait fréquenté dans le nord de l'État une école spécialisée dans la psychologie, la John F. Kennedy University ; il n'en savait pas plus. À ce stade de son récit, Ellie se met à sourire.

« Le lendemain j'ai appelé les renseignements et obtenu le numéro de l'établissement. J'ai téléphoné et posé la question que je serinais à tout le monde depuis mon épisode de lucidité, à savoir : savait-on ce que c'était que la psychologie transpersonnelle ? On m'a ri au nez. “Mais mademoiselle, nous dispensons une *maîtrise* dans ce domaine !” C'est ainsi que j'ai atterri là-bas et décidé de faire un doctorat dans cette discipline pour devenir psychothérapeute. Et tout ça suite à une série de coïncidences : le livre de M. Williamson m'était tombé entre les mains par hasard, ainsi que celui de la librairie, sur quoi mon moi supérieur m'avait révélé que ma voie était la psychologie transpersonnelle, et j'avais justement rencontré la personne capable de m'orienter vers la J.F.K. University, alors que ce type ne savait pas lui-même ce que c'était ! »

Conséquence de ce qui paraît être, de l'extérieur, une simple succession d'occurrences aléatoires, Ellie a acquis la certitude d'avancer dans la bonne direction, à la fois sur le plan spirituel et dans sa vocation ; et le rôle joué par le hasard dans cette réorientation bénéfique confère un petit parfum magique à son histoire, comme c'est souvent le cas dans les synchronicités.

Nous serions nombreux à rapporter des anecdotes similaires concernant la révélation de la direction à prendre, qu'il s'agisse de la vie intérieure ou de la conduite à tenir dans le monde. Celle d'Ellie, avec ses multiples événements aléatoires, est dépourvue du côté tragique, voire hautement improbable, d'autres coïncidences significatives rencontrées ici. Mais ce qu'il importe de bien comprendre, c'est le sens qu'elle leur a attribué : elle a eu l'impression qu'ils la conduisaient, concrètement et spirituellement, vers le lieu de sa véritable vocation spirituelle. Elle ne s'est pas mise en devoir de localiser la « J.F.K. University ». Elle n'a pas *décidé* de devenir psychothérapeute. Elle ne s'est pas dit un jour : « Je vais combler mon vide spirituel » pour se mettre alors à fréquenter l'église, consciemment, délibérément, dans le but d'atteindre à la plénitude spirituelle. En fait, en amorçant son « éveil spirituel », comme elle dit, elle ignorait complètement ce qu'elle devait faire, vers où elle devait se tourner pour surmonter le désenchantement que lui inspirait la perspective de sa carrière scientifique.

Les corrélations qui se sont établies dans sa vie, elle les a *subies* et non provoquées ; pourtant, elles ont acquis beaucoup de sens à ses yeux et ont eu des conséquences déterminantes, intérieurement et professionnellement. Est-ce ainsi qu'elle interprète les événements, avec le recul ? A-t-elle « fabriqué » cette histoire en plaquant un sens sur des événements aléatoires ? Oui et non. À l'en croire, ces occasions à saisir, extérieures par nature, qu'ont été pour elle le centre Agapê, l'hypnothérapie et la psychologie transpersonnelle se sont présentées à un moment où elle était ouverte à la transformation, et elle a réagi en prenant des initiatives. Comme dans toutes les histoires de ce livre, une coïncidence peut être ou non productrice de sens selon l'attitude qu'on adopte vis-à-vis d'elle.

Roberta, elle, a trouvé sa voie spirituelle à la faveur d'une coïncidence encore plus improbable, mais tout aussi génératrice de transformation personnelle. Alors qu'elle traversait les États-Unis en voiture, lasse de l'autoroute de contournement de l'Ohio, elle a brusquement bifurqué, comme ça, sur une impulsion, et décidé de poursuivre son trajet vers l'ouest en empruntant, au moins temporairement, les petites routes de campagne. Au loin, au milieu des champs qui se déroulaient à perte de vue, elle a repéré des bâtiments. En s'approchant, elle a vu des gens qui s'affairaient ; il y avait des couleurs partout et, visiblement, on fêtait quelque chose. Intriguée par ces réjouissances organisées tellement à l'écart des sentiers battus, elle a suivi son instinct et est tombée sur une communauté spirituelle structurée autour d'un gourou. Ce qu'on commémorait, c'était justement la création de la communauté par ce personnage, et l'arrivée inopinée d'une inconnue en la personne de Roberta a été considérée comme un signe de bon augure par ces gens, qui maintenaient une tradition d'hospitalité.

Roberta a été frappée par la coïncidence, un peu comme Pete en tombant par hasard sur Mary au beau milieu du désert Mojave ou mon ami John en rencontrant en Inde, dans un ashram reculé, celui qui allait devenir son mentor. Roberta est restée le temps d'en savoir un peu plus sur la communauté, son chef spirituel et ses mœurs ; aujourd'hui, elle dit que son propre éveil spirituel date de ce fameux jour, « au milieu de nulle part », la morale de l'histoire étant, je suppose, que les routes mènent toujours quelque part, contrairement à ce qu'on pourrait croire.

Autre coïncidence synchronistique à base de kilomètres parcourus et d'intuitions suivies, Naomi m'a raconté ce qui lui était arrivé quand elle avait dix-sept ans et qu'elle vivait au Népal, dans un ashram elle aussi. Elle souffrait depuis longtemps d'une maladie chronique qu'aucun praticien, occidental ou autre, n'avait pu guérir, ni même identifier formellement. Après avoir rêvé une nuit d'un homme qu'elle ne connaissait pas mais dont le visage lui était apparu très clairement, et malgré sa maladie, elle a quitté l'ashram pour se mettre à voyager.

Les difficultés ne manquaient pas étant donné son état mais, comme Roberta, Naomi a continué à se déplacer au hasard, en obéissant à son intuition ; à un moment donné, elle s'est sentie particulièrement attirée par une ville indienne. Découvrant un centre de naturopathie et espérant qu'on y restaurerait sa santé déclinante, voilà qu'elle se trouve, ahurie, face à l'homme dont elle avait rêvé des mois plus tôt et dont elle se rappelait très bien le visage. Pressentant distinctement que le songe et la rencontre ultérieure étaient un signe à ne pas négliger, elle a suivi le traitement qu'il lui a prescrit... et elle a fini par guérir ; sur quoi elle a passé trois ans de formation dans le même centre et avec le même homme, dont les compétences tant médicales que spirituelles lui ont ouvert les yeux sur la corrélation entre corps et esprit, à une époque où sa personnalité était justement en pleine formation.

Les circonstances dans lesquelles Barry, lui, a fait la connaissance de son professeur d'astrologie ont été marquées dès le début par une synchronicité et se sont conclues sur une leçon bien différente de celle qu'il s'attendait à recevoir. Écoutons-le :

« En 1981, comme je fréquentais l'université de Chicago, j'ai décroché une bourse pour partir étudier le bengali à Calcutta. Étant donné que j'avais choisi l'astrologie indienne comme sujet de thèse, j'ai mené mon enquête et déniché un astrologue, un vieux Bengali qui était d'accord pour m'enseigner les rudiments de cette discipline. Prodip – tel était son nom – était un homme très intéressant qui avait vécu une existence mouvementée. Durant mon premier séjour là-bas, il m'a suggéré de rencontrer son fils, également astrologue et chiromancien, qui portait le nom de Torun.

« Il faut savoir que, le plus souvent, les astrologues et chiromanciens indiens partagent un même espace avec un bijoutier car ils prescrivent des pierres fines. C'est ainsi qu'au bout d'un temps, quand j'ai décidé de me mettre en quête de Torun, je me suis retrouvé dans une minuscule bijouterie, blottie au milieu d'autres boutiques, dans une étrange ruelle de Calcutta où tout tombait en ruine de façon très pittoresque, comme toujours en Inde. J'ai frappé à la porte de l'"antichambre" de Torun, comme on dit là-bas, et j'ai découvert dans une espèce de réduit un homme assis derrière un bureau ; légèrement bedonnant, il avait environ quarante-cinq ans, le teint sombre et le regard extraordinairement intense. Je me suis présenté, précisant que j'étais envoyé par son père, mais je ne me suis pas senti fasciné par lui ; la brève séance de divination qu'il m'a accordée ne m'a pas autrement ému, alors je l'ai remercié et je suis parti.

« De retour à Chicago, j'ai passé mes examens écrits, puis voyant qu'on ne m'accordait pas de nouvelle bourse pour retourner en Inde, je me suis demandé si, en fin de compte, là était bien ma voie. Toutefois, à la dernière minute, j'en ai tout de même obtenu une et je suis reparti. C'était début 1983. Et là, j'ai compris qu'une partie de mon âme était restée à Calcutta. C'est vraiment une ville captivante, une des plus captivantes du monde, et en tout cas d'Inde. Extrêmement cosmopolite, mais très traditionnelle aussi, très tribale ; pleine de constructions à l'abandon, à moitié en ruine. Très belle dans sa décadence. Et on y trouve tous les malheurs et tous les vices possibles et imaginables, ainsi qu'une inépuisable source de chaleur et de richesses culturelles.

« Puisque à présent je connaissais bien le bengali, j'ai pensé retourner auprès de Prodip et recevoir son enseignement. Mais quand je me suis présenté devant lui, il s'est excusé : il était trop âgé pour prendre d'autres élèves. Profondément déçu, je l'ai supplié, mais il a persisté dans son refus, arguant que j'avais toujours la possibilité de travailler avec son fils. "L'as-tu rencontré ?" s'est-il enquis. J'ai répondu que oui – distraitement, sans y accorder plus d'intérêt –, mais Prodip m'a pressé de retourner le voir. Je suis parti complètement découragé, sans grande intention de suivre son conseil.

« J'ai encore hésité une semaine en me demandant avec qui j'allais bien pouvoir étudier. Un jour, je me rendais d'un bon pas à l'institut que je fréquentais ; j'avais décidé de me trouver le jour même un autre professeur d'astrologie ; et au dernier coin de rue j'ai aperçu deux hommes. Je leur ai jeté un bref coup d'œil, puis j'ai marqué un temps d'arrêt : ils me regardaient fixement. Tout à coup, le plus jeune a fait preuve d'une grande excitation à ma vue ; moi, je ne voyais pas du tout qui il pouvait bien être. Il s'est approché en disant : "Salut ! Comment ça va ?" et ainsi de suite. J'ai réagi prudemment, avant de m'enquérir : "On se connaît ?" Il s'est avéré que nous ne nous étions jamais rencontrés. Mais l'autre homme se contentait de fixer sur moi un regard intense, si intense, même, que j'ai fini par ne plus prêter attention à son jeune compagnon si démonstratif. Je lui ai souri, sans bien savoir pourquoi, et il a fait de même. Je ne me souvenais pas de lui mais je me suis tout de même tourné vers lui pour le saluer.

– Vous vous souvenez de moi ? m'a-t-il demandé.

– Non, mais vous me paraissez familier.

– Je suis Torun, le fils de Prodip.

– Ah, bonjour ! Je voulais vous rencontrer, justement. Je voudrais évoquer avec vous la possibilité de suivre votre enseignement.

« Sur quoi il s'est brusquement montré très chaleureux. "Très bien, suivez-moi." Et à compter de ce moment nous sommes devenus inséparables. Cette rencontre fortuite, dans la rue, avait tout changé ; moi qui, au départ, ne m'étais pas du tout senti intéressé, j'étais tout à coup attiré vers lui comme par un aimant, sans savoir pourquoi, mais convaincu que nous étions faits pour nous entendre. J'avais enfin trouvé la personne avec qui je devais étudier, sans l'avoir le moins du monde recherchée. »

Après être tombé ainsi par hasard sur un homme qu'il avait déjà vu mais que, dans la rue, il n'avait pas reconnu, Barry a bâti avec lui des relations durables. Avec son aide, du moins au début, il a approfondi sa connaissance de l'astrologie et de l'hindouisme et avancé sur sa voie spirituelle. Avec le temps, leurs rapports sont devenus plus complexes, plus ardus : Torun ne lui cachait pas ses propres lacunes et l'incitait à suivre son chemin personnel au lieu de se raccrocher aveuglément à son guide.

L'histoire de Lisa et de son cheminement, également jalonné de synchronicités, met en valeur la leçon que Barry a tirée de son expérience au côté de Torun : la prise de conscience spirituelle survient lorsqu'on prête attention aux soubresauts de l'âme, à l'*intérieur* de soi, et non nécessairement quand on se repose sur les maîtres et leurs enseignements, c'est-à-dire sur l'*extérieur*. Dans son cas, c'est la nature qui a joué le rôle de guide spirituel, par le biais de coïncidences significatives profondément déterminantes.

Issue de la solide tradition des protestants sudistes, Lisa avait fréquenté l'église toute sa vie, à la fois comme fidèle et comme participante active. Mère de trois enfants, à l'époque elle en voulait beaucoup à son mari de ses absences répétées – il était représentant de commerce –, et ce malgré l'amour qu'elle lui portait ; en fin de compte, elle s'est rendue à l'évidence : affectivement, il ne pouvait pas lui apporter ce dont elle avait besoin. Une fois ses enfants devenus autonomes, et après qu'elle eut repris ses études afin de réaliser son vœu – devenir kinésithérapeute –, elle a décidé, avec son accord, de se séparer de lui plutôt que de poursuivre cette relation peu satisfaisante étant donné la distance qui s'était installée entre eux.

Malheureusement, elle n'avait pas prévu la réaction de la paroisse dont ils étaient membres depuis des années. Et elle s'est aperçue que la plupart des fidèles, dont elle avait pourtant été très proche, prenaient le parti de son époux : grâce à son bagout de représentant, il avait su tourner les faits de manière à s'attirer leur sympathie et leur compréhension ; certains allèrent même jusqu'à incriminer exclusivement Lisa et son appétit d'indépendance, sa volonté de s'affirmer par elle-même. La sensation d'être jugée, l'absence de soutien de la part de son ex-communauté religieuse ont représenté pour elle un véritable obstacle ; et cela a créé les conditions idéales à l'apparition d'événements synchronistiques : une période de transition.

Elle s'est mise à faire des songes et à avoir des visions de toutes sortes, phénomènes qui lui étaient jusque-là parfaitement étrangers. Une série de rêves mettait notamment en scène certains rites et figures religieuses amérindiens – tels que cercles de guérison, sorciers, chamans... En outre, quand ses pensées se mettaient à vagabonder pendant la journée, Lisa voyait et entendait souvent des êtres qui s'adressaient à elle. Une autre série de songes et de visions faisait intervenir des figures non identifiées, mais qui, elle l'a su plus tard, étaient en fait des divinités hindoues : le dieu-éléphant Ganesh et le puissant dieu mâle Shiva, avec lequel elle se voyait faire l'amour. Quelque peu choquée par cette imagerie « païenne », par rapport à sa stricte éducation chrétienne, elle m'a dit que son thérapeute de l'époque – auprès duquel elle avait principalement cherché un soutien au moment de la rupture – l'avait encouragée à suivre le fil de ces visions, histoire de voir où elles la conduiraient.

Et c'est à la nature qu'elles l'ont finalement amenée. Les figures individuelles ont progressivement cédé la place à l'apparition régulière, dans sa vie spirituelle, de « guides animaux », selon son expression. Cette phase de son cheminement a débuté par une synchronicité particulièrement impressionnante. Elle a eu la vision d'un énorme serpent, si gros qu'elle n'en pouvait percevoir les extrémités, et qui gisait devant ses yeux, sur un autel, comme un objet sacré à vénérer. Or, quelques jours plus tard, elle est allée se promener dans un coin de nature où elle avait pris l'habitude de venir méditer après son divorce ; elle s'est assise pour se reposer sur un tronc d'arbre tombé et, là, elle a entendu un bruissement dans les feuillages. En scrutant les fourrés, elle a découvert un magnifique serpent qui est passé à côté d'elle avant de disparaître. Cette coïncidence entre vision intérieure et réalité extérieure a représenté pour elle une sorte de confirmation synchronistique, à l'issue de laquelle ses certitudes se sont trouvées renforcées : ses nombreux rêves et visions étaient le signe qu'un étrange processus d'évolution spirituelle était bel et bien à l'œuvre au plus profond d'elle-même.

À compter de ce jour, Lisa s'est lancée dans une quête visionnaire toute personnelle, notamment en revenant sans cesse au même endroit et en mettant au point un rituel fondé sur ses visions, ainsi que sur certaines lectures touchant à la spiritualité dans ses rapports avec la nature. Elle traçait autour d'elle un cercle – symbole de globalité et de protection –, déposait des offrandes de nourriture – symboles de respect et de communion – aux esprits animaux, puis attendait que « quelque chose » se manifeste. Et chaque fois, ou presque, elle recevait la visite d'animaux du voisinage. Oiseaux, lézards, serpents et insectes faisaient leur apparition devant elle, parfois suite à une requête spécifique, parfois simplement pour lui tenir compagnie.

Quand Lisa m'a raconté cette histoire, j'ai été frappé par les similitudes entre ses pratiques spirituelles spontanées et les rites amérindiens. Pour sa part, Lisa a eu le sentiment que, une fois libérée de son mariage contraignant et de ses pratiques religieuses traditionalistes, elle avait pu entrer en communication avec l'esprit naturel de la terre – terre qui, bien évidemment, avait été occupée à cet endroit-là, et pendant des milliers d'années, par les êtres mêmes dont elle semblait recréer les coutumes à son usage personnel. Elle habitait à l'époque la banlieue récente d'une grande ville du Sud, mais sa famille était présente un peu partout dans la région depuis plus de deux cents ans, et elle a fini par s'expliquer ses expériences par la prise de conscience du lien profond qui l'attachait à sa terre.

Contrairement aux histoires précédentes – où, par l'intermédiaire de séries d'événements imprévus, des êtres se sont trouvé un guide spirituel ou ont accédé à un plan de conscience supérieur –, le récit de Lisa et de sa rencontre avec son guide spirituel à elle, sous la forme de la nature et du passé vivant de la Terre, narre une synchronicité d'une espèce différente. Le fait qu'elle ait spontanément conçu un rituel proche de coutumes dont elle ignorait tout en se fondant sur des visions de guides et de dieux eux-mêmes étonnamment proches de figures religieuses existantes..., tout cela semble démontrer que les synchronicités ne sont pas forcément des phénomènes isolés et spectaculaires, mais qu'elles peuvent aussi prendre l'aspect d'un lent processus d'irruption de la globalité dans le récit personnel.

Tout est-il synchronicité ? – La perception du sens dans l'événement

Si je me suis correctement acquitté de ma tâche, je dois m'attendre à ce que, devant toutes ces expériences synchronistiques – certaines retentissantes, d'autres plus humbles, mais toujours significatives sur le plan externe autant que génératrices de transformation interne –, le lecteur se demande à ce stade : « Mais qu'est-ce qui *n'est pas* synchronistique ? » Et cette interrogation est particulièrement valide dans le domaine de la spiritualité ou de la religion. Je vais donc lui proposer un certain nombre d'exemples montrant comment on perçoit comme producteurs de sens les phénomènes aléatoires de la vie, non pas parce qu'ils entraînent des transformations extérieures spécifiques (un emploi, une liaison amoureuse, une amitié), mais en raison de mutations *intérieures,* également spécifiques, engendrant une nouvelle vision de soi – ces dernières ne pouvant être ni confirmées ni infirmées par autrui.

Lisa a peut-être plaqué une interprétation spirituelle sur ses apparitions d'animaux dans le seul but de se sentir un peu mieux dans sa peau. Si ça se trouve, Ellie présente son entrée en doctorat de manière à faire croire qu'elle a été guidée par une puissance spirituelle supérieure. On peut peut-être tirer des conclusions philosophiques ou religieuses renversantes de tout ce qui nous arrive. Peut-être introduit-on ce genre de signification dans sa vie uniquement pour se sentir important, voire « élu ».

Voltaire, quintessentielle incarnation de la pensée des Lumières, a donné avec *Candide* une merveilleuse satire moquant le manque de discrimination, la facilité et donc la bêtise avec lesquels on a parfois tendance à voir du sens partout, et il en a profité pour répondre à de multiples questions. Candide est suivi en toute circonstance, de catastrophe en catastrophe, par Pangloss, son professeur, qui, en dépit des apparences, s'obstine à affirmer que tout est pour le mieux dans le meilleur des mondes possibles. L'histoire s'achève sur une de ses fameuses tirades : « Tous les événements sont enchaînés dans le meilleur des mondes possibles ; car enfin, si vous n'aviez pas été chassé d'un beau château à grands coups de pied dans le derrière pour l'amour de Mlle Cunégonde, si vous n'aviez pas été mis à l'Inquisition, si vous n'aviez pas couru l'Amérique à pied, si vous n'aviez pas donné un bon coup d'épée au baron, si vous n'aviez pas perdu tous vos moutons du bon pays d'Eldorado, vous ne mangeriez pas ici des cédrats confits et des pistaches. »

Et de fait, dans un ouvrage traitant de la synchronicité, les phénomènes aléatoires sont qualifiés par leurs acteurs de significatifs et transformationnels, et là on songe à Pangloss : tout ou presque (l'apparition d'un serpent, la rencontre d'un professeur d'astrologie, une entrée en doctorat) acquiert une portée grandiose, susceptible de bouleverser toute une vie. Mais la satire de Voltaire, comme toutes les satires, naît de l'exagération et je connais peu de personnes qui, à l'image de Pangloss, professent une foi inébranlable dans le caractère significatif des choses qui leur arrivent, ou qui seraient prêts à affirmer que, s'ils n'avaient pas vu un serpent ou rencontré leur conjoint, l'entière harmonie de l'univers s'en serait trouvée rompue.

J'aimerais attirer l'attention du lecteur sur le fait que, jusqu'ici, la plupart de mes anecdotes, y compris les plus récentes, font intervenir des gens qui ne savent plus ni que faire ni où aller, qui ne philosophent pas sur les événements en disant que « tout est pour le mieux dans le meilleur des mondes possibles ». En fait, la signification des synchronicités semble souvent contredire directement les convictions qu'on a envie d'avoir. Lisa a ressenti un grand trouble lorsque les membres de sa congrégation lui ont tourné le dos ; elle n'avait pas du tout envie de les quitter. De la même manière, la crise qu'a connue Ellie s'est produite au moment où elle ne pouvait plus refuser de voir que la carrière scientifique à laquelle elle voulait trouver un sens ne renfermait en réalité aucune perspective satisfaisante pour elle.

Ce qui s'est passé dans la plupart de ces histoires, sinon dans toutes, c'est que, contre leur gré et par le biais de la coïncidence, des êtres se sont brusquement rendu compte d'une chose : ce qu'ils *pensaient* croire sur eux-mêmes et leur vie – affective, professionnelle, psychologique et spirituelle – n'était en fait pas du tout ce qui leur convenait. Dans un livre, on est obligé de relater des anecdotes après coup, une fois que les individus ont formulé le sens qu'ils y ont perçu, et cela a tendance à masquer que, sur le moment, la charge significative des événements – le sens qu'ils prendront ultérieurement dans le récit personnel – n'était pas aussi claire, aussi précise.

Les sujets cités ici paraissent attribuer avec une aisance toute « panglossienne » un sens formidable, voire carrément cosmique, à des phénomènes mineurs, et on peut en concevoir un certain trouble ; mais cela est dû à la nécessité de rapporter les événements *a posteriori,* et je conseille au lecteur de s'attacher plutôt à l'expérience subjective. Si ces vies sont autant d'histoires, le récit qui m'en a été fait et celui que je présente dans ce livre en sont des versions revues et corrigées. C'est dans le *brouillon*, dans le vécu de départ, que réside essentiellement l'expérience du sens aux yeux des personnes concernées.

Mais, même ainsi, la question n'est pas entièrement résolue : reste à savoir si, comme je l'ai dit, ces gens n'ont pas rétrospectivement « plaqué » sur les événements le sens qu'ils voulaient y trouver. L'objection est intéressante en ceci qu'elle pose un problème apparemment en opposition avec l'équilibre subjectif/objectif que la psychologie s'efforce d'atteindre : l'expérience subjective est-elle plus importante que le vécu objectif ? Ou, pour réutiliser notre image fondamentale : sommes-nous bien, en fin de compte, l'auteur de notre récit personnel ? Si le sens est un phénomène parfaitement subjectif par lequel on se raconte des histoires sur sa propre vie afin d'y comprendre quelque chose, n'est-il pas *absolument nécessaire* que nous en soyons l'auteur ?

Le fait le plus remarquable, comme on a pu s'en rendre compte à maintes reprises dans ces pages, c'est que les narrateurs ne se considèrent *pas du tout* comme les auteurs de leurs expériences. Lorsque survient une coïncidence entre un état intérieur et un événement extérieur aléatoire qu'on n'a ni provoqué ni recherché, on n'a pas l'impression d'avoir écrit l'histoire, mais qu'une force objective, externe, quelque principe ou ordre divin, Dieu ou Destinée, met en œuvre un plan à nous seul réservé. Sur le moment ou rétrospectivement, on perçoit dans la succession des occurrences une structure, une intention qui nous paraissent objectives, qui *res-*

semblent à une histoire rédigée par autrui, bien loin de ce que nous aurions écrit *nous*. En fait, le plus magique c'est justement qu'on ait vécu ceci ou cela tant c'était improbable, à l'image des coïncidences elles-mêmes.

Mais alors, *qui* est l'auteur ? D'où vient le sens du récit personnel ? Pour les croyants, chez qui l'expérience subjective pose l'existence objective d'un Dieu, cela ne fait pas de doute : l'auteur, c'est Dieu. S'ils avaient eu foi en un Dieu impliqué dans notre vie quotidienne, mes personnages n'auraient pas perçu comme synchronistiques les événements qu'ils ont vécus. Ils se seraient bornés à dire : « Dieu m'a conduite vers mon époux », « C'est par une intervention divine que j'ai trouvé cet emploi », ou : « Si j'étais là quand c'est arrivé, c'est parce que Dieu nourrissait un dessein à mon intention. »

Mais que se passe-t-il si je ne partage pas, si je ne *peux pas* partager vos convictions religieuses, votre croyance en l'existence objective de Dieu ? La question de l'origine du sens, ou de l'identité de l'auteur, me rappelle un trait d'esprit de Voltaire, toujours lui, qui déclarait avec son irrévérence coutumière : « Si Dieu n'existait pas, il faudrait l'inventer. » À cette observation – la nécessité d'inventer Dieu –, Jung a apporté une explication plus argumentée, plus sérieuse. D'après lui, en effet, nous n'avons pas, comme le prétend Voltaire, délibérément et spécieusement « inventé » Dieu : au lieu de cela, nous avons tous en commun la faculté de voir ou de nous représenter mentalement la totalité.

La notion jungienne d'archétype, je l'ai dit en introduction, recouvre un mode d'expérience caractéristique, un schéma de perception et de discernement psychologiques commun à tous les êtres humains. Un de ces modes, peut-être le plus important de ceux identifiés par Jung, est l'archétype de la totalité, l'aptitude à percevoir une unité fondamentale dans les éléments épars de l'expérience. On l'a vu dans les précédentes synchronicités, la perception de la totalité provient non pas de l'ego, de la conscience qu'on a de son individualité, mais de ce que le sens perçu en rassemble toutes les facettes, tous les éléments de l'expérience personnelle dont on *n'avait pas* conscience, justement – toutes les potentialités dormantes ou en germe, les aspects de notre personnalité dont nous ignorions encore l'existence.

C'est pour cette raison que Jung a nommé « Soi » cet archétype de la totalité : en faire l'expérience, c'est entrer en contact avec

« une entité sur-ordonnée au Moi[1] », la totalité de ce que nous sommes formant alors une structure cohérente, comme dans une histoire dont tous les éléments ont une place et une signification propres. Selon Jung, cette forme d'expérience (un événement active la faculté archétypique de percevoir la totalité) est responsable de la réaction de l'ego face à la certitude soudaine que le sens du phénomène provient de *l'extérieur*, d'une source située en dehors de nous, d'un principe organisateur objectif inhérent à l'univers. Quand je fais l'expérience de cette totalité, je n'ai pas l'impression que ce que je suis, mon ego, ma personnalité ordinaire, soit l'auteur de la charge significative, mais plutôt qu'il existe un auteur, un Soi avec un « S » majuscule dont le projet à l'égard de mon existence tient du merveilleux et revêt un caractère exhaustif dans l'organisation et l'homogénéité.

Cet archétype de la totalité est responsable de ce que Jung appelait l'« image de Dieu » dans la psyché humaine. Cette expression, qu'il préférait au terme « Dieu » tout court, n'est destinée ni à rejeter la possibilité qu'il existe effectivement un Dieu objectif, ni à dénigrer les croyances et expériences des êtres capables de formuler de telles affirmations objectives à propos des réalités ultimes. Elle a pour seul but de relever les éléments caractéristiques de l'expérience humaine permettant à certains de percevoir une intervention divine dans leur vie, et aux autres, ceux qui ne croient pas en Dieu, de comprendre pourquoi l'image de Dieu est si prégnante, si universelle, si cruciale – de comprendre que, pour citer à nouveau Voltaire, « si Dieu n'existait pas il faudrait l'inventer ».

L'auteur du récit personnel aurait donc l'aptitude à percevoir la totalité, l'archétype du Soi, ce qui permet aux phénomènes aléatoires de se lier entre eux à travers leur sens subjectif. Pour ceux qui, comme saint Thomas d'Aquin, par exemple, voient en Dieu le premier maillon de la chaîne causale – celle-ci constituant la totalité de l'univers –, les accidents n'existent pas puisque Dieu est l'Auteur de tous les récits. Pour d'autres, qui ne perçoivent pas avec une foi aussi inébranlable un principe organisateur objectif au sein de l'univers, ceux qui ont moins de certitudes quant au rôle de Dieu dans la vie quotidienne, ou ceux que la croyance en un Dieu objectif n'empêche pas de s'intéresser à ce qui rend les *humains* capables de percevoir et de connaître Dieu, le concept jungien du « Soi »

1. C. G. Jung, in *Dialectique du moi et de l'inconscient*, Gallimard, 1973.

permet d'aborder et de comprendre sur un plan résolument non théologique les coïncidences significatives.

À travers le principe psychologique de synchronicité, c'est sur la réalité subjective qu'on met l'accent, ce que n'autorisent ni le point de vue religieux, ni le point de vue scientifique quand il s'agit de déterminer la nature de la réalité objective. En formulant l'hypothèse que notre aptitude innée à percevoir la totalité rend seule compte du sens perçu dans les phénomènes aléatoires, Jung nous a fourni un moyen de commenter les transformations éventuelles entraînées par les coïncidences et les mythes qu'elles nous révèlent sur notre essence profonde.

Le choc des mondes – L'expérience mystique comme événement synchronistique

Nous sommes maintenant armés du concept jungien de « Soi » face aux questions capitales soulevées par la spiritualité et la synchronicité. Nous pouvons donc pousser plus loin nos explorations et aborder le phénomène de l'« expérience mystique ». Au sens courant du terme, toute synchronicité est par nature mystique, puisqu'elle défie la causalité. Mais si les expériences synchronistiques nous laissent fréquemment « mystifiés », elles ne sont pas pour autant « mystiques » au sens que revêt le mot dans le contexte religieux occidental : l'expérience directe et consciente de Dieu.

Selon cette définition, il est évident que les expériences mystiques ne sont pas forcément *toutes* d'ordre synchronistique : nombre d'entre elles n'impliquent nulle coïncidence entre phénomène intérieur et événement extérieur ; au contraire, c'est à l'issue d'un processus strictement *interne* qu'elles nous transforment pour nous faire accéder à un niveau de conscience supérieur. Dans le cas d'Ellie, par exemple, l'éveil spirituel survenu au cours de la pratique méditative n'a pas représenté *en soi* un phénomène synchronistique, en l'absence de toute coïncidence entre intérieur et extérieur ; pourtant, ce fut bien une expérience mystique – un contact direct avec un plan de conscience supérieur qui a bouleversé sa vie intérieure. Elle n'a perçu de synchronicité que dans la succession ultérieure d'événements imprévus qui l'ont conduite là où elle avait le sentiment de pouvoir accomplir, grâce à l'expérience mystique, sa vocation dans le champ de la psychologie transpersonnelle.

Les histoires qui vont suivre intéressent des expériences mystiques dont la dimension synchronistique est en revanche incontestable. Ce sont des coïncidences productrices de sens entre vision intérieure et phénomène externe dotées soit d'un contenu religieux ou spirituel spécifique, soit d'un impact considérable sur l'évolution de la conscience spirituelle. Elles illustrent le rôle que peut jouer la synchronicité dans notre rapport à Dieu, quel que soit le sens qu'on attribue à ce mot.

Prenons par exemple le cas de Stuart et de sa rencontre avec sa vocation de thérapeute. Comme beaucoup de mes interlocuteurs, Stuart n'était pas heureux. Comédien, il vivait à New York, où il se bagarrait sans cesse pour trouver des rôles « fatalement nombrilistes », selon ses propres termes. Et il ressentait le besoin aigu de changer de vie. Là-dessus, une série d'événements a effectivement entraîné le changement, avec toute l'exaltation mais aussi toutes les perturbations que cela peut entraîner. On lui a proposé un rôle dans un État voisin, au sein d'une troupe travaillant avec les enfants pour les aider à prendre conscience des mauvais traitements, et ce juste au moment où son compagnon entrait dans la phase terminale du sida. En même temps, il a rencontré une femme qui devait devenir son amie, après qu'elle lui eut impulsivement proposé une chambre chez elle sans savoir qu'il était en quête d'un logement. Et il n'a rien vu de bizarre dans cet enchaînement d'événements, se contentant de s'interroger en permanence : « Pourquoi toutes ces choses m'arrivent-elles ? Pourquoi pas ? Où tout cela va-t-il me mener ? » Il avait la vague sensation d'être conduit quelque part dans un but précis, mais sans plus.

C'est seulement après la mort de son compagnon que Stuart a vécu une expérience intérieure extraordinaire, laquelle lui a synchronistiquement indiqué ce que devait être sa prochaine démarche. Un jour qu'il pliait son linge propre dans un lavomatique de Manhattan en laissant vagabonder ses pensées, il a entendu dans sa tête une voix énoncer distinctement et en toute simplicité les mots : « San Francisco ». En me racontant son histoire, à ce stade Stuart se met à rire. « Je ne sais pas comment vous expliquer. Ce n'était pas ma voix. Pas du tout comme si je me parlais dans ma tête. Non, c'était parfaitement clair et ça ne m'a dit que : "San Francisco". »

Or, dans le cadre de son action avec les enfants – qui, en fin de compte, relevait beaucoup plus de la psychothérapie que du simple travail d'acteur –, Stuart avait acquis une perspicacité nouvelle et appris à obéir à ce genre de message. Aussi, le jour où il a appris, par le biais d'une coïncidence, d'ailleurs, que des amis à lui projetaient un séjour à San Francisco, il s'est invité ; et aujourd'hui c'est là qu'il vit et qu'il mène sa carrière de psychothérapeute. Quand il m'a déclaré : « C'est *ici* qu'il fallait que je sois. C'était cette direction-*là* qu'il fallait que je prenne », j'ai lu sur son visage que son questionnement sur sa vie était clos. Comme les autres, ces êtres qui semblent avoir été guidés vers l'endroit qui leur convenait au moment adéquat, Stuart a vécu une expérience directe, immédiate, consciente et génératrice de transformation en entendant cette voix-*là* lui donner cette indication-*là*, ce qui l'a poussé vers la transition qu'il cherchait à opérer sans en avoir clairement conscience.

La question qui se pose tout naturellement est : « À qui appartenait cette voix ? » ou : « Qu'est-ce qui s'est exprimé par son intermédiaire ? » Stuart lui-même ? D'après lui, non. À l'en croire, ce ne fut *pas* une banale prise de conscience du désir d'aller s'installer sur la Côte ouest, mais un phénomène intérieur parfaitement arbitraire et spécifique qui l'a conduit à changer radicalement de mode de vie.

Alors, était-ce Dieu ? À la différence d'Ellie, à l'aise avec le vocabulaire religieux quand il s'agit de décrire son expérience (la voix intérieure), Stuart considère avec la plus grande prudence cette éventualité. Pourtant, il est convaincu que sans une certaine dimension mystique il ne vivrait pas comme il vit actuellement, dans cette ville où il n'avait jamais eu conscience de vouloir habiter.

Comme les rêves, les expériences mystiques sont dirigées « de l'intérieur vers l'extérieur » ; l'élément acausal est représenté par le phénomène intérieur, lequel vient de nulle part, en tout cas certainement pas de la conscience de soi. Le fait même d'employer le terme « mystique » pour décrire ce type d'occurrence indique que l'*identité* de la voix ne pourra sans doute jamais être déterminée avec précision. Toutefois, la signification subjective de l'événement, confirmée par la satisfaction « extérieure » subséquente de Stuart dans ce nouveau chapitre de son existence, rend son histoire synchronistique puisque la voix a induit, directement mais à la faveur d'une coïncidence, un important bouleversement.

Toutes les époques, toutes les civilisations fourmillent de récits de guérisons organiques coïncidant synchronistiquement avec des révélations mystiques ou des instructions reçues qui ne le sont pas moins. Afin d'illustrer la dimension synchronistique de ce qui, du point de vue religieux traditionnel, peut être considéré comme une guérison mystique, je m'en tiendrai ici à une anecdote qui m'a été personnellement rapportée.

Juanita était arrivée un jour de Porto Rico avec toute sa famille. Depuis sa naissance ou presque, elle était affligée d'un psoriasis aux mains devant lequel la médecine s'était déclarée impuissante. Elle avait subi divers soins classiques à base de comprimés et autres pommades, puis, devant l'échec de cette thérapeutique, elle s'était tournée vers les méthodes traditionnelles – des remèdes confectionnés à partir d'herbes médicinales par des membres de son entourage. Mais, là encore, elle s'était heurtée à un échec.

Un jour qu'elle priait pour sa guérison, à l'instar de Stuart elle a entendu une voix – mais une voix de femme qu'elle a instantanément reconnue comme étant celle de la Vierge Marie. Celle-ci lui conseillait de plonger ses mains dans l'eau en remerciant Dieu de la guérir. Dans le souvenir de Juanita, la caractéristique principale de cette voix était sa douceur, son ton aimant, maternel qui l'a aussitôt emplie d'une sensation de bien-être. Elle a suivi ses instructions et rendu grâce à Dieu. Une semaine plus tard le psoriasis dont elle avait souffert toute sa vie avait disparu.

Au fil du temps, la recherche d'explications causales à ce genre de cas est devenue chez moi une sorte de hobby ; ces justifications se fondent généralement sur la notion de somatisation ou, pour employer une expression plus ancienne, d'« hystérie de conversion » : les conflits affectifs se « transforment » en symptômes physiologiques ou se manifestent sous cette forme. En cas de guérison spontanée, on explique donc le phénomène par la résolution de quelque obscur conflit inconscient poussant le sujet à « renoncer » à son mal. En revanche, quand on se place sur le plan théologique ou religieux, l'explication fournie est évidemment tout autre ; l'intervention de la Vierge Marie, instrument de la générosité divine, ici très spécifique et concrète, suffit à expliquer la disparition du psoriasis. Aujourd'hui, depuis l'avènement de la conscience « New Age », on attribue *de facto,* et sans le moindre doute, ce genre de phénomène à une prétendue corrélation entre corps et esprit où n'intervient ni notion d'inconscient, ni adhésion à une quelconque doctrine. Et, bien sûr, chacune de ces interprétations causales peut être convaincante, selon le contexte personnel, les habitudes de pensée et l'expérience de celui qui les entend.

Toutefois, pour peu qu'on s'abstienne d'affirmer coûte que coûte le caractère causal du phénomène matériel pour prendre en compte l'expérience propre, subjective (une voix affectueuse, venue de nulle part, promet le rétablissement, lequel intervient bel et bien après que Juanita a obéi aux instructions reçues), ce que l'on perçoit relève bel et bien de la synchronicité telle que nous l'avons peu à peu cernée dans ces pages : un événement intérieur perçu par la personne comme émanant non d'elle-même, mais d'En-Haut : « on » lui fait part de recommandations, « on » lui prodigue des conseils qui, une fois mis en pratique, coïncident avec une situation externe chargée de sens.

Ce quc j'entends par là, c'est qu'en qualifiant de synchronistique cette expérience mystique on ne tente de l'expliquer ni en termes religieux, ni en termes psychologiques. On se borne à commenter la structure du phénomène (un événement intérieur aléatoire a coïncidé avec un autre, extérieur celui-là, et producteur de sens), et à affirmer que le tout a été incorporé comme événement essentiel dans l'expérience de Juanita telle qu'elle la rapporte. Le propos de ce livre étant depuis le début de montrer comment on donne un sens à sa vie, comment on se tisse un récit personnel cohérent sur la trame des phénomènes aléatoires, c'est surtout en abordant la question de l'expérience mystique qu'il doit laisser à l'individu seul l'interprétation du contenu de l'événement, et donc de sa signification.

Contrairement à ce qui s'est passé pour Juanita, l'expérience mystique de Val a débouché synchronistiquement sur une guérison plus affective que physiologique. Tout au long de la maladie de son père, elle et ses frères et sœurs avaient gardé leurs distances. Ce père qui les avait maltraités quand ils étaient enfants et ne s'était pas adouci avec l'âge était devenu sur la fin de sa vie complètement dépendant de leur mère, qui faisait face comme elle pouvait à son déclin. Aussi, le jour où cette dernière lui a demandé de la décharger un peu de certaines tâches, Val a-t-elle obtempéré, mais le cœur lourd et en traînant les pieds.

En arrivant, elle a trouvé une situation affligeante, conforme à ses pires prévisions. Elle-même avait du mal à dormir dans la maison qu'elle avait fuie bien des années plus tôt. Son père, en proie à des souffrances continues, oscillait entre conscience et inconscience, et sa mère était harassée, égarée, très dépendante d'elle. Au bout de quelques jours, un matin en s'éveillant Val a reçu un « message impérieux » : il fallait qu'elle prenne sa voiture. Elle s'est exécutée et, comme guidée par une mystérieuse force, elle s'est retrouvée dans un quartier de la ville où elle ne s'était jamais rendue. Consciemment incapable d'expliquer ce qu'elle faisait là, mais se sentant en même temps contrainte de poursuivre, elle est entrée dans une librairie, elle s'est dirigée vers le rayonnage consacré aux thérapeutiques naturelles, elle a choisi un ouvrage bien précis et l'a ouvert exactement à la page décrivant un remède traditionnel contre la douleur. Il suffisait d'un gant de toilette et d'un peu d'huile de camphre. Stupéfaite, elle a acheté le livre, puis les produits décrits dans un magasin voisin. Ensuite elle est rentrée chez elle pour trouver sa mère attablée dans la cuisine, devant son petit déjeuner.

Certaine d'avoir perdu les pédales, Val lui a raconté ce qui venait de se passer et toutes deux ont étudié le traitement préconisé. Peu sûre d'être toute désignée pour l'appliquer, elle a abandonné cette corvée à sa mère : elle se sentait incapable d'affronter le contact qu'il impliquait entre elle et son père.

« Mes parents avaient toujours eu de mauvais rapports, et la maladie n'avait rien arrangé, m'a raconté Val tandis que, à côté de nous, le juke-box entonnait synchronistiquement la scène finale du *Tristan et Iseult* de Wagner. Mais le massage à l'huile de camphre a tout changé. Je ne sais pas s'il a soulagé physiquement mon père – sans doute un peu. Mais la véritable guérison a été d'ordre affectif, car par la suite, uniquement à cause de cette injonction intérieure bizarre d'une précision ahurissante, mes parents sont retombés amoureux l'un de l'autre et leur seconde lune de miel a duré un an, jusqu'à la mort de mon père. Ils étaient d'une gentillesse l'un avec l'autre, tout à coup ! Quand je les appelais au téléphone, c'était à un autre homme et à une autre femme que je parlais. Stupéfiant. Comme si j'avais été, je ne sais comment ni pourquoi, le vecteur de la guérison affective. Tout ce que je sais, c'est que, après ce message, cette "prescription" de l'univers, tout a changé. Je n'en suis toujours pas revenue. »

Stuart, Val et Juanita ont vécu intérieurement une chose parfaitement inédite qui les a incités à prendre des initiatives extérieures – dans le monde –, et cela a transformé leur existence ou celle de leur entourage, sachant que sans ces expériences mystiques ils ne seraient *jamais* passés à l'acte. L'histoire de Tony d'Aguanno est peut-être moins impressionnante, mais elle n'en reste pas moins mystique. (On se souviendra de Tony et du « billet magique » offert à un ami en lieu et place de l'emploi que celui-ci appelait de ses vœux.) Participant un jour à un rituel indien dans lequel on devait se choisir un objet de pouvoir parmi un tas de pierres aménagé à l'intérieur d'un cercle, il s'est porté volontaire pour commencer. *A priori*, il pensait examiner chaque pierre et sélectionner celle qui paraissait lui convenir le mieux, mais, tout à coup, il en a aperçu une qui, selon ses propres dires, « pulsait ». Elle était en forme de montagne coiffée d'un loup. Sans réfléchir, il l'a emportée chez lui à la fin de la cérémonie.

Quelque temps plus tard, comme il s'apprêtait à sillonner le pays pendant deux mois, tout à coup sa voiture tombe en panne, une semaine avant la date du départ. Sa mécanicienne lui a annoncé que ses joints d'étanchéité étaient pratiquement fichus, en lui recommandant vivement de changer de voiture ; elle était certaine que le moteur finirait par le lâcher. Tony n'a pas tenu compte de son avis. Tout de même, au dernier moment, il s'est dit : « J'ai intérêt à emporter ma pierre, on ne sait jamais. »

Quand il a atteint les contreforts des montagnes, l'inévitable s'est produit. La jauge de température est montée au maximum et il a dû s'arrêter camper au bord de la route. Au matin, sur une injonction émanant d'on ne sait où, qui ou quoi, il s'est livré à une espèce de rituel spontané autour de sa pierre ; il se sentait un peu bête, mais quelque chose le poussait à aller jusqu'au bout. Eh bien, la voiture a redémarré, et si elle a continué à lui poser des problèmes tout au long de son périple, elle ne l'en a pas moins ramené jusque chez lui.

Il l'a aussitôt montrée à sa garagiste en demandant cette fois les réparations que, depuis plusieurs mois, il remettait à plus tard. Elle l'a enveloppé d'un regard incrédule. « Je n'ai jamais vu ça, lui a-t-elle annoncé. Les joints sont en parfait état. » Elle n'en croyait pas ses yeux, et Tony n'a jamais pu lui faire avaler qu'il n'avait montré son moteur à personne d'autre.

Nul ne peut dire si l'« objet de pouvoir » ou le rituel improvisé ont par magie « causé » la remise en état de la voiture. Reste que cette expérience mystique, comme celle de Val (chacun s'étant senti guidé, voire contraint ou intérieurement poussé à pratiquer un rituel coïncidant de façon spectaculaire avec un événement extérieur subséquent), illustre une autre forme de contact avec la totalité, le « Soi que nous sommes aussi », et qui modèle notre récit personnel en lui conférant sa cohérence.

La vie des mystiques est toujours ponctuée d'anecdotes de ce type, voire entièrement structurée par elles ; dans le langage religieux, on parle alors de « miracles », d'intervention divine. En fait, pour qu'un saint soit canonisé par l'Église catholique romaine, il faut qu'on lui attribue un certain nombre de miracles certifiés, et les phénomènes de guérison, d'ubiquité (apparition simultanée en deux endroits différents) et de transmutation forment l'essentiel du corpus miraculeux utilisé à cet effet.

À l'opposé des histoires de guérisons, dans certaines traditions religieuses on trouve à la base de la synchronicité mystique la blessure et la souffrance, comme chez les chrétiens présentant dans leur chair les blessures du Christ. Les stigmates, puisque c'est de cela qu'il s'agit (leur première victime fut saint François d'Assise lors d'une extase tardive), sont d'un certain point de vue de vivants spécimens de synchronicité : les plaies bien réelles qui affectent les mains, les pieds et les flancs *coïncident* avec celles du Christ en croix tel qu'il est décrit dans le Nouveau Testament. Il est aisé de ranger dans la catégorie des légendes les histoires de ce type remontant au Moyen Âge, mais il en existe des exemples plus récents et décrits avec un luxe de détails, comme le cas du Padre Pio – ou père Pie – de Pietrelcina, et qui sont donc beaucoup plus difficiles à rejeter en bloc.

Né dans une bourgade du sud de l'Italie en 1887, Francesco Forgione était réputé fort pieux, même selon les critères en vigueur en son temps et en son pays. Après avoir épousé la prêtrise, il a vite démontré une dévotion particulièrement intense et, un jour de 1918, alors qu'il venait de célébrer la réception des stigmates par saint François, le père Pie – son nom de prêtre – a connu toute la nuit durant une union mystique avec Dieu pendant laquelle il est resté étendu dans le chœur, à saigner abondamment et douloureusement des pieds, des mains et des flancs. Il a vécu cinquante années de plus et ses plaies n'ont jamais guéri.

De par leur nature même, les mystiques et leurs expériences suscitent de vives réactions, autant chez les croyants que chez les autres. Contrairement aux anticléricaux (selon qui ces cas seraient surexploités par les religions organisées, désireuses d'étayer leurs arguments sur la vérité ultime de l'existence), les autorités ecclésiastiques se montrent plutôt hostiles et méfiantes envers les expériences mystiques telles que les apparitions de la Vierge, les guérisons spontanées et autres phénomènes de type « stigmates ». Un peu par crainte du canular destiné à discréditer l'Église ou à duper le fidèle trop crédule – victime potentielle d'escroqueries spirituelles, financières ou psychologiques –, mais aussi parce que tout bon bureaucrate ressent de l'angoisse devant un phénomène irrationnel remettant en question son autorité, les membres de l'Église sont aussi peu enclins à ajouter foi à ces phénomènes mystiques que le plus acharné des mécréants rationalistes.

À preuve, après l'apparition de ses plaies, qu'aucun traitement médical n'a réussi à éradiquer, ni aucun examen psychologique à expliquer, les supérieurs du père Pie l'ont pratiquement « assigné à résidence », lui interdisant d'apparaître en public, de dire la messe, de s'entretenir avec qui que ce soit en dehors d'un cercle d'intimes extrêmement réduit. Cela ne l'a pas empêché d'attirer un grand nombre de disciples, et on n'a pas tardé à rapporter qu'il avait guéri des malades et qu'il était apparu à des gens en difficulté, et à répandre son enseignement. Comme on était au XXe siècle, son cas a été passé au crible de la science dite moderne, et que l'on impute ses stigmates à un phénomène psychologique, spirituel, mystique, physiologique ou lié à l'automutilation, que l'on fasse de lui un saint ou un hystérique, il n'en demeure pas moins évident que les plaies du père Pie étaient *réelles*.

Sans rien savoir de l'histoire qui précède, à l'époque du lycée j'étais devenu très ami avec le capitaine de l'équipe de football, Vince, dont la famille était justement originaire de Pietrelcina et avait personnellement connu le père Pie. Je suis moi-même issu d'une lignée de protestants convaincus, attachés à la grande tradition américaine dans ce qu'elle a de plus terre à terre ; j'ignorais tout des mystiques, et en particulier du père Pie, à part que Vince avait été baptisé par lui et avait en permanence dans son portefeuille un bris de croûte provenant de ses stigmates. Comme n'importe quel adolescent vivant à l'époque dans le New Jersey, je trouvais ce dernier fait bizarre mais, je l'ai dit, le catholicisme de l'Italie du Sud était pour moi un monde inconnu et, question mystiques, saints, stigmates, miracles et guérisons inexpliqués, j'étais d'une ignorance totale.

Notre amitié s'est poursuivie à l'université et, une semaine avant mon départ pour mon année d'études en Italie, nous sommes allés à la messe ensemble près de la cité étudiante où il résidait, à l'université de Pennsylvanie. C'était tôt le matin et la grande église était presque déserte. Nous nous sommes assis au milieu, isolés. Or, à trois reprises pendant la messe, j'ai très nettement senti un puissant parfum de roses – une fois pendant le sermon, une durant la consécration de l'hostie et une autre lors de la bénédiction, tout à la fin. C'était un arôme particulier, très pénétrant, comme si les roses étaient sur le point de se faner ; entêtant, il me submergeait par vagues. Je n'ai vu aux environs ni roses ni femme susceptible d'être parfumée ; on ne brûlait pas non plus d'encens.

Sur le chemin du retour vers sa cité, Vince m'a demandé en toute simplicité : « As-tu senti quelque chose de bizarre, à l'église, aujourd'hui ?

– Eh bien, si tu veux savoir : oui... », ai-je commencé. Mais il m'a fait taire avant que j'aie eu le temps de lui en dire plus.

« Ne me dis rien. Tout ce que je te demande, c'est de passer chez mes parents en rentrant chez toi ce soir et de leur dire que tu as senti quelque chose pendant la messe. »

Perplexe, j'ai obtempéré en me contentant de dire aux parents que j'avais « senti quelque chose » à l'église. Et voilà que le père de Vince, à ma plus grande surprise, me décrit exactement les effluves en question : « Des roses, très entêtantes, par trois fois : après le sermon, pendant la consécration et à la fin de la messe. »

Interloqué, j'ai répondu, l'air probablement frappé de stupeur : « C'est ça ! C'est tout à fait ça ! Comment pouvez-vous le savoir ? »

Parfaitement serein, comme si de rien n'était, il a eu un petit sourire devant mon ébahissement. « C'était le parfum de l'esprit du père Pie, qui était avec vous aujourd'hui, juste avant que tu t'en ailles pour l'Italie. Il bénissait ton voyage, ainsi que votre amitié. »

Je l'ai appris par la suite, l'odeur de roses compte parmi les phénomènes le plus communément relatés en liaison avec le père Pie, mais mon expérience en la matière – mystique, en quelque sorte, sans que j'en aie réellement eu conscience – entre indubitablement dans la famille des synchronicités mystiques bien que, dans ce cas précis, la direction soit inversée : un événement extérieur extraordinaire a coïncidé de manière significative avec une disposition affective intérieure, l'ensemble suscitant en moi une attitude nouvelle envers les phénomènes de ce type par rapport aux conceptions professées par ma religion. Cela m'a en effet ouvert l'esprit à l'égard du mystérieux, de l'inexplicable. Je garde une perspective strictement agnostique vis-à-vis de cet incident (je ne plaque pas sur la coïncidence d'interprétation religieuse aussi ferme que le père de Vince), mais j'ai quand même raconté cette histoire mille fois, à l'instar de Val, Stuart ou Juanita, preuve que les uns comme les autres nous savons bien à quel point ces coïncidences-là peuvent prendre un sens dans notre récit personnel.

Le choc des mondes – Les miracles sont-ils synchronistiques ?

Le problème que soulève l'histoire du père Pie m'a été fréquemment posé, en général par des croyants pratiquants : « Les miracles sont-ils des exemples de synchronicité ? » Bien sûr, la réponse, là encore, ne peut être formulée que si l'on se met préalablement d'accord sur les termes, les hypothèses de départ. Mais il me semble tout de même que la question mérite d'être abordée puisqu'elle revient à appliquer un concept psychologique à un phénomène le plus souvent compris comme faisant partie intégrante des récits religieux ou sacrés d'une société ou d'un groupe.

Il importe avant tout de bien préciser ce qu'on entend par « miracle », terme par ailleurs courant dans la vie de tous les jours. Il vient du verbe latin *mirari,* « contempler avec émerveillement », et, dans son acception la plus répandue, il désigne ce qui suscite l'étonnement. Ainsi, tout ce qui sort de l'ordinaire et nous laisse bouche bée (le contre-ut de Pavarotti, les pourpres d'un crépuscule automnal ou la victoire de telle équipe au championnat) peut être qualifié de miraculeux. Cependant, dans un contexte religieux, le mot revêt un sens plus précis et s'applique à des événements d'ordinaire jugés matériellement impossibles, mais qui ont pu se produire grâce à l'intervention divine : Dieu ouvrant la mer Rouge devant les Hébreux, Jésus de Nazareth changeant l'eau en vin aux noces de Cana, le père Pie guérissant une maladie devant laquelle la médecine s'était déclarée impuissante.

Nous l'avons vu plus haut en évoquant les origines du sens et l'identité de l'auteur, cette acception plus étroite du terme renvoie à un événement qui, du point de vue religieux, n'est pas vraiment « acausal » puisque dans ce cas-là, c'est Dieu qui en est la *cause.* Toutefois, le mot « acausal » tel que nous l'employons ici en rapport avec la synchronicité se réfère à une cause et une intention humaines, à un phénomène que l'individu lui-même n'a ni pu ni voulu provoquer. De toute évidence, le jour où la voiture de Stephen a explosé, ce qui a accidentellement eu pour conséquence de lui procurer un emploi de cameraman, il y avait une cause – le radiateur fuyait, le niveau d'huile était trop bas, et ainsi de suite. Noter la dimension fortuite d'un événement donné pour le définir ensuite comme phénomène acausal, c'est dire que Stephen ne l'a *pas* appelé de ses vœux et n'a rien fait, consciemment ou inconsciemment, pour le susciter.

Si l'on s'entend sur le sens à donner au mot « acausal », on voit donc que, de notre point de vue strictement humain, il s'applique au cas du miracle puisque, en attribuant ce dernier à des forces divines échappant à notre emprise, on le *définit* comme acausal, justement. Sinon, le miracle serait simplement « magique », terme qu'on utilise pour désigner ce qu'il n'est pas possible de prouver par la méthode empirique. Quand on se situe dans le champ de la magie, on pique des épingles dans une effigie de son patron en pensant qu'elles vont le tuer – si son décès survient effectivement, c'est alors à cette démarche magique délibérée qu'on l'attribuera, même si ces croyances ne se fondent sur aucune raison logique empirique, perceptible. C'est *à cause* de nous que l'impossible se produit, par le biais d'une forme de causalité occulte et de puissances, de forces invisibles au commun des mortels mais que les magiciens, eux, savent manipuler à leurs propres fins.

Au contraire, dans les systèmes de croyance tels que le christianisme, le judaïsme ou l'islam, le miracle est l'antithèse de l'acte magique : on aura beau sacrifier des chèvres sans nombre, multiplier les prières à tel ou tel saint, émettre des vibrations positives ou négatives en direction de telle ou telle personne, ce n'est que par l'intervention divine que les miracles se produiront. Les gestes concrets, sacrifices ou prières, ne sont destinés qu'à nous préparer à recevoir les largesses que prodiguent Dieu, Allah, le Grand Esprit ou le Souffle de la Création sous forme de phénomène inconcevable pour l'esprit humain. Dieu exauce nos vœux par Sa grâce, et non parce que nous avons prié un saint particulier, immolé un agneau sur l'autel ou fait sept fois le tour de la Kaaba. Ainsi, c'est à double titre que les miracles sont de nature acausale : d'abord parce que leurs causes matérielles ne sont pas déterminables, et ensuite parce qu'ils ne sont pas *causés* par nous.

On en revient à la question de savoir si les miracles sont synchronistiques. Mais on peut à présent répondre que oui, même si le sens de tel miracle religieux spécifique pourra s'éloigner considérablement de celui qu'y percevra l'incroyant. Il suffit de prendre en exemple ma réaction face à l'arôme de roses humé dans cette église vide et de la comparer à celle des parents de Vince. M. et Mme Mandato ont vu dans ma stupéfiante expérience un miracle, en lui attribuant le sens religieux type – Dieu, ce jour-là, était présent à nos côtés par l'intermédiaire du père Pie. De mon côté, en revanche, j'ai pu reconnaître la réalité de cet incident irrationnel en le percevant à travers le prisme du sens qu'il revêtait pour *moi*, subjectivement, affectivement et symboliquement. Pour moi qui m'abstiens de porter des jugements catégoriques, l'événement reste tout de même synchronistique – ce fut une coïncidence dont la portée se mesure à l'impact qu'elle a eu sur mon attitude face à la religion, jusque-là extrêmement pragmatique : elle m'a ouvert à la possibilité que les voies du Seigneur puissent *effectivement* être impénétrables, et cela dans ma vie *à moi*. La guérison spontanée des mains de Juanita n'a pas du tout eu le même sens pour elle et pour son médecin ébahi. Dans les deux cas, le phénomène a revêtu un sens affectif et symbolique en tant qu'occurrence acausale, mais un sens *différent*.

Quelle réponse apporter maintenant à la question inverse, c'est-à-dire : « Les synchronicités sont-elles des miracles ? » C'est parfois indubitable, mais seulement quand la foi nous conduit à percevoir la main de Dieu dans tel épisode précis. Qualifier une coïncidence de miracle, c'est plaquer sur l'événement une dimension religieuse. Mais quand on a expliqué un événement synchronistique d'apparence miraculeuse en termes de causalité ordinaire, passe-temps assez répandu depuis l'avènement de la science moderne (l'apparition de l'étoile de Bethléem se résume à une inhabituelle conjonction d'astres, la traversée de la mer Rouge par les Hébreux a été rendue possible par une série de rafales de vent observant un schéma également inaccoutumé et qui a balayé des eaux particulièrement basses à cause de la sécheresse...), il reste à rendre compte de son importance subjective pour ceux qui l'ont vécu comme aléatoire mais générateur de transformation dans leur identité en perpétuelle évolution. Pour certains, ce sera le mot « miracle » qui décrira mieux le sens du phénomène ; d'autres préféreront celui de « synchronicité », qui ne le situe pas dans un contexte théologique mais ne se contente pas non plus d'y voir un phénomène strictement naturel, encore qu'insolite.

La bonne aventure – Chance délibérée et chance productrice de sens

Ces expériences mystiques ont l'air de s'être produites dans la vie de ces gens « simplement », souvent sans qu'ils l'aient voulu voire, comme dans mon cas, sans même qu'ils s'en rendent compte sur le moment. Pourtant, dans la sphère de la spiritualité et de la religion, à travers les temps et les sociétés le principe de synchronicité a toujours été employé activement et à dessein. La quasi-totalité des peuples, partout dans le monde, ont été à un moment ou à un autre persuadés qu'événement extérieur et expérience intérieure pouvaient coïncider en produisant du sens et se sont servis de ce regard pénétrant posé sur la réalité pour trouver leur orientation spirituelle, découvrir le récit personnel de leur âme.

Quand on insiste à ce point sur la dimension acausale de la synchronicité, la notion de divination (qui en est l'usage conscient et délibéré) peut sembler contradictoire : comment peut-on se chercher à *utiliser* une occurrence parfaitement aléatoire ? Une des solutions, à mon sens bien piètre, consiste à tirer le raisonnement causal vers l'œuvre divinatoire ; dans ce cas, on aura plus ou moins l'air de dire la bonne aventure dans la tradition la plus classique : on consultera les cartes, on fera parler les feuilles de thé ou la boule de cristal afin de connaître des événements à venir précis – quels numéros jouer à la loterie, sur quels chevaux parier, quel prétendant choisir parce qu'il a le plus de chances de réussir dans la vie... Ces attitudes matérialistes, prosaïques vis-à-vis de la prédiction par des moyens mystiques, se fondent sur l'hypothèse que les liens de cause à effet sont immuables – *telle* cause produira toujours *tel* effet –, et que si on les connaît à l'avance, on saura « causer » un nouvel effet – gagner à la loterie, devenir millionnaire, être heureux...

Cette vision a beau être universellement répandue (les contemporains ne sont pas pires que nos ancêtres, qui consultaient les oracles ou se livraient à la nécromancie dans une démarche tout aussi matérialiste que les *bookmakers* actuels), il existe tout de même une approche de la synchronicité moins grossière, plus productrice de sens. Toutes les méthodes de divination partent du principe que le hasard *peut* produire du sens, même si ce n'est ni systématique ni définitif, et si tel est bien le cas, c'est généralement plus en rapport avec l'évolution spirituelle du sujet qu'avec l'ordre d'arrivée du tiercé. Il ne s'agit pas alors de prédiction mais d'exploration, et quand on examine les diverses méthodes de divination à travers les âges et les sociétés, on se rend compte qu'elles sont d'une infinie variété, du quotidien familier à l'ésotérique le plus raffiné.

Elles sont parfois folkloriques, bizarres, comme dans le cas de la grand-mère de Sharon, qui croyait au pouvoir divinateur des pelures de pomme. D'autres paraissent très personnelles, comme quand Lisa passe au crible les faits et gestes des animaux qui lui apparaissent en pleine nature pour répondre à ses interrogations. Mais elles peuvent également inclure des disciplines aussi élaborées que l'astrologie, qui voit un sens dans la position précise des astres à un moment donné de la vie du sujet.

D'un autre côté, ces méthodes ont parfois une dimension spirituelle ou philosophique ; par exemple quand on jette les baguettes pour déterminer le passage à consulter dans le *Yi-King* ou *Livre des transformations* chinois, ou quand, selon une pratique chrétienne assez courante, on ouvre la Bible au hasard pour lire le fragment qui nous tombe sous les yeux. Il n'empêche que ces procédés de divination impliquent la manipulation d'objets matériels ; d'ailleurs, il en existe qui ne sont rien d'autre que cela – la manipulation et l'examen destinés à faire surgir des messages de la matière elle-même : les nécromanciens étrusques, antérieurs à l'Empire romain, scrutaient des foies de poulet et voyaient des présages dans leur forme et autres caractéristiques en même temps qu'ils en tiraient des enseignements concernant le présent. De la même manière, la configuration des feuilles de thé ou du marc de café au fond d'une tasse annonce les événements futurs ou bien révèle l'ordre de l'univers à un moment donné.

Certains procédés symboliques employant les images et représentations ont une longue et respectable histoire, comme les runes dans les pays nordiques : on choisit au hasard une série de tablettes ornées de lettres et on les examine afin d'en extraire un sens. Dans le même style symbolique, en Occident existe le tarot, forme primitive de divination dont certains font remonter les origines à l'Égypte ancienne mais qui est plus probablement apparu en Europe au Moyen Âge. Les psychologues seraient peut-être choqués de s'entendre dire que le test de Rorschach et ses taches d'encre, ou bien le test d'aperception de thèmes (« TAT ») et ses dessins volontairement ambigus sont les descendants modernes du tarot, mais il n'empêche que le principe directeur des différents modes symboliques de divination reste le même : en se confrontant à une réalité externe (une tache d'encre, une image, une représentation symbolique, un foie de poulet, un enchaînement aléatoire ou une configuration naturelle), on appréhende mieux sa propre réalité spirituelle.

Comment expliquer cela ? Pourquoi la divination obtient-elle des résultats ? Pourquoi les gens ont-ils de tous temps et en tous lieux inventé et mis en œuvre ce genre de pratiques ? Là encore, ceux qui ont foi en une divinité objective affirmeront : parce que Dieu ou *les* dieux nous font parvenir des messages au travers de structures, d'objets, de signes extérieurs. Mais si on s'abstient de formuler ce genre d'assertion ontologique pour s'en tenir strictement au champ de l'expérience humaine, on voit que les méthodes divinatoires permettent d'exploiter les facultés qui nous servent aussi à créer des œuvres d'art, écrire des œuvres de fiction, et plus généralement de donner réalité aux choses significatives que nous imaginons. En abordant la réalité extérieure sans exclure l'hypothèse du sens, on permet à l'archétype du Soi de se manifester, non pas de manière externe, causale, mais subjective, symbolique. La seule différence entre le procédé divinatoire et les autres événements synchronistiques passés en revue ici, c'est que ces derniers ont tendance à nous prendre au dépourvu en nous présentant une cohérence que nous n'avions pas encore discernée dans notre vie, tandis que dans la divination c'est consciemment, volontairement qu'on s'ouvre à la signification des motifs aléatoires dessinés par les cartes, runes, feuilles de thé, baguettes d'achillée et autres pièces de monnaie.

C'est notamment le cas des méthodes tout à fait conscientes et délibérées qu'employaient jadis les moines chinois de Kuei-yuan pour élire un abbé à la tête de leur communauté. Ainsi que l'ont rapporté Holmes Welch et Robert Aziz, pour ce faire ils tiraient un nom au sort parmi des centaines de candidats ; après la prière et l'exécution du rituel, un des membres les plus âgés pêchait un nom dans un cylindre au moyen de baguettes et l'individu dont le nom sortait trois fois de suite – sur plusieurs centaines, je le rappelle – était désigné de fait. On l'imagine aisément, ce procédé qui prenait un temps fou peut aboutir au choix d'une personne initialement perçue par la communauté comme inadéquate, voire problématique. Mais même si, parfois, c'est un individu universellement considéré comme inférieur qui est choisi, la méthode n'a jamais cessé de fonctionner de manière satisfaisante : à la grande surprise de la communauté, ces « inférieurs » se sont révélés très capables à leur poste de chef de la communauté, ce qui met en valeur l'élégance du procédé où le hasard absolu, c'est-à-dire dégagé de toute influence – préjugé, envie, malveillance ou ambition personnelle – réussit mieux que n'aurait pu le faire la main de l'homme[1].

---

1. Robert Aziz, *C.G. Jung's Psychology of Religion and Synchronicity*, Albany NY, State University of New York Press, 1990.

Cet exemple de « synchronicité voulue » se prête admirablement à l'examen des conditions qui doivent être réunies pour que les hasards de ce type mènent à la révélation, à la signification. Premièrement, comme les moines de Kuei-yuan, il faut prendre au sérieux ce qu'on se voit proposer. Comme Marie, qui n'a pas mis son rêve en question au moment où elle avait besoin d'être guidée, quand on recourt à une méthode de divination il faut écouter la réponse. La synchronicité relativise toujours la position de l'ego, et qu'il soit accidentel ou voulu le résultat synchronistique des processus divinatoires n'est pas forcément de nature à nous plaire.

Deuxièmement, il faut garder à l'esprit que ce résultat sera immanquablement subjectif, situé dans la sphère de la signification *intérieure*, et non matériel au sens le plus prosaïque du terme. J'ai vu bien des gens recourir à la divination en pensant qu'elle leur indiquerait la marche à suivre, comme si la position des étoiles ou des cartes du tarot était un code secret contenant des instructions explicites, comme si une source non identifiée de signification objective allait tout à coup émettre à leur intention par l'intermédiaire des cartes ou du thème astral, qui en seraient alors le récepteur. En fait, si l'on n'oublie pas que dans la vie la production du sens se fait de l'intérieur vers l'extérieur, et non l'inverse, lorsque le Soi sait ordonner les éléments épars de la réalité en récit cohérent et profondément symbolique, le message obtenu par la divination, structuré par le hasard, offre la possibilité d'explorer la signification de ce qui existe préalablement à l'instant précis où il est communiqué, au lieu de révéler, comme on pourrait le croire, ce que l'avenir nous réserve.

C'est cette notion de hasard qui distingue de manière absolue les tests psychologiques projectifs et les méthodes traditionnelles de divination. Le Rorschach ou le TAT ont été standardisés de façon qu'on obtienne des modèles constants, ce qui autorise des comparaisons entre les sujets et la compilation organisée de données portant sur la structure psychologique de groupes entiers. En revanche, le message figuré par les astres, les cartes, les baguettes etc. est toujours unique, propre au sujet et à l'instant, ce qui fait de la divination un procédé individuel, non reproductible, aussi singulier qu'un récit ou une œuvre d'art.

On se souvient de Bobbie qui, dans mon Introduction, recevait synchronistiquement un jeu de tarots de son époux ; lorsqu'elle a commencé à s'en servir, elle a adopté une attitude du type : « J'exige une réponse. » Puis, petit à petit, elle a constaté qu'elle se tournait plutôt vers l'exploration, l'ouverture d'esprit. Cette évolution est survenue après un incident comique : elle avait demandé des instructions précises concernant une situation donnée. À l'époque, pour ce faire, elle utilisait simplement cinq cartes disposées en croix, celle d'en haut représentant les aspects dont elle avait conscience, celle d'en bas ceux dont elle n'avait *pas* conscience, et les cartes de droite et de gauche, les éléments conflictuels et celle du milieu la résolution du conflit.

Malheureusement, la réponse ne lui a pas plu : le symbolisme des cartes semblait sous-entendre qu'elle ne devait *rien* entreprendre – elles représentaient toutes des personnages assis, contemplatifs. Or elle sentait au contraire qu'il lui fallait prendre des initiatives radicales. Alors elle a décidé qu'au lieu d'écouter le jeu elle tirerait à nouveau les cartes dans l'espoir que, cette fois, la réponse serait davantage à son goût.

Et elle a eu la surprise de constater que toutes les cartes sortaient « la tête en bas », comme si elles lui « tournaient » le dos, comme si elles ne voulaient pas lui parler. Elle m'a rapporté l'incident d'un air à la fois penaud et comblé par cette révélation, et nous en avons tiré la même conclusion : puisqu'elle avait traité le premier message par le mépris, le second l'avait confrontée à sa résistance.

Dans ce genre d'événement synchronistique, on a presque l'impression que les cartes sont animées d'une volonté propre – comme si, dans ce cas précis, elles étaient *vexées*. Toutefois, il est encore possible de formuler une interprétation sur cet incident aléatoire sans y plaquer de construction anthropomorphique. Là encore, l'exemple des moines est instructif : quand ils se retrouvent pourvus d'un abbé peu conforme à leurs souhaits, ils ne recommencent pas de zéro jusqu'à ce que le « hasard » désigne quelqu'un de plus approprié. Non, ils partent du principe que l'événement aléatoire possède un sens et œuvrent à partir de là selon un processus intérieur d'exploration spirituelle.

Il arrive cependant que ces modes de divination aient le même « parfum » de prédiction que les rêves prémonitoires et, psychologiquement, la démarche visant à y discerner des manifestations du sens intérieur – au lieu de la « bonne aventure » – peut représenter un véritable défi. Malgré tout l'intérêt que je porte personnellement à la synchronicité, je ne suis pas à l'abri de cette tentation courante : appliquer une dimension causale rétrospective à mon récit personnel.

Je fêtais avec des camarades la dernière soirée de mes vacances en Italie. Avec mon meilleur ami d'université, Michael, je suis allé consulter une cartomancienne dont les méthodes m'étaient inconnues. Nous lui avons posé la question : « Quel sort l'avenir réserve-t-il à notre amitié ? » La voyante, à qui ne manquait même pas le faux turban des bohémiennes, a entrepris de retourner les cartes, les unes après les autres, en les disposant en piles ; au bout d'une dizaine, elle s'est arrêtée, en a retiré trois du paquet et a déclaré avec une emphase mise au point pour les touristes que nous étions : « Une femme vous séparera. »

La prédiction était difficile à prendre au sérieux. Pour commencer, elle pouvait s'appliquer à n'importe quelle paire d'amis – sauf que nous étions tous deux *gay* et que la probabilité pour que nous nous fâchions à cause d'une femme était donc voisine de zéro. Ensuite, on avait la nette impression qu'elle avait battu les cartes jusqu'à tomber sur deux figures masculines encadrant une figure féminine, ce qui confirmait sa prédiction et pouvait laisser croire que « c'était dans les cartes. » Nous avons ri, sans plus y accorder d'attention.

Michael devait reprendre l'avion le lendemain en début d'après-midi ; de mon côté, j'avais pris rendez-vous tôt le matin avec le propriétaire du domaine vinicole où nous avions tous habité durant notre séjour, afin de visiter les autres demeures qu'il comportait. Comme la propriété n'était pas immense, j'avais prévu de rentrer à temps pour conduire Michael à l'aéroport de Pise, qui se trouvait à une heure de distance. Malheureusement, le destin a voulu que la voiture de Benedetta, la régisseuse, est tombée plusieurs fois en panne et, quand je suis rentré à la maison, Michael était déjà parti, craignant de manquer son avion. Je ne m'en suis pas vraiment formalisé sur le moment ; d'ailleurs, le soir même nous nous téléphonions.

Il avait pris le chemin de l'Allemagne, et moi je suis retourné aux États-Unis. C'est quand il est mort, un an plus tard, que la prédiction de la cartomancienne a pris tout son sens. Une femme, en l'occurrence Benedetta, nous avait bel et bien séparés lors de notre dernier jour en Italie et, après cette soirée à Florence, je n'ai plus jamais revu Michael. Je n'avais pas eu la possibilité de lui dire au revoir en personne : une femme s'était interposée entre nous.

Comme toujours en présence d'une synchronicité, c'est seulement *après coup* qu'on peut en prendre la mesure, en apprécier l'étendue. Dans ce cas précis, ce qui m'a le plus ému ce n'est pas l'émotion devant la prédiction réalisée mais le côté poignant de la coïncidence, les conditions imprévisibles dans lesquelles mon ami et moi avions pris congé l'un de l'autre, et c'est un épisode que je n'ai jamais oublié. Sur le moment, la prédiction en elle-même n'a servi à rien ; ni l'un ni l'autre nous ne pouvions concevoir qu'elle se réaliserait, et sous quelle forme. Si elle a une importance, c'est uniquement à cause des événements ultérieurs et des réactions qu'ils ont suscitées chez moi. Ce qui compte dans le processus divinatoire, ce ne sont pas réellement les prédictions, révélations, signes et autres présages, mais l'aptitude à percevoir l'existence dans sa totalité – ce qu'on appelle le « Soi » –, laquelle rapproche les aspects intérieur et extérieur de la vie de manière que notre récit personnel s'écrive simultanément *pour* nous et *avec* nous.

Synchronicité et psychologie des récits sacrés

On vient de le voir, trois visions du monde bien distinctes sont susceptibles de s'affronter dans le récit des synchronicités qui ponctuent nos existences. La première, qui se prévaut de la rationalité, de la science et de la causalité, a tendance à porter un regard péjoratif sur ces histoires de « mythes » en ne leur accordant aucune réalité et en les mettant sur le même plan que les fables, voire les affabulations – bref, en leur accordant le statut de fictions : il n'est rien arrivé de tel, il n'a rien *pu* arriver de tel. La deuxième, qui se réclame, elle, de Dieu comme réalité objective, les range également dans la catégorie des « mythes », mais en employant ce terme dans un sens positif, au sens de « récits sacrés » dont il importe au contraire de prendre en compte la réalité : si c'est arrivé, c'est par la volonté divine et le sens à en tirer est de nature religieuse. Le troisième point de vue est celui de la psychologie, qui s'abstient soigneusement de prendre parti et se borne à noter l'importance de ces « mythes » pour l'humanité : les coïncidences existent, il y a une signification à y puiser.

Pour répondre à des interrogations apparemment simples sur les coïncidences productrices de sens, il a donc fallu comprendre en premier lieu leur contexte sous-jacent et passer un peu de temps à démêler les fils de la terminologie et de la théorie. Mais indépendamment de cette approche, qui a été la nôtre ici, ces exemples de synchronicités dans la vie spirituelle et religieuse – ces facettes les plus intimes, les plus sacrées de nos récits personnels – démontrent bien à mes yeux que ce qui donne à notre vie sa forme de récit singulier et uniforme, c'est la faculté d'en découvrir le sens. C'est le *sens* qui structure l'existence en récit cohérent, et en cas de phénomène synchronistique on entre en contact avec l'Auteur, un Soi supérieur auquel, comme mes personnages, on peut se fier dans sa quête d'orientation, d'inspiration et de totalité.

6

Toute histoire a un début et une fin

La synchronicité, une question de vie et de mort

De suaves brises s'éveillent
Jour et nuit elles s'émeuvent et murmurent ;
Partout elles sont à l'œuvre.
Oh ! frais parfum ! oh ! musique nouvelle !
À présent, mon pauvre cœur, n'aie plus crainte
Car à présent tout doit changer.

Le monde de jour en jour est de plus en plus beau,
Et ce qui peut encore arriver, nul ne saurait le dire.
La floraison n'aura point de fin, et
La plus profonde, la plus lointaine vallée est en fleur.
À présent, mon pauvre cœur, oublie ta douleur.
Car à présent tout doit changer.

LUDWIG UHLAND,
Frülingsglaube.

Des quatre aspects de la synchronicité exposés au début de ce livre, celui qui informe le plus notre récit individuel dans son ensemble est le fait que ces coïncidences se produisent toujours à la faveur de périodes de transition. Jusqu'ici nous avons surtout examiné des histoires intervenant *dans* l'existence d'un certain nombre d'individus – qui ils aiment, ce qu'ils font, comment ils évoluent, ce en quoi ils ont foi. Mais, dans ce chapitre final, nous allons prendre encore de la hauteur et considérer non plus *une* histoire *dans* la vie, mais *l'*histoire *de* la vie, et les événements synchronistiques qui arrivent dans ces deux moments de transition par excellence – qui plus est universels – que sont la naissance et la mort.

Au premier abord, il paraît un peu trop évident de dire que la naissance et la mort encadrent la vie de manière cruciale et significative, sauf peut-être si l'on veut souligner, à la lumière de ce que nous avons appris ici de la synchronicité, que la transition d'entrée dans la vie et celle qui nous l'ôte ont peu à peu revêtu un sens symbolique très fort. Non seulement les théologiens et autres érudits dans le domaine de la religion ont placé, à juste titre d'ailleurs, le cycle archétypique naissance/mort/renaissance au centre même de tous les rituels religieux connus, mais, on l'a vu, la dimension symbolique de la naissance et de la mort imprègne le récit personnel de toutes les transitions qu'on traverse, de telle manière qu'au fil des jours on connaît mille petites morts et autant de renaissances.

Dans ce dernier chapitre, nous nous concentrerons sur ces récits spécifiques que je suis tenté d'appeler autobiographies, et plus précisément sur leur début et leur fin. Étant donné toutes les histoires rapportées dans ces pages, le lecteur ne sera guère surpris d'apprendre que les synchronicités se manifestent aussi au moment de la naissance et de la mort. On doit s'attendre à ce qu'elles nous montrent les mêmes choses que dans d'autres domaines : la cohérence narrative du récit personnel et la possibilité – constante et sous-jacente – d'entrer en contact avec la totalité.

Cependant, quand on aborde le sujet de ces deux passages – la naissance et la mort au sens propre du terme –, l'intervention d'événements synchronistiques a souvent pour effet d'en mettre en valeur la dimension profondément symbolique, qu'on a trop tendance à négliger. Ainsi, dans les histoires de maternité, de naissance, de mort et de deuil qui vont suivre, c'est une coïncidence significative qui rappelle au sujet ce qu'ont toujours révélé les images archétypiques du rite religieux et du mythe : que la vie est un cycle dans lequel la mort suit la naissance, et la renaissance la mort, et que, comme dit le poème de Uhland, toute chose doit changer.

Le moment propice – Maternité et synchronicité

Il y a presque trente ans, Mary Williams, analyste jungienne installée à Londres, soumettait au *Journal de psychologie analytique* un article traitant d'une de ses patientes. Or son histoire contient des thèmes maintes fois identifiés par moi dans les anecdotes que j'ai recueillies concernant la maternité. Le moment précis de la conception, les circonstances de la grossesse et de l'accouchement, leurs sentiments et réactions face à cette expérience primordiale fourmillent fréquemment d'éléments synchronistiques, au point qu'au bout d'un moment on ne s'étonne plus de la coïncidence et on finit par s'attendre à l'inattendu.

La patiente de Mary Williams était entrée en psychothérapie suite à une série de conflits graves liés à sa féminité. Âgée de trente-huit ans, mariée, elle souffrait d'inappétence sexuelle et de crises de larmes qu'elle-même faisait remonter aux tout débuts de sa menstruation. En effet, sa mère s'était comportée face à ses premières règles comme s'il s'agissait d'une catastrophe. Entre les mains d'une mère et de tantes aux tendances dominatrices, cette enfant unique avait grandi dans la crainte permanente et le manque de confiance en soi. Son mari, qu'elle avait épousé pour des raisons de convenance, pensait toutefois qu'elle serait « une excellente mère pour ses enfants ».

Dans cette situation – où elle avait manifestement besoin d'opérer une transition par rapport à sa perception d'elle-même –, lui est venu un songe à connotations prémonitoires et encourageantes, qui rappelle quelques-uns de rêves relatés ici. Écoutons-la :

« J'étais dans une pièce qui ressemblait à celle-ci [le cabinet de la thérapeute]. Tout à coup, j'entends un bruit de chute. Un tableau vient de tomber du mur. Je vais y regarder de plus près et, là, c'est la toile qui se détache. Elle représente une série de boîtes encastrées les unes dans les autres. Sous mes yeux, elles se déboîtent progressivement et, tout au fond, il y a un poupon. Il tend les bras et me sourit. »

Cette patiente connaissait la superstition anglaise selon laquelle un tableau qui se décroche est un présage de mort imminente ; elle s'est étonnée de ce rêve car, à l'époque, il existait une vague possibilité pour qu'elle soit enceinte, ce que symbolisait la découverte, « tout au fond », du poupon aux bras tendus. M. Williams décrit les synchronicités qui se sont manifestées ensuite dans la vie de cette femme.

« Les premiers signes du caractère "prémonitoire" de ce rêve sont apparus trois semaines plus tard, avec le brusque décès de [sa] mère. Ma patiente s'est absentée trois mois pour régler la succession et s'occuper de son père. À son retour, il est apparu qu'elle était probablement enceinte (ce qui fut bientôt confirmé) ; elle-même n'y croyait pas car ses règles ne s'étaient pas arrêtées, encore que le rythme en fût devenu anormal... Dès lors, il n'y eut plus de crises de larmes. Sa réaction face à la maternité fut ambivalente : elle éprouvait une grande joie, mêlée de rancune envers la fatalité car elle ne se sentait pas prête.

« Les synchronicités ne se sont pas arrêtées là, bien au contraire. Son médecin s'inquiétait car, le moment venu, la tête du fœtus ne s'était pas engagée. [Il] l'a donc envoyée consulter un spécialiste. Celui-ci a constaté un écart de six semaines avec les prévisions [concernant la date de l'accouchement], ce qui a provoqué une forte angoisse chez la patiente à cause des nombreux préparatifs à achever... Elle a alors fait appel à l'analyste qui, sans le vouloir, a joué un rôle d'oracle : partant du principe que la date du rêve était aussi celle de la conception, elle a rajouté deux cent quatre-vingts jours et répondu à la question [de savoir quand naîtrait le bébé]. La date ainsi obtenue dépassait de trois semaines celle établie par le généraliste et précédait, de trois semaines également, celle du spécialiste. Malheureusement, l'oracle s'est trouvé fort dépourvu car le jour dit, rien ne s'est passé. Trois semaines plus tard [la patiente] était admise à l'hôpital, où l'on envisageait de provoquer l'accouchement. Entre-temps, toutefois, la taille du fœtus plaidait en faveur d'une césarienne. Le bébé – un beau garçon – était légèrement déshydraté et son état général a confirmé que la date de la conception coïncidait avec le rêve.

« On ne peut pas savoir ce qui a retardé le début du travail, mais il faut mentionner ici deux coïncidences supplémentaires. La mère de la patiente est décédée trois semaines après le rêve, le bébé est né trois semaines après le terme. Avait-elle inconsciemment assimilé les deux événements dans le temps ? De plus, ainsi qu'elle l'a elle-même noté, "les bébés nés par césarienne ressemblent beaucoup plus à des poupées qu'à des nouveau-nés !", observation qui, là encore, liait réalités interne et externe de manière significative. Ce qui semble psychiquement vrai, c'est que l'enfant comme son nouveau Moi ne lui paraissaient pas encore suffisamment réels.

« L'analyste a revu la mère et l'enfant deux mois plus tard et, à l'expression de la première, on voyait bien que le second était enfin devenu une réalité. Notons que son foyer était désormais constitué de trois individus de sexe masculin – son père, son mari et son fils –, ce qui représente un changement significatif par rapport à son environnement précédent [c'est-à-dire sa famille originelle, dominée par les femmes] [1]. »

On voit donc qu'ici le rêve de grossesse présente la synchronicité supplémentaire de coïncider avec la mort de la mère à la faveur d'une succession de circonstances extérieures réelles. Mais le plus frappant, c'est le moment précis, synchronistique, où est survenue la coïncidence : aussitôt libérée par ce décès de la relation malsaine qui l'avait conduite en analyse, cette femme a pu « concevoir » au sens propre et, au sens figuré, « *se* concevoir » comme femme adulte ayant atteint la maturité.

Une de mes connaissances, Judy, m'a raconté une histoire de « timing » synchronistique quasi identique. Là aussi, sa première grossesse a coïncidé avec la mort de sa mère. « J'essayais depuis longtemps d'avoir un enfant par insémination artificielle, mais rien ne marchait. J'avais eu recours à plusieurs protocoles différents, avec, on s'en doute, de moins en moins de chances de réussite... Car si ça ne donne pas de résultat à la première, la deuxième ou la troisième tentative, la probabilité que les médicaments agissent est moindre. Dans ce cas, la "loi du rendement non proportionnel" s'applique, et je le savais. Le médecin s'était montré très franc : mes chances d'avoir un bébé en bonne santé étaient de vingt contre une ; pourtant, j'ai décidé d'entreprendre un nouveau cycle de traitement et, en cas d'échec, de renoncer à être enceinte.

« Entre-temps ma mère était tombée malade, ce qui ajoutait encore à mon stress : je devais faire face au problème en plus de subir les inséminations, les médicaments, la stricte ponctualité, etc. Là-dessus, ma mère décède ; ce n'était pas une surprise, mais comment se préparer à une chose pareille ? Et voilà qu'à ma première ovulation après sa disparition je me retrouve enceinte, et ma sœur aussi. »

1. Mary Williams, « Short Communication », *Journal of Analytical Psychology*, vol. 2, n° 1, 1957.

Dans l'histoire de Judy, la conjonction entre naissance et mort reflète fidèlement le rêve prémonitoire décrit par Mary Williams (dont la patiente avait en outre des difficultés affectives), et souligne par la même occasion l'étrange tendance qu'a la grossesse à s'annoncer à un moment significatif en lui-même. Le symbolisme de l'ancienne génération cédant la place à la nouvelle est très présent dans ces deux anecdotes et rappelle les nombreux mythes et contes de fées où, aux quatre coins du monde, l'on retrouve aussi cette corrélation entre naissance et mort : le vieux roi ou la vieille reine doivent être déposés, tués ou enlevés pour que la terre retrouve sa puissance créatrice, sa fertilité. Dans les récits synchronistiques liant étroitement ces deux événements, on constate que la fiction renvoie effectivement à la réalité du récit personnel.

L'élément « temps » est important : une grossesse peut se produire, synchronistiquement, à un point de jonction significatif ; on retrouve cette évidence dans un autre récit qui, cette fois, m'a été rapporté par Marie. On se souviendra qu'au chapitre 4, Marie avait rêvé du centre de lutte contre la stérilité où elle avait été soignée, et que cela l'avait conduite à y trouver du travail. Écoutons-la à son tour :

« Mon mari et moi essayions d'avoir un enfant depuis deux ans. Je travaillais plus que jamais et Hank préparait sa maîtrise. La possibilité que je me retrouve enceinte s'entourait donc de beaucoup d'inquiétudes financières, mais le moment était venu et nous le savions. Nous étions prêts. Et devinez ce qui s'est passé ? Il a trouvé un bon boulot et, dans le mois qui a suivi, je suis tombée enceinte. Le problème c'est que je ne l'ai pas su tout de suite. On a fêté son embauche et c'est seulement une semaine plus tard – alors qu'on essayait vainement depuis deux ans, je le rappelle –, que j'en ai eu confirmation. Juste au moment où je pouvais me décontracter un peu. »

On croit que la conception obéit aveuglément à la loi de la cause et de l'effet (un spermatozoïde rencontre un ovule et le fœtus est conçu), mais l'histoire de Marie montre bien qu'au contraire il s'agit d'un événement soumis au hasard, et peut-être même un des plus aléatoires de la vie, comme en attestent le manque de fiabilité des méthodes contraceptives et, au contraire, l'affliction des gens qui ne peuvent avoir d'enfant. La perspective de la maternité comprend de telles incertitudes, même avec les admirables technologies dont nous disposons aujourd'hui que, lorsqu'elle se produit *pour de bon,* on peut y voir une coïncidence significative tout à fait singulière dans la vie du couple. Pour Marie, par exemple, le moment de la conception a coïncidé avec la résolution de ses angoisses extérieures, ce qui lui a permis de se détendre et de jouir de sa grossesse.

De son côté, mon amie Jacqueline nourrissait à propos de son deuxième enfant des inquiétudes qui se sont résolues dans des circonstances inhabituelles et synchronistiques, grâce auxquelles elle a pu, elle aussi, vivre pleinement l'expérience. Sa première-née, une merveilleuse petite fille, souffrant d'une malformation congénitale, son mari et elle avaient décidé de ne pas avoir d'autre enfant. Quand Jacqueline s'est retrouvée enceinte, ils ont donc eu autant de raisons de s'angoisser que de se réjouir. Jacqueline raconte :

« J'étais partie pour m'en faire. Ce n'était pas volontaire : je ne pouvais pas m'en empêcher. Un vendredi, pendant mon cinquième mois de grossesse, nous sommes donc allés faire une échographie, mon mari et moi, pour nous assurer que tout allait bien. Cette nuit-là, après avoir regardé les photos du petit Joseph qui poussait dans mon ventre, je me suis tout à coup rendu compte que nous avions passé une heure à le contempler et à enregistrer les images sur cassette vidéo sans qu'à aucun moment j'aie vu ses bras ou ses mains. Terrifiée, je me suis brusquement assise dans mon lit et j'ai fait part de mes doutes à mon mari. Naturellement, il m'a rassurée ; je me sentais très bête, mais tout le week-end j'ai craint d'avoir un enfant manchot. Mes amis m'affirmaient que les médecins me l'auraient dit, et moi j'acquiesçais, je faisais semblant de me calmer ; mais intérieurement je me disais : « On ne sait jamais. Ça peut recommencer. Puisque c'est déjà arrivé. »

« Malgré cette anxiété, j'ai réussi à attendre jusqu'au lundi pour appeler le médecin. Je lui ai dit : “Je voudrais que vous appeliez le service de radiologie prénatale, à l'hôpital, que vous vous assuriez que mon échographie est normale, puis que vous me rappeliez.” Ce qu'il a fait sans délai ; c'était vraiment quelqu'un de bien. “Je suis désolé que vous ayez passé le week-end à vous faire du mauvais sang, m'a-t-il déclaré. Vous auriez dû me téléphoner. Si cela a pris aussi longtemps, vendredi, c'est que votre utérus est d'une forme inhabituelle et que tout le monde voulait y jeter un coup d'œil. Mais le bébé, lui, va bien. Vous savez quoi ? On est justement en train de m'installer un appareil d'échographie et j'ai besoin de quelqu'un pour le tester. Venez donc ! Vous serez plus tranquille ; vous regarderez à nouveau votre enfant et vous aurez la certitude qu'il n'y a aucun problème.”

« J'ai sauté sur l'occasion, j'ai passé une seconde échographie, et là, comme je regardais l'écran avec ce truc posé sur mon ventre en me disant : "J'espère qu'il est normal, j'espère qu'il est normal !", tout à coup voilà qu'il dresse le pouce comme pour me dire « OK ! ». Je n'en revenais pas. Quant au médecin, il a éclaté de rire. "Vous voyez bien : il dit à sa maman qu'il va parfaitement bien."

« Il s'agit en fait d'un geste courant chez les bébés – un réflexe ; la dimension synchronistique, s'il faut employer ce terme, c'est qu'il s'est produit à l'instant précis où je me répétais : "Il est normal !" C'est vraiment ce que je préfère dans cette histoire. Et je jure que tout est vrai ! En fait, j'ai même une photo, développée à partir de la cassette, de Joseph en train de faire "OK". À partir de ce moment-là j'ai cessé de m'en faire. Je savais qu'il serait normal, et j'avais raison. »

Le principal intérêt de cette anecdote ne réside pas seulement dans les circonstances de la résolution des angoisses de Jacqueline, mais, incidemment, dans le fait que le médecin ait senti le caractère synchronistique du geste du fœtus et se soit comporté un peu comme Jung avec sa cétoine dorée. L'événement s'explique par un réflexe, certes, mais ce sont le moment précis et la signification de la coïncidence qui ont occupé une place centrale dans l'histoire de Jacqueline et de sa petite famille.

Souvent les événements synchronistiques deviennent partie intégrante de l'histoire familiale. En suivant son intuition, Rena a vécu un phénomène synchronistique liant la vie et la mort ; elle relate son histoire avec beaucoup d'émotion, comme on narrerait une légende ou un mythe :

« À trois semaines du terme, nous sommes partis camper sur une île avec deux autres couples, dont un ami médecin. Pendant toute la durée de notre séjour, prévu pour durer une semaine, je me suis dit : "Rena, il y a quelque chose qui cloche." Je demandais à notre ami de m'examiner, mais tout le monde me serinait que tout était normal. Pourtant, comme je ne pouvais pas me défaire de mon mauvais pressentiment, mon mari et moi sommes rentrés un jour plus tôt, à la rame, et nous avons regagné notre domicile sans encombre. Bob est très rassurant, il n'arrêtait pas de me répéter que tout allait bien, que je devais me détendre, que tout se passerait sans problème. Mais moi, je savais que quelque chose n'allait pas. Je le *savais*, c'est tout.

« J'ai attendu le lendemain. Bob est parti au terrain de jeux avec nos deux enfants et, de mon côté, j'ai décidé d'aller à l'hôpital. Comme ça, toute seule. Je lui ai laissé un mot en m'efforçant de ne pas l'affoler, genre : "Je vais à l'hôpital, rendez-vous dans une heure." Une fois sur place, j'ai demandé à l'interne d'appeler mon médecin traitant, mais elle me harcelait de questions en essayant d'évaluer mon état : "Qu'est-ce qui vous fait croire que quelque chose va de travers ? Prenez-vous des substances illégales ? Buvez-vous de l'alcool ?", ce genre de chose. Évidemment, je répondais non. "Dans ce cas, m'a-t-elle répondu, il me semble que cela peut attendre demain matin." Et moi : "Pas question. Il faut que vous appeliez mon médecin immédiatement." Ce qu'elle a fait, Dieu merci. Mon médecin lui a dit : "Si Rena est là, c'est qu'elle a ses raisons." Il m'a demandé de l'attendre et, à son arrivée, on m'a fait une échographie avec un appareil portable ; mais comme le résultat n'était pas très bon ils m'ont gardée toute la nuit.

« Le lendemain, suite à un examen indiquant effectivement une anomalie, ils ont provoqué le travail et ma fille est née. Or il s'est avéré qu'elle avait le cordon ombilical autour du cou, enroulé non pas une fois mais *deux,* ce qui n'est vraiment pas courant, et que si je n'étais pas venue à temps, elle serait morte étranglée dans mon ventre. Moi-même j'ai toujours été surprise par mon obstination, dans cette histoire. J'avais *effectivement* mes raisons. En outre, on dit que les gens restent marqués par les circonstances de leur naissance ; eh bien, aujourd'hui encore, ma fille Katie refuse de porter des pulls à col roulé. » On voit donc que Rena a maintenu sa version des faits, le pressentiment que son bébé était en danger alors qu'elle ne pouvait matériellement pas en connaître la nature, et que cette intuition s'est trouvée confirmée.

Néanmoins, le « timing » n'est pas le seul élément véhiculant un sens synchronistique dans le contexte de la conception et de la naissance. J'en veux pour preuve l'histoire encore plus spectaculaire qu'a vécue mon amie Gail par l'intermédiaire d'un rêve. La première grossesse de Gail s'était passée tout à fait normalement, et c'est avec une joyeuse impatience que son mari et elle se sont préparés à un accouchement à domicile, avec l'assistance d'une sage-femme, « en bons hippies », comme elle dit.

Le rêve très réaliste et détaillé dans lequel elle a vu son fils naître peu de temps avant d'entrer en travail n'en était que plus improbable et, sur le moment, on y a davantage perçu d'angoisses inconscientes que de craintes rationnelles. En effet Gail a rêvé que le nouveau-né, Sam, ne respirait pas, qu'elle devait écarter la sage-femme de force pour lui faire le bouche-à-bouche parce que le cordon ombilical n'avait pas rempli sa fonction, que le bébé se cyanosait. Il ne se mettait à respirer qu'au moment où le mari de Gail le touchait. Or elle n'avait pas l'habitude de faire ce genre de rêve ; alors quand le travail a commencé, elle s'est tenue sur ses gardes... et tout s'est passé comme dans son rêve. À sa venue au monde, Sam ne respirait pas. Les méthodes douces de la sage-femme ne donnaient aucun résultat. Gail a effectivement dû la repousser pour faire le bouche-à-bouche au petit, qui a pris sa première inspiration, au soulagement général, quand son père l'a effleuré pour la première fois.

Gail a senti à la fois ce qui se passait en elle et les gestes qu'elle devrait faire, et son histoire montre parfaitement à quel point on peut se faciliter la vie en acceptant qu'une image intérieure puisse parfois renvoyer fidèlement à un événement extérieur. « Je n'ai pas eu peur sur le moment, parce que j'avais déjà tout vu en rêve. Ça s'est passé exactement comme dans ma vision et j'ai fait ce qu'il fallait faire. » Gail a su envisager que son rêve reflétait synchronistiquement les circonstances de la naissance de son fils, et cela l'a préparée à l'éventualité d'un accouchement difficile, pourtant improbable. Et, bien sûr, cela lui a permis de sauver la vie du bébé.

La maternité intervient donc quand elle a décidé d'intervenir, sans tenir compte de nos désirs conscients, nos espoirs, nos efforts et nos fantasmes. Certes, on décrète qu'on veut un enfant et on fait ce qu'il faut pour, mais l'issue ne dépend pas de nous, même chez les couples les plus acharnés. Et même quand la grossesse s'annonce, quand la surprise du moment de la conception est confirmée par le médecin, on s'entend donner une date forcément approximative. À mon sens, rien ne mérite davantage le qualificatif de synchronistique – quoi de plus aléatoire, en effet, que la rencontre d'un spermatozoïde sur plusieurs millions et d'un ovule bien précis ? Pourtant, c'est de cette coïncidence, qui échappe totalement à notre emprise, que naît et évolue la vie. Non, décidément, il n'y a pas plus significatif que cette expérience.

Pourquoi cet enfant-là et pas un autre – Leçons de synchronicité

La maternité relève donc du hasard et la venue au monde proprement dite reste généralement un facteur incontrôlable, mais les synchronicités potentielles qui ponctuent la vie des parents ne s'arrêtent pas avec la naissance de l'enfant. Dans un grand nombre de cas, le caractère significatif de la coïncidence entre la personnalité des premiers et du second comporte également des aspects synchronistiques ; cela peut confronter les géniteurs à leurs fantasmes quant à l'identité qu'ils désirent voir émerger chez leur progéniture, ou confirmer synchronistiquement ce qui compte réellement dans leur récit personnel.

Écoutons l'histoire d'une femme qui a assisté à un grand nombre d'accouchements, y compris et principalement à celui de sa sœur Janet ; en l'écoutant, je me suis demandé, comme souvent face aux synchronicités, quelle était la part d'acausalité dans notre comportement psychologique, et pourquoi nous recevions de nos enfants ceci plutôt que cela.

« Quand Janet a accouché de Jeannie, son époux Kéfir a été déçu car il voulait un garçon. Il est malien et, dans son pays, il faut absolument que le premier-né soit un fils. Aussi a-t-il parlé du bébé au masculin pendant toute la durée de la grossesse sans se poser de questions. Il avait *décidé* que ce serait un garçon ; c'était forcé. Puis Janet a eu ses premières contractions. Nous avions prévu une naissance à domicile, mais comme le travail se prolongeait, nous nous sommes finalement rendus à l'hôpital. Là, toujours pas de bébé. Finalement, les médecins ont décidé collectivement de pratiquer une césarienne.

« Alors Kéfir a cédé. Il a posé la main sur le ventre de Janet et déclaré : “D'accord, tu peux être une fille.” Et à ce moment-là, après un interminable et pénible travail, Jeannie est sortie ! »

Dans son cœur, Kéfir a accepté d'avoir une fille, et ce passage intérieur a synchronistiquement coïncidé avec l'accouchement proprement dit, au bout de plusieurs heures de travail. Il s'est soudain rendu compte de ce qu'être parent signifiait, et c'est moins lié au sexe de l'individu concerné qu'au caractère sacré de la vie, à l'amour que nous inspirent nos enfants ; il faut renoncer à exiger d'eux qu'ils correspondent à l'idéal décrété par l'ego. D'un autre côté, on a le cas de la patiente de M. Williams qui, élevée par des femmes dominantes, s'est retrouvée, à la naissance de son fils et pour la première fois de sa vie, exclusivement entourée de représentants du sexe masculin ; loin de représenter un défi, cet état de fait perçu comme synchronistique l'a au contraire beaucoup enrichie, en lui apportant l'expérience de la masculinité qui lui manquait cruellement.

Les parents attribuent un sens bien particulier au fait d'avoir tel enfant plutôt que tel autre, et cela soulève une question qui a pour conséquence d'affiner et d'approfondir notre compréhension de la synchronicité. Mais, me demanderez-vous, tous les parents ne finissent-ils pas par affronter l'évidence, à savoir la personnalité de leurs enfants ? N'avons-nous pas tous le désir d'aimer nos enfants ? Est-il tellement étonnant que Kéfir en vienne à aimer sa fille comme il aurait aimé un fils, ou que la patiente de Mary Williams perçoive le sens de la famille qui l'entoure, sachant qu'elle l'aurait perçu même si elle n'avait eu que des filles ? Ces réflexions ne sont pas dépourvues de mérite et peuvent être vraies pour beaucoup de parents, voire la plupart, mais s'éloignent des histoires qui nous intéressent ici.

Pour l'un comme l'autre des parents cités, le sexe de l'enfant à naître revêtait un sens synchronistique à cause de l'histoire qui ressortait de leur vécu respectif : l'identité du bébé une fois né a représenté une coïncidence qui leur a fait saisir leur récit personnel, à travers une révélation non pas objective mais *subjective* sur leur vie. De tout évidence, si Kéfir avait eu un garçon et la patiente de Williams rien que des filles, c'est une autre histoire que nous aurions entendue – et cela reste valable pour toutes les anecdotes rapportées ici. Ce qui est arrivé à ces deux personnes, c'est ce qui arrive dans toutes les coïncidences significatives : l'ego est confronté à l'aléatoire et il en résulte des transformations symboliques et affectives définitives. Et l'apparition d'un nouvel être vivant est une espèce d'apothéose du sens quand il s'agit d'accepter et de comprendre ce qui nous arrive. Cependant, pour maints parents que leur histoire individuelle, leur personnalité, leur récit propre empêchent de s'ouvrir à cette attitude, l'identité de l'enfant prend parfois une signification synchronistique.

Helen est venue me consulter en pleine phase de transition : elle laissait derrière elle une existence de comptable qui, trop renfermée, ne la satisfaisait plus, pour s'aventurer dans un secteur plus convivial et potentiellement plus lucratif, celui de l'immobilier. Histoire de mieux la connaître, j'ai entrepris d'explorer son contexte relationnel familial ; et j'ai tout de suite été frappé par les difficultés majeures qu'elle rencontrait avec sa fille Hannah, âgée d'un peu plus de vingt ans. « Nous ne nous entendons pas, m'a-t-elle avoué. Elle m'a toujours posé beaucoup de problèmes. Toute petite déjà elle était difficile. Hyperactive, cherchant constamment à tester mes limites, toujours en demande d'attention. Elle a toujours eu de bien meilleures relations avec mon mari, plus ouvert, plus doué pour aller vers les autres. »

En bon thérapeute, j'ai classé ces informations avec la ferme intention de m'en resservir plus tard, et constaté à l'usage que mon travail avec Helen consisterait à développer son côté extraverti ; parallèlement, elle avait du mal à faire preuve d'allant, d'ambition et d'autonomie, et voulait également surmonter cet obstacle afin de réussir dans son nouveau métier. Toutefois, ce n'est pas de moi mais de son mari qu'est venu le commentaire générateur de métamorphose. Un jour, après une séance où j'avais parlé introversion et extraversion, il lui a en effet assené qu'elle aurait intérêt à prendre des cours auprès d'Hannah. Pour Helen, cet instant précis a constitué un phénomène synchronistique.

« Je n'en revenais pas. Moi qui toute ma vie avais eu tant de problèmes avec elle ! Naturellement, je l'aimais comme une mère, enfin je crois, mais je ne l'ai jamais vraiment comprise, et Dieu sait que j'ai eu du mal à savoir qui elle était en tant que personne. Mais au moment où mon mari m'a fait cette déclaration, c'est comme si toutes les pièces du puzzle se mettaient en place d'un coup. J'y étais, à présent : c'était la personnalité d'Hannah qu'il me fallait ! C'était *d'elle* que je devais apprendre ce que j'avais besoin de savoir à ce stade de ma vie. »

Helen a su voir un sens à l'*identité* de sa fille, qui lui avait toujours posé problème, et cela lui est venu brutalement, le temps d'une révélation synchronistique : son processus intérieur a heurté de plein fouet l'accident que représentaient les dons personnels de sa fille, et ce par le biais d'une coïncidence qui a fini par changer leur vie à toutes les deux. Avec mon soutien intégral, Helen a entrepris de « consulter » Hannah sur l'attitude à adopter dans telle ou telle situation, et, avec le temps, la brèche qui les séparait a fini par se refermer.

Cette synchronicité compensatoire entre parent et enfant trouve une contrepartie dans l'histoire de mon collègue Jack. Jack avait été élevé par un père doté d'idées bien précises sur ce que devait être sa personnalité, avec des conséquences désastreuses à long terme. Grand amateur de sport, et ce depuis toujours, il avait en effet décrété dès le départ que Jack deviendrait coûte que coûte un athlète professionnel et l'avait immergé dans une atmosphère de camp d'entraînement où toutes les activités visaient l'excellence athlétique. Malheureusement, la conjonction des talents quasi inexistants de Jack dans ce domaine et de l'ego de son père a provoqué cette fois une synchronicité dépourvue de résultats positifs et, finalement, le sens qu'elle a pris dans la vie de Jack a moins été un atout qu'une malédiction. En effet, comme on l'imagine aisément, la fureur rebelle engendrée par cette éducation a pesé sur lui de manière permanente, encore que pas toujours affreusement négative. Par exemple, c'est en ayant constamment tendance à dire : « Je n'ai d'ordre à recevoir de personne » qu'il a pu monter une société très rentable, même si cette attitude lui a imposé de douloureuses limites dans d'autres domaines.

Sur ce, Jack a eu un fils, et le sort a voulu non seulement que ce fils ressemble physiquement au grand-père tant haï, mais qu'en grandissant il hérite de sa passion pour le sport. « On dit bien que ces choses-là sautent une génération, non ? » m'a demandé Jack tandis que nous nous rendions ensemble à une réunion et que j'en profitais pour demander des nouvelles de la famille. « Moi qui ai passé ma vie à fuir le sport parce qu'on me l'imposait jour et nuit, voilà que j'habite aujourd'hui une maison pleine de revues de baseball et que j'ai droit au match de foot tous les lundis soir. Il va jusqu'à inviter des copains et brailler avec eux devant la télé, comme mon père à moi. Ça me rend cinglé ! »

Simple coïncidence ou synchronicité ? La similitude entre son père et son fils n'a certainement pas échappé à Jack, mais sa signification et la place qu'il lui attribue dans sa vie sont encore en cours d'élaboration. Vous et moi percevons peut-être, de l'extérieur, un certain schéma directeur dans cette coïncidence frappante, mais ce n'est pas à nous d'écrire sa vie. Jack doit être l'auteur de sa propre autobiographie. D'ici là cela *reste* une coïncidence, c'est-à-dire qu'il y manque ce moment de brusque lucidité intérieure par la grâce duquel, toute évidente qu'elle soit à nos yeux à *nous*, elle peut devenir synchronistique à ceux de Jack.

Souvent l'identité accidentelle des enfants n'est pas vécue comme particulièrement synchronistique vu qu'ils ont tendance à ressembler à leurs parents et que leur personnalité résulte moins du hasard pur que de l'éducation – autrement dit de la causalité. Les parents affligés d'un ego surdimensionné, qui nourrissent de grands projets pour leur enfant ou n'ont pas résolu leurs propres conflits font rarement l'expérience de la synchronicité quant à l'identité de leurs enfants, car le sens qui entoure ceux-ci ne provient pas d'une rencontre arbitraire avec le destin mais de leur aptitude très naturelle à les accepter, les aimer et les jauger. Pourtant tous les parents ne naissent pas égaux, et la rencontre synchronistique qu'ils sont nombreux à vivre avec leurs enfants au moment de leur venue au monde ou plus tard forme la matière de la littérature autant que de la vie. Dans ces cas-là les parents voient tout à coup dans leurs enfants – avenir symbolique de leur récit personnel – la signification de leur propre existence ; pour eux, cette descendance est alors une précieuse source de lucidité et d'évolution personnelle.

Le « travail vers la mort » et au-delà – Synchronicité et ultime transition

Je me suis permis d'emprunter à une de mes amies, infirmière en gériatrie, une image résumant les histoires qui vont suivre, et qui seront les dernières. Ayant accompagné tant de derniers instants, observé les efforts de tant de familles pour se préparer au deuil imminent, et vu tant de mourants renoncer progressivement aux choses qui leur étaient chères, à l'intérieur d'eux-mêmes comme dans le monde extérieur, elle a fini par parler de l'agonie avec une grande sagesse et une grande perspicacité. Elle dit en effet que dans ces cas-là, on effectue un véritable « travail vers la mort » équivalent au « *travail* de vie » qui précède la venue au monde d'un enfant. Cette formule contient un élément de vérité que peuvent confirmer tous les gens qui se sont trouvés en contact avec la mort, comme en témoignent les histoires qu'ils m'ont rapportées.

La mort est un processus de détachement par rapport aux préoccupations, soucis, engagements et autres relations qu'on entretient avec ce monde-ci et, à l'instar du « travail » de la naissance, là encore, il se déroule à compter d'un moment et selon un rythme qui lui sont propres, et sur lesquels nous n'avons pratiquement aucune emprise. Comme l'a découvert mon patient du chapitre consacré aux rêves à l'occasion de sa tentative de suicide, même quand on prend toutes les dispositions nécessaires pour mourir, on s'en va le moment venu et pas avant ; telle est la leçon qu'apprend toute famille accompagnant la mort d'un être aimé, et très nombreuses sont les anecdotes synchronistiques qui le confirment.

Pour faire pendant à l'histoire de Kéfir, ce père africain qui, au moment de faire sa paix avec la fille qu'il ne désirait pourtant pas avoir, lui a en quelque sorte « donné la permission » de naître, voici le récit de Linda. Linda retrace l'agonie de sa compagne, Jane. La dernière semaine, leur fille Annie, âgée de deux ans quand le cancer de Jane est entré en phase terminale, fuyait ostensiblement la chambre de la malade ; cela n'a pas échappé à Linda, qui a eu la sagesse de continuer à soigner son amie sans intervenir. Quand Jane a sombré dans le coma, Linda a rassemblé leurs amis et accompli ce soir-là un rituel funéraire ; à ce moment-là, Annie, qui dormait dans une pièce voisine, a brusquement fondu en larmes.

Pensant que le décès risquait de se produire ce jour-là, et afin de respecter son désir de distance, Linda a confié la petite à ses voisins pour la journée. Peu à peu, Jane s'est mise à respirer plus difficilement. Sentant sa fin proche, Linda s'est couchée à ses côtés. Alors elle a entendu entrer Annie qui, pour la première fois depuis plus d'une semaine, voulait être avec Jane. La petite s'est couchée avec les deux femmes, et moins d'une minute plus tard Jane s'éteignait.

« On aurait dit soit qu'elle attendait le retour d'Annie, soit qu'en acceptant l'évidence cette dernière lui permettait enfin de lâcher prise. » Linda s'émerveille de ce sens de l'opportunité chez une petite fille de deux ans, et s'émeut du sens très fort qu'a pris pour elle la réunion du cercle de famille complet au moment où Jane « venait à la mort ».

Les présages de mort s'inscrivent généralement dans le cadre de ce qu'on appelle les « superstitions » – rappelons-nous la première anecdote de ce chapitre et le tableau qui se décroche du mur, annonçant ainsi la mort d'un proche ; de la même manière, ma grand-mère disait qu'un oiseau entré dans une maison portait malheur. Le terme de « superstition » signifie littéralement « survivance » : les croyances populaires ont *survécu* aux assauts de la modernité et demeurent très présents dans l'imagination – elles renvoient à un temps où les synchronicités étaient mieux comprises et mieux évaluées.

Jung a rapporté un nombre assez conséquent d'anecdotes personnelles où une prémonition a synchronistiquement trouvé un écho dans un événement ultérieur. Par exemple, un jour qu'il rentrait chez lui en train, pendant la Seconde Guerre mondiale, il s'est senti

« submergé par l'image d'un individu en passe de se noyer » (c'était en réalité le souvenir d'un incident survenu pendant son séjour dans l'armée) ; jusqu'à son arrivée, il n'a cessé de revoir la scène. Et là, il a trouvé la maisonnée sens dessus dessous : au moment exact où le souvenir avait commencé à le hanter, son petit-fils Adrian avait failli se noyer dans le lac tout proche. De la même façon, une autre fois il a rêvé d'un tombeau ancien, classique, dont émanait une forme ressemblant à son épouse ; au réveil, il a appris que la cousine de cette dernière était décédée pendant la nuit.

Mais pour ce qui est de mêler sourire amusé et frisson dans le dos, rien ne vaut le récit qu'il donne d'un de ses rêves présageant, en 1922, la mort de sa mère. « [...] depuis la mort [de son père] – donc depuis 1896 –, je n'avais plus jamais rêvé de lui et voici que maintenant il m'apparaissait à nouveau, dans ce rêve, comme s'il était revenu d'un lointain voyage. Il semblait rajeuni et ne manifestait nulle autorité paternelle. Je me rendis avec lui dans ma bibliothèque et je me réjouissais énormément d'apprendre ce qui lui était arrivé. J'étais tout particulièrement heureux de lui présenter ma femme et mes enfants, de lui montrer ma maison. [...] Mais, je me suis rendu compte très vite que tout cela l'importunait car il paraissait préoccupé. Il semblait attendre quelque chose de moi. Je le sentais très nettement et c'est pourquoi je me tins sur ma réserve. Il me dit alors que puisque j'étais psychologue, il aurait bien voulu me consulter, précisément sur la psychologie du mariage. Je m'apprêtais à disserter longuement sur les complexités de l'union conjugale, mais alors je me réveillai. Je ne pus comprendre le rêve comme il eût fallu, car je n'eus pas l'idée qu'il fallait le rapprocher de la mort de ma mère. Je ne le compris que lorsqu'elle disparut subitement, en janvier 1923.

« Le ménage de mes parents ne reposa pas sur une heureuse entente ; ce fut une épreuve de patience chargée de multiples difficultés. Tous deux commirent les erreurs typiques communes à de nombreux couples. Mon rêve aurait dû me faire prévoir la mort de ma mère : après une absence de vingt-six ans, mon père, dans le rêve, se renseignait auprès du psychologue sur les connaissances et les acquisitions les plus récentes concernant les difficultés matrimoniales, puisque le temps était venu pour lui de reprendre le problème. Dans son état intemporel, il n'avait manifestement acquis aucun savoir meilleur et c'est pourquoi il devait s'adresser à un vivant qui, bénéficiant des changements apportés par le temps, avait pu acquérir des points de vue nouveaux [1]. »

Tout en évoquant son père comme si son rêve n'était autre, littéralement, qu'une visitation de l'au-delà, Jung parle en homme qui n'ignore rien de la dimension à la fois extraordinaire et banale des synchronicités : il accueille la vision de son père défunt avec la nonchalance qu'il réserverait à un familier lui rendant visite. Cette apparition est un exemple des phénomènes synchronistiques qui tendent à se produire lorsque notre récit personnel ou celui de nos êtres chers tirent à leur fin.

Toutefois, parmi les nombreuses histoires que j'ai recueillies, je n'ai que très rarement retrouvé l'attitude familière, si désinvolte, de Jung vis-à-vis des revenants. Prenons l'exemple de Frances. Pendant l'interminable agonie de son mari, hospitalisé, elle-même a plusieurs fois manqué mourir de peur car elle tombait régulièrement, en divers endroits de la maison, sur une photo les représentant tous les deux – c'était sa préférée – alors qu'elle savait pertinemment l'avoir placée ailleurs ; or, elle vivait seule et personne d'autre n'avait la clef. Le premier jour, elle a trouvé la photo retournée sur le canapé du salon, et non à sa place habituelle, c'est-à-dire sur la cheminée. Elle l'a posée sur une table basse, mais le lendemain matin en s'éveillant, elle l'a trouvée, là encore retournée, dans le lavabo de la salle de bains. Et en rentrant de l'hôpital, le même jour, elle s'est aperçue que, de là, la photo s'était déplacée à l'angle du couloir, debout face au mur.

« Si le phénomène s'était produit pendant mon sommeil, je l'aurais mis sur le compte du somnambulisme ou je ne sais quoi, me dit-elle. J'étais bouleversée par la maladie de Frank et l'imminence de son décès ; j'aurais pu me promener en dormant ou la transporter en état d'hypnose, quelque chose comme ça. Mais comment expliquer qu'elle bouge quand j'étais absente ? Et, après la mort de Frank, elle n'a plus quitté le dessus de la cheminée. »

Quel effet a eu sur Frances cette série de déplacements improbables et suprêmement inexplicables ? J'ai retiré de notre conversation l'impression que toute l'affaire avait eu pour conséquence de « déplacer » chez elle la réalité du décès à venir, de « ramener » ses séjours à l'hôpital dans la maison qu'elle avait partagée avec son époux pendant tant d'années. Quand les objets de la réalité

1. C.G. Jung, *Ma vie – Souvenirs, rêves, pensées,* Gallimard, 1966.

extérieure commencent à se promener, apparemment en réponse au chagrin, aux grands troubles affectifs, la corrélation synchronistique rend la réalité *subjective* douloureusement et inéluctablement évidente. Mais malgré toute l'étrangeté du phénomène, j'ai également eu la sensation que ces effets visibles de la mort du mari de Frances avaient aussi eu quelque chose de gratifiant, comme si son agonie était capitale au point d'entraîner forcément des conséquences tangibles.

En accord avec les diverses légendes et autres superstitions portant sur les présages funestes, le drame peut être synchronistiquement annoncé par d'inhabituelles apparitions d'animaux, avec une préférence pour ceux dont les caractéristiques les relient symboliquement à l'au-delà – notamment les oiseaux, qui de par leurs ailes sont souvent associés à l'esprit ou à l'âme, ou encore les chats ou les chiens noirs, couleur qui renvoie à l'invisible, donc à l'inconnu.

Mon ami Michael, disparu il y a six ans, a vécu une étrange expérience un jour qu'il lisait tranquillement près de sa fenêtre, à Berlin : un grand coup frappé au mur de l'immeuble l'a fait sursauter. Comme il habitait au deuxième étage, il a ouvert la fenêtre afin de regarder en bas, dans la cour. Et là, il a vu un corbeau de petite taille battre des ailes de plus en plus lentement, jusqu'à ce qu'enfin il succombe à ses blessures. Il était peu banal qu'un corbeau trouve la mort dans cette cour, habituellement peuplée de pigeons ; aussi Michael a-t-il été frappé par l'incident. La semaine d'après il recevait un coup de téléphone de sa mère : ce matin-là, on avait trouvé son frère cadet mort dans son lit. Les causes du décès sont restées inconnues : deux autopsies successives n'ont pu les déterminer. Rétrospectivement, Michael a vu dans l'affaire du corbeau un présage synchronistique annonçant le décès parfaitement imprévisible de son frère, qui avait vingt-quatre ans et était en pleine santé. Ici, l'interprétation synchronistique plutôt que prémonitoire met l'accent sur la transformation subjective qui s'est opérée en Michael après la mort de son cadet : sa vision des choses a changé quand il a intégré dans son récit le symbole du corbeau comme signe de l'importance de l'expérience à venir.

Les phénomènes synchronistiques survenant au moment de la mort sont suffisamment fréquents pour qu'on ait avancé des explications de nature causale – la disparition d'un individu s'accompagnerait d'une manière ou d'une autre de la libération de son « énergie vitale », ce qui rendrait compte des déplacements d'une photo dans une maison. Ou alors, nos interconnexions à l'intérieur de l'espèce ou de la famille nous rendraient capables de sentir ou pressentir ce qu'éprouve le mourant, d'où les rêves ou les expériences prémonitoires de Jung ou de mon ami Michael. Ces interprétations ont donné lieu à toutes sortes d'initiatives rituelles : on ouvre les fenêtres pour laisser s'envoler l'âme, on veille le corps pour l'accompagner dans son passage, et ainsi de suite.

Que ces phénomènes entourant le décès soient provoqués par l'énergie vitale, l'âme ou d'autres facteurs encore à découvrir, il reste que leur réalité est indubitable. Ma grand-mère, ma mère et ma grand-tante confirment toutes les trois qu'à l'instant de la mort de mon arrière-grand-mère, laquelle a cru voir Jésus descendant de sa croix dans un angle de la pièce pour venir la chercher, une vive lumière d'origine inconnue a tout à coup resplendi dans la pièce ; elle s'est éteinte lorsque la mourante a rendu l'âme. Le sens synchronistique qui ressort de cette histoire telle qu'on la raconte dans ma famille est que les témoins ont eu l'impression de se voir accorder par Dieu une puissante sensation de réconfort : ils ont su ainsi que mon aïeule prenait le chemin des cieux.

Paul est un professeur de philosophie de ma connaissance qui, en bon sceptique et lorsque je le lui ai résumé, n'a vu dans le sujet du présent ouvrage qu'une source d'amusement empreint d'indulgence ; cela ne l'a pas empêché d'y contribuer sous la forme d'une anecdote qui y a parfaitement sa place.

Paul répugnait à affronter le décès prochain d'un ami victime de la maladie de Hodgkin, et qu'il avait employé comme jardinier tout au long de son déclin. C'est ainsi qu'il avait réussi à ne pas lui rendre visite à l'hôpital au cours des quatre dernières semaines qu'il dut y passer. Puis, se sentant trop coupable, il a rassemblé tout son courage et surmonté sa résistance. À la fin de la visite, les infirmières l'ont pris à part pour lui annoncer que son ami reprenait le dessus et que le décès ne paraissait plus si imminent.

Cette nuit-là, à demi éveillé Paul a vu l'ami en question venir à lui, tout de blanc vêtu. Ils ont bavardé de choses et d'autres, puis cette vision quasi onirique a pris fin sur un salut : « À la prochaine ! Il faut que j'y aille. » Sur ce il est parti. Le lendemain, en appelant l'hôpital, Paul a appris que son ami était mort, justement à l'heure où il avait rêvé de lui. Ce fut sa toute première expérience personnelle de ce type, et ce qui m'a frappé en l'écoutant raconter, c'est qu'elle a quelque peu tempéré son ironie sceptique quant à l'attitude que nous adoptons, moi et les autres intervenants de cet ouvrage, face à l'histoire de notre vie.

Pour certains, cependant, l'expérience synchronistique liée à la mort est encore plus spectaculaire car ils la vivent dans leur chair. Une de mes anciennes superviseuses raconte ainsi qu'elle a été réveillée par une atroce douleur au dos et à la poitrine la nuit où son père a été poignardé à mort à l'autre bout du pays. Sa souffrance était aiguë au point qu'une autre qu'elle aurait appelé à l'aide ; mais elle était trop entêtée. Quand elle a appris la terrible nouvelle, le lendemain, elle a compris ce qu'elle avait ressenti. « Nous avions toujours été très proches, et j'ai choisi de croire que l'occasion m'a ainsi été donnée de prendre part à sa mort. »

Toutes ces expériences synchronistiques défiant l'interprétation causale comportent d'importantes similitudes symboliques. De la même manière qu'on voit dans la mort un anéantissement, un déchirement, une dissolution de son petit monde, il semble que le côté symbolique des synchronicités mentionnées renvoie à une forme de dissolution ou d'anéantissement des lois qui régissent notre perception du monde. Tout se passe comme si, pendant le processus mortifère, les principes naturels ne s'appliquaient plus, comme si la causalité, la matière étaient en quelque sorte suspendues. Chez certaines personnes, cette suspension de la loi naturelle provoque la terreur, mais, chez d'autres, la coïncidence prend un sens très fort en réaffirmant, dans les moments d'affliction et d'impuissance extrêmes, les relations entre elles et leurs proches. Parfois, la signification synchronistique de la coïncidence paraît presque capable de réparer, de reconstituer ce que la mort a mis en pièces.

Synchronicité de la continuité – Quand la fin n'est pas la fin de tout

Ceux qui ont perdu un être cher savent que ces relations ne s'interrompent pas avec leur mort, et les phénomènes synchronistiques viennent parfois nous le rappeler. Je me souviens d'une conversation avec une amie, un jour autour d'un *brunch*, au temps de mon clinicat. Sa sœur était décédée précocement en donnant naissance à son premier enfant et, à l'époque, j'étais troublé de ne constater chez elle aucun désarroi. aujourd'hui, je vois bien que je souffrais de la redoutable maladie qui guette tout futur thérapeute : j'avais attrapé le virus du « Je sais tout ». Fort de mes lectures sur le chagrin, le deuil, etc., mais n'ayant *personnellement* rien vécu dans ce domaine qui puisse étayer mes convictions, j'ai entrepris de l'aiguillonner sur la colère qu'elle devait *forcément* ressentir suite à la mort de sa sœur. Or elle persistait à me dire que sa foi l'aidait à accepter la tragédie, qu'elle savait désormais sa sœur au côté de Dieu, les voies de celui-ci étant impénétrables pour elle comme pour moi ; sûr qu'elle était dans le déni, je l'ai harcelée de plus belle pour qu'elle exprime la colère et le chagrin qu'elle « refoulait » de manière évidente. Le plus drôle, c'est que je venais de passer avec succès un diplôme de conseil spirituel et que jamais je n'aurais accepté cette insistance de la part d'un thérapeute.

La patience de mon amie a fini par s'épuiser et, sans cacher son irritation, elle m'a lancé : « Laisse-moi tranquille avec ça. » À cet instant précis nous avons tous deux entendu un choc très sonore, tout près de nous. Absorbés par la discussion, nous n'y avons guère prêté attention tant nous cherchions à restaurer un tant soit peu de civilité entre nous. Mais plus tard dans la journée, en débarrassant la table de ce petit déjeuner tardif, j'ai compris ce qui s'était passé : un plat de porcelaine posé entre nous s'était cassé en deux.

On peut formuler maintes interprétations à propos de cet incident ; deux sont d'ordre causal : une fois exprimée, la colère refoulée de mon amie a cassé le plat au moyen de son « énergie », ou bien je ne sais quelle force vitale émanant de sa sœur défunte s'est « manifestée » sous la forme du plat brisé ; mais il en existe une autre, cette fois-ci synchronistique : la fracture du plat a pris un sens pour moi parce qu'il formait un symbole approprié. En effet, par mon obstination, j'avais d'une certaine manière « rompu » nos relations. Quoi qu'il en soit, grâce à la conjonction de la mort, du sentiment, du symbolisme et de la réalité matérielle, cette synchronicité reste la plus étrange que j'aie jamais vécue.

Le pouvoir symbolique de la mort persiste – parfois très longtemps – après le décès, et c'est là une évidence qui m'est très nettement apparue dans l'histoire de Rachel. Rachel se préparait délibérément à commémorer d'une façon toute personnelle et intime le premier anniversaire de la mort de son mari, Steve. Des amis compréhensifs l'avaient invitée à passer la journée et la soirée avec eux, mais elle a jugé préférable de rester seule et de se livrer à un rituel qu'elle avait inventé : cela consistait à sortir tous ses albums de photos, à les feuilleter lentement, à éteindre toutes les lampes en les remplaçant par des bougies et à s'efforcer de recréer la présence de Steve à ces côtés.

« Me voilà donc seule dans la pénombre, avec des bougies pour seul éclairage ; il va bientôt être sept heures, heure de son décès un an plus tôt. Tout à coup, le téléphone sonne. Croyant qu'un ami m'appelle, je décroche au lieu de laisser le répondeur prendre le message. Et, à l'autre bout du fil, c'est une drôle de petite voix qui s'adresse à moi, comme un adulte cherchant à se faire passer pour un gamin ; j'en avais la chair de poule. Elle me dit : "Est-ce que Steve est là ?" Paralysée sur place, trop remuée pour réfléchir, me dire que c'est peut-être une mauvaise plaisanterie, je réponds du tac au tac : "Non, il n'est pas là." Mais la voix insiste calmement : "Est-ce que Steve est là ?" Une fois de plus je réplique : "Non, il n'est pas là. Qui est à l'appareil ? C'est pour quoi ?" À quoi le petit garçon rétorque : "Je voulais juste savoir si Steve voulait venir jouer." Là, j'ai su que j'avais bien affaire à un enfant, et non à un mauvais plaisantin. Alors j'ai dit : "Non, Steve n'est pas là." Le gamin insiste : "Vous êtes sûre ? Où est-il, alors ?" À ce moment-là, je trouvais la coïncidence si troublante et je me sentais tellement décalée que j'ai répondu, un peu affolée : "Il est mort", avant de raccrocher. Paniquée, je suis restée un moment sans rien faire. Puis j'ai rallumé les lumières, soufflé les bougies et appelé mes amis en annonçant : "J'arrive." Plus tard j'ai compris que j'avais dû traumatiser un pauvre gosse en lui disant que son copain était mort, mais sur le moment c'était trop bizarre, je n'étais pas en mesure de réfléchir. »

Quand je lui ai demandé comment elle interprétait cette coïncidence, elle a répondu par une mimique perplexe. « On m'a suggéré que c'était Steve lui-même qui m'avait appelée, comme si mon rituel avait invoqué son esprit ou je ne sais quoi – ce qui ne me convainc pas du tout. Mais puisque tu me poses la question, je me demande si le sens de toute cette histoire n'est pas plutôt à chercher du côté du fait que je n'aurais pas dû rester seule ce soir-là. Je crois que Freud a dit que l'intention inconsciente qui se cache derrière les actes est révélée par leurs conséquences, non ? Eh bien moi, quand je regarde les conséquences – à savoir, principalement, que j'ai filé tout droit chez des amis et tout oublié de mon petit rituel, je me dis que c'était peut-être là ce que j'étais censée faire au sens large : passer du temps avec les vivants au lieu de continuer à me complaire parmi les morts. Si oui, ça a marché. » Connaissant Rachel, et surtout sachant à quel point elle s'est reposée sur son cercle d'amis après son deuil, j'ai tendance à croire que l'étrangeté de la coïncidence en avait peut-être masqué le sens à ses yeux, et que j'avais dû creuser un peu pour mettre ce dernier au jour, lui faire prendre conscience qu'il était temps de passer à autre chose et d'affirmer son aptitude à la vie.

Si l'avènement de la mort peut représenter un pôle autour duquel gravite ce genre de synchronicités, on n'a guère de mal à imaginer que, dans des circonstances extraordinaires, son absence ou le refus de s'y confronter puissent être aussi productrices de sens – synchronistiques. Il en existe un exemple célèbre, qui fut rapporté pour la première fois dans le magazine *Life* en 1950 pour être ensuite repris un peu partout.

Le soir du 1er mars, la chorale d'une petite ville du Nebraska, Beatrice, devait se réunir pour répéter à 19 h 20 précises. Or tous ses membres – quinze en tout – sont arrivés en retard pour un motif ou un autre. La famille du pasteur parce qu'on n'avait pas fini d'étendre la lessive, telle personne parce que sa voiture n'avait pas voulu démarrer, telle autre parce qu'elle était captivée par une émission de radio, telle autre encore parce qu'elle finissait ses devoirs, une mère et sa fille parce que la première avait eu du mal à réveiller la seconde, qui faisait la sieste, et ainsi de suite. Bref, tout le monde avait une raison de manquer le début de la répétition... et personne n'a eu à se plaindre de cette heureuse conjonction d'événements. En effet, à 19 h 25 l'église explosait à cause d'une défaillance indétectée du système de chauffage. Cette succession de circonstances, tellement improbable que, plus tard, un mathématicien devait estimer qu'elle avait littéralement une chance sur un million de se produire, n'a pas eu qu'un impact arithmétique sur la vie des heureux paroissiens qui, à l'époque, se sont demandé si cette synchronicité n'était pas en fait une « intervention divine [1] ».

Autre exemple d'accident qui n'en est pas un, plus franchement spirituel celui-là, l'histoire du moine chinois du XIXe siècle nommé Hsu Yun. En se rendant au monastère, Hsu Yun tomba dans une rivière et faillit perdre la vie. Ayant tout de même réussi à rallier sa destination, il entra en méditation en attendant la mort. Voici ce qu'il écrivit dans son autobiographie spirituelle :

---

1. En anglais « *Act of God* », qui se traduit également par « catastrophe naturelle ». *(N.d.T.)* Alan Vaughan, *Incredible Coincidence*, New York, J. B. Lippincott, 1979.

« Ma concentration est devenue si pure que je ne sentais plus mon corps. Au bout de vingt jours, tous mes maux étaient guéris... Une nuit, comme je me reposais de ma période de méditation, en ouvrant les yeux j'ai découvert un grand flamboiement pareil à la lumière du jour. Je voyais à travers les choses [...], de toute ma vie je n'avais éprouvé pareille joie. J'avais l'impression de m'éveiller d'un rêve. J'ai repensé à toutes ces années d'errements, depuis que j'étais moine... Or, si je n'étais pas tombé dans la rivière, si je n'en étais pas ressorti très malade, si je n'avais pas traversé périodes fastes et temps difficiles qui les unes comme les autres m'ont apporté un enseignement et modifié ma vision des choses, j'aurais manqué de peu la chance qui m'était offerte dans cette existence-ci et ce jour fameux n'aurait pu arriver [1]. »

L'intérêt de ces deux anecdotes, c'est la signification comparable que Hsu Yun et les membres de la chorale de Beatrice ont attribuée à l'expérience par laquelle ils ont frôlé la mort : d'un côté comme de l'autre ils ont vu une raison d'ordre spirituel à leur « bonne fortune » et vécu leur imprévisible coup de chance comme lié de manière significative à une intervention de Dieu, ou de la divine providence. Le sens synchronistique que chacun a perçu dans le fait d'avoir échappé à la mort a constitué un moment déterminant et générateur de transformation grâce auquel la continuité de l'existence leur est enfin apparue, comme dans le cas de Rachel. On voit donc que, dans certaines circonstances, que l'on formule le message en termes religieux ou non, quand on échappe de peu à la mort cela peut nous aider à porter un regard entièrement nouveau sur notre vie.

Réflexions sur la tragédie – Trouver un sens à la souffrance

La dimension spéculative (« Que se serait-il passé si... ? ») de ces deux dernières histoires, avec leurs personnages sauvés *in extremis*, suscite souvent le scepticisme, voire le dédain. À l'instar du Pangloss de Voltaire, pour qui « si vous n'aviez fait ceci, cela ou encore cela, vous n'en seriez pas là aujourd'hui », une femme m'a répliqué,

1. Robert Aziz, *C. G. Jung's Psychology of Religion and Synchronicity*, Albany, NY, State University of New York Press, 1990.

par exemple, comme je lui racontais une de ces anecdotes : « Et alors ? Dans chaque catastrophe aérienne, on trouve au moins une personne qui a manqué l'avion. C'est d'une banalité ! » Mais, personnellement, je persiste à remarquer que dans toute réaction de résistance face à l'éventuelle dimension synchronistique de tel ou tel événement il y a généralement une volonté de ne pas en percevoir la signification subjective, ou une mauvaise appréciation de celle-ci. Pour les individus qui ont failli y laisser la vie, il n'y a *vraiment rien* de « banal » dans ce genre de coïncidences, croyez-moi.

Il se trouve que, l'après-midi du 17 octobre 1989, j'ai manqué une réunion pourtant prévue depuis longtemps dans mon nouveau travail et que, ce faisant, j'ai également manqué l'effondrement du pont reliant Oakland à San Francisco – le « Bay Bridge » – dû au fameux tremblement de terre. Et si vous faites partie des sceptiques, je peux vous assurer que ma « bonne fortune » synchronistique de ce jour-là a revêtu un sens très fort à mes yeux. L'important, dans les phénomènes synchronistiques – quand on se rend compte plus tard qu'on a été épargné par le plus grand des hasards –, c'est qu'on les a vécus *en personne.* C'est à *moi* que c'est arrivé. Ce qui compte, dans ces histoires, ce n'est pas de livrer les données brutes (qui a péri, qui a survécu, etc.) mais de comprendre que la mort, cette expérience ultime sur laquelle nous n'avons aucun contrôle, peut provoquer une prise de conscience aiguë de ce que signifie notre vie, que ce soit pour nous ou pour les membres de notre entourage.

Pourtant, la résistance dont certains font preuve vis-à-vis de la perception souvent complaisante, voire égocentrique, du sens dans l'existence n'est pas forcément due à un manque de compassion ; elle peut se fonder sur des scrupules d'ordre moral bien plus légitimes. Car toutes les histoires ne finissent pas bien. Un certain nombre de gens ont trouvé la mort dans le tremblement de terre de 1989, même si j'en ai personnellement réchappé. Les sceptiques, Voltaire le premier, ne sont pas simplement bornés ; ils voient planer une ombre que les histoires de ce livre, avec leur issue souvent heureuse, ne font pas nécessairement ressortir de manière évidente.

Si lesdites histoires finissent bien, c'est parce que les phénomènes synchronistiques sont par définition producteurs de sens et que la perception de ce sens introduit une impression de structure, de cohérence et de totalité dans la vie. Mais quand on se retrouve face à la mort, on se heurte à la limite imposée à cette même vie

– une frontière où on doit tous se confronter tôt ou tard et à laquelle il ne saurait y avoir d'issue heureuse. En soi, et malgré son potentiel significatif à long terme, le processus mortifère est un douloureux cortège de renoncement, de morcellement et d'égarement.

Sans oublier ce qu'on traverse quand on survit à un être cher, ce qui revient un peu à mourir soi-même ; notre petit monde s'écroule, les significations, rituels et autres joies que nous avions en commun s'envolent à jamais. On a beau tourner et retourner dans sa tête, dans son cœur, inlassablement, ce qui aurait pu être, ce qu'on regrette de ne pas avoir dit ou fait, comme si la révision du passé pouvait adoucir un tant soit peu la perte subie, rien n'y fait et l'on souffre.

Le titre du présent ouvrage, *Il n'y a pas de hasards*, comporte une note d'espoir dans la mesure où il laisse entendre que rien n'arrive fortuitement, que tout est potentiellement producteur de sens. Toutefois, le mot « hasard » renvoie le plus souvent à des phénomènes redoutés, que l'on s'efforce de prévenir ou d'éviter à tout prix. Cela entraîne parfois la mort. Toujours il représente une perturbation.

Affirmer que le hasard existe bel et bien en ce bas monde, à petite et à grande échelle, et que nous sommes tous concernés par lui à un moment ou à un autre de notre vie, ce n'est pas seulement argumenter dans le vide, ergoter : c'est une évidence. Il y en a parmi nous qui ne filent *pas* le parfait amour comme au cinéma, et il arrive qu'on se fâche avec tout le monde, qu'on se retrouve seul et sans amis, parfois temporairement, parfois plus longtemps. On n'a pas tous une vocation à même d'exploiter ses dons et ses compétences ; ou alors, des raisons sociales, économiques ou psychologiques nous empêchent de réaliser notre potentiel. Parfois les entreprises font faillite et, dans le marasme, il ne nous tombe pas toujours du ciel une poule aux œufs d'or commodément synchronistique ; on se retrouve sur la paille, on perd les siens, on sombre dans la dépression. Ou bien on ne peut pas avoir d'enfant. Ou alors nos enfants, justement, tombent malades ou se font tuer arbitrairement, parce qu'ils se trouvaient là au mauvais moment. Les êtres que nous aimons le plus au monde nous sont enlevés par la maladie, la guerre, une catastrophe naturelle ou simplement la malchance. Les avions s'écrasent. Les tremblements de terre, les cyclones, les incendies et les inondations anéantissent tout ce qui nous est cher. De la même manière que nul n'échappe à la mort, nulle histoire personnelle n'est dépourvue d'accidents, de tragiques souffrances, pertes et perturbations.

La tragédie, cette forme bien particulière de récit que les êtres humains se racontent de toute éternité, nous a été léguée, à nous autres Occidentaux, sous sa forme définitive par les Grecs anciens. La chute et la ruine d'hommes et de femmes de grande stature y étaient dépeintes au théâtre dans un style retentissant et ces tragédies constituaient le pivot des pratiques religieuses : représentées durant les fêtes honorant les dieux, ces histoires conféraient une dimension rituelle aux terribles destinées des individus. Par le biais du théâtre les Grecs revivaient littéralement le fourvoiement conscient d'Œdipe, la vaine rébellion d'Antigone ou la vindicte autodestructrice d'Oreste. N'oublions pas que le mot « théâtre » lui-même vient du mot grec *theos,* « dieu », et que loin d'être un simple divertissement, les tragédies grecques étaient vécues comme des expériences sacrées.

Nous pourrions légitimement nous demander – nous qui faisons des pieds et des mains pour nous prémunir contre la tragédie en attachant notre ceinture de sécurité, en posant des alarmes anti-incendie, en apprenant à nos enfants à être prudents, en suivant des cours d'autodéfense et en priant pour échapper au malheur – ce qui poussait les anciens à prendre part à d'aussi épouvantables rituels. Mais peut-être est-ce cela même qui nous pousse aujourd'hui à nous entasser dans les salles de cinéma quand on projette un film catastrophe, ou à nous planter devant la télévision quand on diffuse un « reality show » ? Quelle emprise archétypique la tragédie comme forme narrative exerce-t-elle donc sur l'âme ?

La réponse, me semble-t-il, est à chercher dans la dimension sacrée de la tragédie grecque. La représentation de l'anéantissement individuel donne un sens à la souffrance en nous épargnant de la revivre, mais en nous interdisant de la nier ou d'en faire purement et simplement abstraction. Elle en vient ainsi à formuler une vérité universelle : toute inévitable qu'elle soit, la souffrance a sa place, sa raison d'être. Tel était le but de la tragédie dans la Grèce antique, et c'est pour cela qu'aujourd'hui encore on continue à mettre en scène ces histoires venues du fond des âges.

Tout au long du présent ouvrage, nous avons considéré nos vies comme autant de récits. La tragédie est une forme de récit qui replace la souffrance dans un contexte de cohérence tout en restant fidèle à sa réalité. Car pour percevoir son sens, pour comprendre la fin parfois malheureuse de nos histoires, on n'est pas obligé de minimiser la souffrance ou de la traiter par le mépris. Discerner la dimension tragique du vécu dramatique, être capable de raconter cette partie là *aussi* dc l'histoire, c'est en fait saisir sa signification.

Souvent les difficultés rencontrées par mes personnages se sont dressées devant eux alors que leur ego avait été agressé puis vaincu par une situation qui leur échappait : une tractation immobilière qui échoue, une liaison qui prend fin, un projet de vie qui se heurte à d'insurmontables obstacles... Mais quand on cherche à comprendre notre aptitude à discerner un sens dans la souffrance, il convient de prendre du recul par rapport à ces récits personnels et de considérer des désastres de plus grande ampleur – si grande, d'ailleurs, qu'ils en deviennent parfois purement et simplement incompréhensibles. Comme l'a noté Einstein, la triste caractéristique du XXe siècle est que le progrès scientifique y ait devancé le progrès humain au point de rendre possible un massacre sans précédent tel que l'Holocauste. Certes, l'extermination de masse a toujours talonné commc unc ombre l'histoire de l'humanité ; d'ailleurs, l'histoire sainte du peuple juif lui-même, principale victime du génocide nazi, n'est qu'une longue succession d'épisodes où oppression et servitude dominent. Mais les proportions inégalées de la Shoah – six millions de morts –, ainsi que l'évidente complicité de maintes nations dites « civilisées » nous mettent depuis lors en face d'un problème moral auquel il n'existe pas de solution simple.

Parmi les aspects les plus difficiles à accepter par l'individu confronté à ce genre de phénomène se trouve la dimension parfaitement arbitraire de l'annihilation : des millions d'innocents ont été exterminés, non en raison de ce qu'ils avaient pu faire, puisqu'ils n'avaient *rien* fait, justement, mais de ce qu'ils *étaient.* L'abominable folie qui caractérise l'Holocauste est une malédiction pour nous tous, les survivants, en ceci que son irrationalité même la rend incompréhensible. Est-il possible de trouver un sens à pareille atrocité ? Et, si oui, comment ?

Dans son tragique roman intitulé *Le Choix de Sophie,* William Styron décrit en détail, et sans rien nous épargner, le sort d'une femme qui, face à l'irrationalité de sa souffrance durant l'Holocauste, n'a pas su en percevoir le sens. Le choix dont il est question dans le titre (par pur caprice, un des gardiens du camp de concentration lui demande de désigner celui de ses deux enfants qui sera autorisé à survivre) symbolise tout ce que cette souffrance peut avoir d'arbitraire. Ce n'est pas du tout un choix auquel elle est confrontée, mais une torture sans aucun fondement rationnel, et c'est là une expérience qui aura des conséquences définitives, irrévocables, sur sa santé mentale et son aptitude à vivre.

Dans *La Nuit,* le récit qu'il a livré de sa propre expérience des camps, Elie Wiesel fait état d'une même incapacité à donner un sens, en termes religieux ou philosophiques de quelque espèce que ce soit, à cette monstruosité *insensée* qu'est l'Holocauste. Un de ses camarades de camp, Akiba Drumer, dont la foi toute traditionnelle finit par céder devant la souffrance environnante, déclare : « C'est la fin. Dieu nous a abandonnés » et s'offre à l'exécuteur au moment de la sélection. La propre confrontation d'Elie Wiesel avec l'horreur du traitement qu'on lui réserve ainsi qu'à son peuple ne peut en définitive être exprimée que par une contradiction : « Malgré moi j'ai senti dans mon cœur une prière s'élever vers ce Dieu en lequel je ne croyais plus[1]. »

Toutefois, l'horreur qui prévaut quand on songe à l'Holocauste n'a pas empêché Styron et Wiesel, entre autres survivants, de réagir au caractère incompréhensible du mal à l'état pur. Et leur réaction est sans doute la seule possible : se souvenir, se servir de sa mémoire pour reconstituer les faits. Quand on se remémore ainsi le récit de sa souffrance, on raconte son propre récit, et si son contenu ne peut résoudre l'irrationalité de la souffrance, de *toutes* les souffrances, l'acte même de le rapporter est parfois la seule réponse valable sur le plan moral, la seule façon de donner un sens à ce qui s'est passé. Telle est la finalité de la tragédie : livrer le récit de la souffrance et, ce faisant, lui attribuer une signification ultime, introduire un sens dans l'expérience de la destruction du sens.

On l'a vu, notre aptitude innée à manipuler les symboles, à raconter des histoires, rend compte du sens que nous percevons dans les événement aléatoires. Et la souffrance est elle aussi un événement aléatoire. En relatant nos souffrances, nous assemblons le chaos, le morcellement que nous ressentons, et nous reconstituons ainsi un tout cohérent qui malheureusement ne rachète pas – ne peut pas toujours racheter – l'expérience. La mort, que ce soit la nôtre, celle de nos proches, celle d'innocents ou celle de millions d'anonymes, conserve la même réalité. Comme dans les phénomènes synchronistiques, c'est *moi* qui change par rapport à un événement aléatoire et tragique en discernant sa place dans mon histoire

1. E. Wiesel, *La Nuit,* Paris, Éditions de Minuit, 1958.

individuelle, en livrant le récit de ce qui m'est arrivé, en me le remémorant.

Renaissance et cycle de la vie

Voici venue la fin du chapitre consacré à la fin de la vie, et par la même occasion la fin de ce livre, et les questions suivantes semblent se poser tout naturellement : qu'est-ce que la fin d'un récit personnel, en fait ? Et y a-t-il *vraiment* une fin ? Si la preuve irréfutable, empirique, de l'existence d'un au-delà reste – et restera peut-être à jamais – hors de notre portée, nous avons vu que les phénomènes synchronistiques entourant la mort nous aidaient fréquemment à distinguer, au contraire, une continuité dans la vie. Ce que nous apprenons de nos histoires personnelles, c'est que la vie ici-bas, délimitée par la naissance et la mort, observe des cycles dans le cadre plus large de l'évolution individuelle, de la maturité, du déclin et de l'aboutissement. On naît et on renaît plusieurs fois dans sa vie, et l'on meurt à bien des choses avant de mourir pour de bon. Mais même dans les moments les plus sombres, il peut se produire un événement synchronistique qui nous aide à transformer cette noirceur en renaissance, en survivance, à y voir l'occasion de nous rappeler qui nous sommes et de le réaffirmer.

J'ai entendu (et rapporté) bien des histoires étranges, bien des coïncidences aussi étonnantes que productrices de sens ; et c'est avec prudence que je rangerai celle de Charlotte dans la catégorie des plus bizarres et des plus improbables. Toutefois, elle demeure présente à mon esprit car elle illustre parfaitement mon propos : premièrement, les phénomènes synchronistiques nous restituent parfois une partie de ce que nous croyions avoir perdu lors d'un décès, et, en second lieu, la résurrection du sens est toujours possible.

Charlotte avait un fils, Todd. Or ce fils, qui était plein de vie et multipliait les activités en marge de ses études universitaires, a été tué par un chauffard ivre, tout près de sa faculté, le soir du réveillon. Et il a été tellement amoché dans l'accident que, en plus du choc et de la douleur insurmontables, Charlotte n'a pu se résoudre à voir une dernière fois son corps. Son mari, tout aussi affecté mais davantage capable de réagir au moment de la tragédie, a reconnu qu'il n'était pas souhaitable pour elle de se confronter à l'horrible réalité ;

les funérailles se sont donc déroulées autour d'un cercueil clos et, après l'incinération, le fils de Charlotte a gagné sa dernière demeure.

Dans le cadre de mon travail sur le deuil, je me suis progressivement aperçu qu'aussi douloureuse, aussi terrible soit-elle, la possibilité de voir le corps du cher défunt peut considérablement aider les survivants à « lâcher prise » et à reprendre le cours de leur vie ; le récit de Charlotte ne fait que confirmer cette constatation. « Après cela, pendant des mois, et même si, sur le moment, je m'étais sentie incapable d'agir autrement, j'ai été tourmentée par le fait que jamais plus je ne reverrais Todd. Rétrospectivement, je vivais de plus en plus mal de ne pas avoir pu lui dire adieu, de ne pas avoir eu le courage d'affronter la réalité. Mon mari me répétait sans cesse que j'avais bien fait, au contraire, qu'il valait mieux me remémorer Todd tel qu'il avait été, mais je ne pouvais m'empêcher d'affirmer que quelque chose était resté inachevé. Il m'arrivait de feuilleter sans relâche nos albums photo en songeant : "Arrête, Charlotte. Arrête, maintenant. Todd n'est plus là. Arrête, avec les souvenirs."

« Et cette incapacité à tourner la page a fini par peser sur notre couple. Il n'est pas rare que des époux se séparent après la mort d'un enfant, mais on ne se rend vraiment compte de ce que c'est qu'au moment où ça nous arrive. Avec le recul, je vois bien, à présent, que j'étais enlisée dans ma douleur et, il faut bien le dire, un véritable fardeau pour mon mari. Alors un jour que je pleurais sur mes photos en me serinant la même chose que d'habitude ("Si seulement je pouvais le voir une dernière fois", etc.), j'ai entendu passer le facteur. Et là, aussi incroyable que cela puisse paraître, j'ai trouvé dans la boîte aux lettres une grande enveloppe en papier bulle émanant de... Todd ! Mes cheveux se sont dressés sur ma tête et j'ai été parcourue de frissons. L'enveloppe était assez abîmée et, en y regardant de plus près, j'ai vu qu'elle avait été postée le jour même de sa mort, le 31 décembre. Dedans, un petit mot de Todd et un paquet de photos prises à l'occasion de notre dernier Noël ensemble ; il les avait fait développer pour me les envoyer par la poste, mais comme il s'était trompé dans l'affranchissement, l'enveloppe avait été réexpédiée, quelqu'un l'avait fait suivre... bref, elle avait erré de-ci, de-là pendant des mois.

« Vous imaginez ma réaction. C'était vraiment comme si l'univers venait de me faire le plus beau des cadeaux, comme si on me disait : "Tu vois, il est toujours là. Tu peux passer à autre chose. Ce qu'il était continue d'être. Sa vie n'est pas terminée. Il est là. Mort, mais, en un sens, toujours vivant." Du moins, telle a été mon interprétation. Incroyable, non ? » Ici Charlotte marque une longue pause, un sourire doux-amer aux lèvres. « Je ne sais pas comment je serais sortie de mon triste état si je n'avais pas reçu ce mot et ces photos de lui, si je n'avais pas ainsi eu la possibilité de le revoir. Après ça, je me suis sentie beaucoup mieux. Je n'irais pas jusqu'à dire que je me suis sentie bien – je ne crois pas qu'on puisse réellement se remettre de ce genre de chose ; mais la coïncidence a rapproché à mes yeux la mort et la vie de Todd de telle manière qu'une boucle a été bouclée. À partir de là, j'ai pu continuer. Mais je n'arrive toujours pas à y croire ! »

L'histoire de Charlotte et sa coïncidence productrice de sens montrent bien l'existence de cycles dans la naissance, la mort et la renaissance ; assez synchronistiquement, puisque j'étais justement au beau milieu du présent chapitre sur la mort, on m'a raconté une autre anecdote – ce sera la dernière – douée de la même signification. Je m'entretenais avec mon agent, Candice, qui m'a justement rapporté, sans que je lui demande rien, la charmante synchronicité qui venait de lui arriver. Son mari était décédé un an plus tôt, alors même que nous étions, elle et moi, en train d'apporter la touche finale au projet du présent ouvrage. Sans lui, disait-elle, elle ne se sentait plus à sa place dans leur maison, isolée au milieu des collines. Or, quand leur fille était encore petite, ils avaient habité une autre maison à laquelle, après son deuil, Candice s'était mise à penser sans arrêt. Pourtant, cette demeure petite mais agréable n'avait rien de bien sensationnel ; mais ils l'avaient louée quand ils s'étaient mariés et elle en gardait beaucoup de bons souvenirs : c'était « le bon temps ». Quand ils avaient eu les moyens d'acheter, ils avaient fait une offre au propriétaire, mais sur le moment celui-ci ne s'était pas montré intéressé et la famille avait déménagé.

Partie se promener avec sa fille devenue adulte, Candice s'est surprise une fois de plus à repenser à leur ancienne maison et a formulé à voix haute les tendres sentiments qu'elle lui inspirait, surtout depuis qu'elle était veuve et aspirait au changement. Sur un coup de tête, sa fille lui a proposé d'aller y jeter un coup d'œil, ce qu'elle n'avait pas fait depuis quinze ans. En arrivant, elles ont constaté, ravies, qu'un écriteau « À vendre » trônait devant la maison. N'en croyant pas leur veine, elles se sont rendu compte qu'elle avait justement été mise en vente la veille. Candice a tout de suite fait une offre et l'affaire a été rondement menée. Tout à coup, synchronistiquement, la maison qui renfermait pour elle tant de bons souvenirs lui appartenait de nouveau, à elle et à sa fille, et le pas en avant – qui se trouvait être aussi, en quelque sorte, un pas en arrière – concluant cette période de deuil aigu est intervenu avec une efficacité telle que Candice n'aurait pu faire mieux si elle avait tout planifié. Les synchronicités de ce type montrent que même à partir de la mort, une vie nouvelle est possible, et pas seulement dans un au-delà mythique : dans notre existence propre, notre vie présente dans tout ce qu'elle a de plus quotidien.

En conclusion

La vie est pleine d'événements chargés de sens que nous entreprenons consciemment de provoquer à notre propre bénéfice, que ce soit en entamant une liaison avec une personne qui nous attire, en posant notre candidature à un emploi que nous appelons depuis toujours de nos vœux, en écrivant un livre, en interprétant un rêve, en baptisant nos enfants ou en décidant de la mort qui nous siéra quand le moment sera venu. Ces événements n'ont rien d'accidentel, d'acausal. Ce sont des intentions mises en actes.

En revanche, les phénomènes synchronistiques, eux, nous confrontent de force, de par leur authentique nature accidentelle, à une autre évidence dont nous avons une fâcheuse tendance à faire abstraction : le sens de notre vie, l'intrigue de notre récit personnel ne sont pas seulement écrits par ce que nous savons de nous-mêmes ; ils proviennent d'une source beaucoup plus profonde, de l'aptitude innée dont nous jouissons, nous, êtres humains, à faire l'expérience de la totalité par l'intermédiaire de la vie symbolique. Comme dans les œuvres de fiction, la synchronicité peut se manifester sous diverses formes, à tel point qu'il n'est pas de facette de la vie qui, à un moment ou à un autre, ne soit affectée par le hasard. Toutes les histoires rapportées ici le démontrent clairement : l'important, c'est ce que nous faisons quand un coup du destin restructure tout à coup notre vie et nous donne à voir l'inattendu. Vaut-il mieux expédier la question d'un haussement d'épaules, nier la réalité ? Ou bien aborder ce que nous n'avons ni provoqué ni créé avec intérêt et sérieux – en un mot, avec un esprit ouvert ?

J'ose espérer que cet ouvrage et ses nombreuses histoires vraies favoriseront chez le lecteur l'émergence d'une curiosité psychologique, affective et symbolique à l'égard des événements aléatoires, positifs ou négatifs, heureux ou douloureux, suaves ou amers, qui peuvent se produire dans sa vie. Aussi, la prochaine fois que l'inattendu se produit – un appel téléphonique, une rencontre, un rêve, un coup de chance ou un coup du sort –, je le presse de se remémorer certaines de mes anecdotes et d'accepter d'envisager que telle rencontre fortuite, tel phénomène imprévisible puisse marquer un tournant décisif dans le récit qu'il vit quotidiennement. Si nous adoptons une vision symbolique en cherchant le sens de ce qui nous arrive et, par là, si nous reconstituons notre « agrégat », notre totalité, à partir des événements aléatoires et épars de la vie, alors, comme l'a montré ce livre, quels que soient les rebondissements de l'intrigue, le décor et les personnages – secondaires ou principaux –, nous verrons qu'en effet, dans nos histoires personnelles, le hasard n'existe pas.

Bibliographie

Adler, Gerhard. « Reflections on « Chance », « Fate », and Synchronicity », *Psychological Perspectives,* vol. 20, n° 1, 1989, pp. 16-33.

Aziz, Robert. *C. G. Jung's Psychology of Religion and Synchronicity,* Albany, NY, State University of New York Press, 1990.

Carty, Charles Mortimer. *Padre Pio : The Stigmatist,* Rockford, IL, TAN Books and Publishers, 1973.

Combs, Allan, and **Mark Holland.** *Synchronicity : Science, Myth, and the Trickster,* New York, Parangon House, 1990.

Bolen, Jean Shinoda. *The Tao of Psychology : Synchronicity and the Self,* New York, Harper & Row, 1979.

Fordham, Michael. « Reflections on the Archetypes and Synchronicity », in *New developments in Analytical Psychology,* London, Routledge & Kegan Paul, 1957.

Franz, Marie-Louise von. *On Divination and Synchronicity : The Psychology of Meaningful Chance,* Toronto, Inner City Books, 1980. *La Psychologie de la divination,* Paris, Albin Michel.

Freud, Sigmund. « Rêves et télépathie », 1922.
« Rêves et occultisme », 1933.
« Importance occulte des rêves », 1925.
« Psychanalyse et téléphathie, 1941/1921.

Frey-Wehrlin, C. T. « Reflections on C. G. Jung's Concept of Synchronicity », *Journal of Analytical Psychology,* vol. 21, n° 1, 1976, pp. 37-49.

Gordon, Rosemary. « Reflexions on Jung's Concept of Synchronicity », *Harvest,* août 1962.

HOPCKE, Robert H. « Synchronicity in Analysis : Various Types and Their Various Roles for Patient and Analyst », *Quadrant,* vol. 21, n° 1, 1988, pp. 54-64.

« The Barker : A Synchronistic Event in Analysis », *Journal of Analytical Psychology,* vol. 35, n° 4, 1990, pp. 459-73.

« On the Threshold of Change : Symbolization and Transitional Space », *Chiron*, 1991, pp. 115-32.

Yi-king : Le Livre des transformations, [Richard Wilhem], Paris, Médicis-Entrelacs, 1994.

JAWORSKI, Joseph. *Synchronicity : The Inner Path of Leadership.* San Francisco, Berrett-Koehler Publishers, 1996.

JUNG, C. G. « La synchronicité, principe de relations acausales », in *Synchronicité et Paracelsica*, Paris, Albin Michel, 1988.

« Une expérience astrologique », 1958.

« Préface au Yi-king », 1950, in *Commentaire sur le mystère de la Fleur d'or,* Paris, Albin Michel, 1979.

« Lettres sur la synchronicité » (1950, 1954, 1955) in *Synchronicité et Paracelsica*, Paris, Albin Michel, 1988.

« À propos de la synchronicité », 1952.

« Sur la psychologie et la pathologie des prétendus phénomènes occultes », 1902.

Ma vie – Souvenirs, rêves, pensées, Paris, Gallimard, 1966.

KELLY, Sean. « A Trip Through Lower Town : Reflections on a Case of Double Synchronicity », *Journal of Analytical Psychology,* vol. 38, n° 2, 1993, pp. 191-98.

KOESTLER, Arthur. *The Roots of Coincidence : An Excursion in Parapsychology,* New York, Vintage Books/Random House, 1972.

KREUTZER, Carolyn S. « Synchronicity in Psychotherapy », *Journal of Analytical Psychology,* vol. 29, n° 4, 1984, pp. 373-81.

KUNDERA, Milan. *L'Insoutenable Légèreté de l'être,* Paris, Gallimard, 1984.

NICHOLS, Sallie. *Jung and Tarot : An Archetypal Journey,* New York, Samuel Weiser, 1980.

NORTH, Carolyn. *Synchronicity : The Anatomy of Coincidence,* Berkeley, CA, Regent Press, 1994.

PEAT, David F. *Synchronicity : The Bridge Between Matter and Mind,* Toronto, Bantam Books, 1987.

PROGOFF, Ira. *Jung, Synchronicity and Human Destiny : Noncausal Dimensions of Human Experience,* New York, Dell Publishing Co., 1973.

SINETAR, Marsha. *Do What You Love and the Money Will Follow,* New York, Paulist Press, 1987.

STYRON, William. *Le Choix de Sophie,* Paris, Gallimard, 1981.

VAUGHAN, Alan. *Incredible Coincidence : The Baffling World of Synchronicity,* New York, J. B. Lippincott, 1979.

VOLTAIRE. *Candide ou l'optimisme, La princesse de Babylone et autres contes,* Paris, Librairie générale française, 1983.

WHARTON, Barbara. « Deintegration and Two Synchronistic Events », *Journal of Analytical Psychology,* vol. 31, n° 3, 1986, pp. 281-85.

WIESEL, Elie. *La nuit,* Paris, Minuit, 1958.

WILLIAMS, Mary. « An exemple of Synchronicity », *Journal of Analytical Psychology,* vol. 8, n° 2, 1963, pp. 123-43.

Remerciements

Chaque livre a son cheminement propre, tantôt malaisé, tantôt facile au contraire, mais tous requièrent la participation d'un grand nombre d'individus outre celui dont le nom apparaît sur la couverture. C'est eux que je remercierai ici en premier.

Ce livre-ci ayant longtemps mûri dans mon imagination, je dois aussi de chaleureux remerciements à mon agent, Candice Fuhrman, qui, synchronistiquement et intentionnellement, m'a aidé à y voir plus clair. Son assistant, Haden Blackwell, mérite également toute ma reconnaissance pour avoir veillé aux aspects pratiques du processus éditorial que nous sommes très peu à connaître en détail mais qui sont d'une importance vitale pour les auteurs.

Toute ma gratitude va au personnel de Riverhead, surtout Susan Petersen, Dolores McMullan et Tim Meyer, dont les corrections et commentaires avisés apportés au manuscrit ont contribué à donner à cet ouvrage sa forme finale. Toutefois, je tiens à faire tout spécialement l'éloge de ma directrice de collection, Cindy Spiegel, dont l'intelligence, la rigueur et les encouragements ont parfaitement répondu à mes besoins durant la révision de ce livre. En règle générale je me considère comme singulièrement fortuné d'avoir pu travailler avec d'excellents directeurs de collection, qui, dans le meilleur des cas, savent se faire tout à la fois thérapeutes, professeurs d'écriture, interlocuteurs privilégiés et amis. Cindy a été de ceux-là, et je chérirai longtemps le souvenir de maints après-midi passés à discuter avec elle, en personne ou par l'intermédiaire des marges du manuscrit ; ma réflexion personnelle sur la synchronicité s'en est trouvée affinée et grandement améliorée. Cindy est un véritable trésor.

Aux nombreuses personnes qui ont pris le temps de me raconter leur histoire, et à ceux de mes patients qui ont consenti à ce que notre travail ensemble profite ensuite à d'autres, je veux témoigner ici toute ma reconnaissance. Je suis très honoré d'avoir bénéficié de votre confiance, et recueilli ainsi des fragments intimes et souvent stupéfiants de vos récits personnels ; j'espère qu'à vos yeux la reconstitution que j'en livre dans ces pages rend justice à la signification profonde de vos confidences.

Et, comme toujours, je remercie les êtres que je côtoie dans ma vie de tous les jours, qui me permettent de conserver mon équilibre, mes liens avec le monde et ma santé mentale, sans compter les encouragements qu'ils me prodiguent – *baci e abbraci* à : mes parents et ma sœur Carolann ; Tanya, Jurgen, Padma, Freya et Nimbus ; les Ritrosano ; les Campton ; les Castillo ; et les Schwartz jusqu'au dernier ; Phil La Tona, le frère aîné que je n'avais jamais eu ; et, naturellement, ma propre petit famille, qui décidément prend de l'âge avec grâce : Paul Schwartz, Bianca Neve et Minou.

Table

Cet ouvrage a été imprimé par la
SOCIÉTÉ NOUVELLE FIRMIN-DIDOT
pour le compte des Éditions Robert Laffont
24, avenue Marceau, 75008 Paris
en janvier 2000

Composition réalisée par PCA
44400 Rezé

Imprimé en France
Dépôt légal : janvier 2000
N° d'édition : 39170-01 – N° d'impression : 49883